INHALT

»DER IST EIN AUSSICHTSLOSER FALL!«

Du hattest recht ...«, stöhnte Nana in meine Richtung und warf ihre Geschichte vom gerade erlittenen Liebesschiffbruch in unsere Weiberrunde. »Wenn ich das vorher gewusst hätte! Was hab ich mich da reingehängt! Mir das Hirn zermartert! Tage und Wochen im tiefsten Tal des Jammers zugebracht! Und wofür?!« Beifälliges Nicken allenthalben. Jede von uns hatte nicht nur einmal all ihre Gefühle, ihre Energie und ihr Hoffen auf einen Kerl verlegt, der's nicht wert war.

»Was ist los mit dem? Mach ich was falsch? Wie kann ich's besser machen? Hat das überhaupt Sinn mit dem?«, hatte Nana mich gefragt. Diese und ähnliche Fragen höre ich seit vielen Jahren immer wieder: als Kummerkastentante im Freundinnenkreis, als Journalistin mit Schwerpunkt Partnerschaft, als Liebesberaterin im Internet. Unzählige Frauen beißen sich die Zähne aus an einem Mann, versuchen eine einigermaßen funktionierende Beziehung zustande zu kriegen und geben schließlich doch entnervt auf oder – was weit schlimmer ist – finden sich mit Dauerfrust und Dauerkränkung ab.

Ein paar aus unserer Runde hatten wie Nana eine ganze Serie von Flops hinter sich: mit Bindungsunfähigen, Neurotikern, Egomanen. Und fragten sich irgendwann: »Stimmt etwa mit *mir* etwas nicht? Suche ich mir instinktiv die Falschen aus? Oder bin ich zu anspruchsvoll? Oder gibt's keine brauchbaren Männer mehr?«

Es gibt sie durchaus noch, aber vor allem ab einem bestimmten Alter sind sie rar – die Mehrzahl der Brauchbaren ist schon in festen Händen. »Die Burschen, die noch frei herumlaufen, sind oft mit gutem Grund single«, sagte ich.

»Ist es nicht eher eine Frage der Toleranz und des Umgangs miteinander, ob man zusammen glücklich wird?«, fragte Sabine. »Leider nicht immer«, fasste ich meine gesammelten Erkenntnisse zu dem Thema zusammen, »es gibt einfach Männer, bei denen jede Liebesmüh' vergeblich ist. Die einen immer enttäuschen, verärgern, verletzen werden.«

Sicherlich waren wir zum Teil auch selbst schuld an unseren Miseren: ließen uns zu schnell ein, statt den Kandidaten genauer unter die Lupe zu nehmen, übersahen und verdrängten die Warnsignale oder glaubten, er würde sich uns zuliebe schon noch ändern. Aber selbst Frauen, die sonst klug und gewitzt sind, können in eigenen Liebesdingen so schrecklich blöd und blind sein (meine Person nicht ausgenommen!). Die meisten von uns missachten, wenn sie verliebt sind, konsequent schlechte Vorzeichen. Wobei ich zu unserer Verteidigung anbringen möchte: Manchmal liegt es auch daran, dass wir die Vorzeichen schlichtweg nicht einordnen können: »Woher sollte ich wissen, dass ich's mit 'nem Nähephobiker zu tun habe?«, meinte Nana. »Ich war noch nie mit einem zusammen!« Andererseits sagt uns da oft unser Gefühl, dass er nicht gut für uns ist – aber auch das missachten wir gerne.

Ich beschloss, gleich morgen mit diesem Buch anzufangen, das sich schon seit längerem in meinem Kopf formte: Geschichten über männliche Liebesloser und weibliche Liebesblindheit.

Das war vor anderthalb Jahren. Die Recherche war nicht schwer, denn abgesehen von den unzähligen Fällen, von denen ich schon gehört und die ich teils auch selbst erlebt hatte, musste ich nur eine x-beliebige Singlefrau ab Ende 20 fragen, und schon sprudelten die Erfahrungen nur so heraus. Auch in meiner Internet-Liebesberatung erreichen mich fast täglich Briefe von Frauen, die sich mit fürchterlichen Typen herumquälen, aber zu verblendet oder zu verliebt oder zu beziehungssüchtig sind um loszulassen.

Dementsprechend basieren alle Kapitel in diesem Buch auf wahren Begebenheiten. Um die Beteiligten zu schützen und damit Sie sich besser einfühlen können, erlebt und erzählt sie jedoch nur eine Person: Julia Solinski, eine lebenslustige junge Frau. Sie könnte Ihre Freundin sein – oder sogar Sie selbst?

Natürlich decken Julias zwölf Exfreunde nicht die gesamte Palette der »Aussichtslos«-Typen ab. Dafür würde ein Dutzend nicht ausreichen. Und die ganz üblen Fälle (wie Prügler, Haustyrannen, Heiratsschwindler) sind gar nicht erst drin, denn dass man die meiden muss, versteht sich von selbst. Zudem trägt jeder Mann dann doch zu viele Eigenschaften in sich, als dass man ihn in eine einzelne Schublade stecken könnte. Wenn es mir nur darum ginge, bestimmte Männertypen zu etikettieren, hätte ich mich auf das Aufzählen von Merkmalen beschränken können. Stattdessen erzähle ich jeweils eine Beziehungsepisode vom Kennenlernen bis zum Ende. Denn ich will Ihnen erstens zeigen, dass es immer – immer! – schon zu Anfang Hinweise gibt, als was das Objekt unserer Begierde sich früher oder später entpuppen wird. Und zweitens können Sie auf diese Weise wie Julia im Laufe dieser Geschichten ein Gespür für die Kategorie »aussichtslos« entwickeln und dafür, was die Heldin falsch macht, beziehungsweise was sie tun sollte. Vielleicht kann ich Sie ja davor bewahren, zur Leidensgenossin zu werden?

Beatrice Poschenrieder
alias DocBeatrice, die Kummerkastentante und Liebesberaterin

1. ALL INCLUSIVE – DER GEIZIGE

Ob das noch was wird mit mir und der Liebe? Heute Morgen überprüfte ich mein Spiegelbild nach neuen Fältchen und grauen Haaren und sprach zu mir selbst: Julia Solinski, jetzt bist du 35 und seit fast einem Jahrzehnt auf der Suche nach einem brauchbaren, liebenswerten Partner für eine lange und wohltuende Beziehung. Die Frage dabei ist weniger, wo kriege ich Männer und vor allem Verehrer her? Daran habe ich keinen Mangel (noch nicht, zum Glück!). Sondern: Wie unterscheide ich die Guten von den Flops? Können die nicht Schildchen tragen wie die fehlerhafte Ware im Kaufhaus? Das würde uns Frauen einiges ersparen.

Das Gemeine an so einem »Mr. Aussichtslos« ist, dass er selten von vornherein zu erkennen ist. Das liegt vor allem daran, dass Mann sich einer Frau am Anfang nur von seiner besten Seite zeigt. Wir halten ihn für einen fabelhaften Fang, werfen unser Herz auf ihn und den Kopf gleich hinterher, sodass wir liebesblind sind für all die kleinen Signale, die uns sagen wollen, was für einen Fisch wir da eigentlich geangelt haben. Der Unterleib sorgt für die Ausschüttung von Hormonen, die das Hirn zusätzlich vernebeln und uns eingeben: Endlich, der wird es sein …! Und schon nimmt das Unglück seinen Lauf.

Mit »Mr. Aussichtslos« meine ich einen Mann mit Macken, die ihn für längere Beziehungen ungenießbar machen. Und zwar nicht Macken wie Unordentlichkeit, Allergie gegen Küchenarbeit, Sammelwut, Sportfanatismus, beharrliches Festhalten an seltsamen Hobbys und ähnliches. Mit Liebe und gutem Willen lassen sie sich durchaus mit einer Beziehung vereinen. Sondern ich meine grundlegende Eigenschaften, die mit unserer gängigen Vorstellung von einer erfüllten Partnerschaft einfach unvereinbar sind. Und zwar für fast alle Frauen. Wenn Mr. Aussichtslos trotzdem etwas Stabileres zustande bekommt, kann das nur an drei Dingen liegen:

1) Er findet eine Partnerin mit kompatibler Macke oder

2) eine mit unerschöpflicher Leidensfähigkeit, die man bisweilen als masochistisch bezeichnen kann, oder

3) er ändert sich grundlegend – worauf eine Frau allerdings nie setzen sollte (!!! drei dicke Ausrufezeichen für all die Leidensgenossinnen, die sich einbilden, ihren Partner modellieren zu können).

Natürlich gehören lang nicht alle Männer, die sich im letzten Jahrzehnt um meine Gunst bemühten, zur Kategorie »aussichtslos«. Viele von ihnen waren nur für mich persönlich unbrauchbar, zum Beispiel Superspießer, Phlegmatiker, Workaholics, Supersofties, Depressive, und die meisten haben inzwischen ihren Hafen gefunden.

Ich hingegen bin weder verheiratet noch dauerhaft verbandelt (was mir selber nichts ausmacht, ehrlich, obwohl es mit 35 ja normal ist, verheiratet zu sein). Da fragt es sich doch: Hatte die gute Julia so viele unbrauchbare Männer, weil sie selbst unbrauchbar ist? Vielleicht. Vielleicht auch nicht. Immerhin hatte ich, neben einer beachtlichen Reihe von Kurzbeziehungen, auch ein paar längere. Mit unbrauchbaren wie auch brauchbaren Partnern.

Wie auch immer ...

Vor zehn Jahren, nach meiner großen Liebe – Sebastian hatte mich verabschiedet, als er seine Traumfrau traf –, befand ich mich ein Jahr lang in Paralyse. Diese Zeit verbrachte ich hauptsächlich damit, hypnotisiert vor dem Telefon zu sitzen, lange Briefe an ihn zu entwerfen, von einem Happy End zu fantasieren und meine Freundinnen Sandra und Daniela mit den ewig gleichen Spekulationen anzuöden. Bis ihnen der Kragen platzte. Sandra warf mein

Telefon in den Müll, Daniela konfiszierte alle Überbleibsel der großen Liebe: Briefe, Fotos, vertrocknetes Haargel, zwei verschwitzte T-Shirts ... Dann verpassten sie mir unter Einflößung von Alkohol ein sexy Outfit und schleppten mich auf eine Party. Ich erkannte, dass es noch andere Hoffnungsträger neben meinem Ex gab. Ab da warf ich mich blindlings ins Single-Treiben – mit denkbar schlechten Voraussetzungen: verwirrt (will mich überhaupt noch einer?) und verzweifelt (werde ich je dem Richtigen begegnen?). Voraussetzungen, die einen geradewegs dazu prädestinieren, sich auf den Falschen einzulassen.

Der erste war Georg.

Ich kannte ihn schon vom Sehen aus meinem Lieblingsclub, denn er war auch schwer zu übersehen: baumlang und breitschultrig, ein Mann zum Anlehnen, genau das Richtige für eine vom Schicksal gebeutelte, verschmähte und dementsprechend unsichere Frau. Er rempelte mich im Gedränge an, ich sagte »hey«, er sagte »hey«, und dann, »ich hab dich gar nicht gesehen, du bist so klein, aber wirklich süß.« Wir quasselten uns den Mund trocken, was mir gar nicht so auffiel, weil ich so begeistert war. Am Ende sagte er, »Lass uns mal einen Kaffee trinken gehen«, und ich gab ihm voller Entzücken meine Telefonnummer.

Aus heutiger Sicht und nach Hunderten von Dates wage ich Folgendes zu behaupten: Wenn ein Mann fürs erste offizielle Date »Kaffeetrinken« vorschlägt, ist er entweder nur mäßig interessiert oder geizig. Oder beides. Denn abends in eine Bar oder gar essen zu gehen, wäre wesentlich zeit- und kostenaufwändiger.

Einer der übelsten Fälle, die ich in dieser Hinsicht erlebt habe, war ein gewisser Volker, den ich über eine Kontaktanzeige kennen gelernt hatte. Auf dem Foto sah er ganz nett aus, und das, was er über sich schrieb, klang auch ganz nett.

Wir verabredeten uns seinem Wunsch gemäß »auf einen Kaffee«. Er kam über die Straße und ich wunderte mich schon, dass er einen Rucksack dabei hatte, obwohl er mit dem Auto da war. Was auf dem Foto nicht zu sehen war: ein Hitler-Haarschnitt, eine

Spießer-Brille und ein grämlich-gräulich-verbiesterter Gesichtsausdruck. Nun denn, die Anstands-Schnupperstunde musste sein.

Er bestellte ein Weizenbier – gutes Preis-Leistungs-Verhältnis, fand er –, ich ein Mineralwasser. Er sagte, er habe seit dem Frühstück nichts gegessen. Ich rühmte die gute und vielfältige Küche des Cafés: von Kleinigkeiten bis zu großen Gerichten alles lecker und zu moderaten Preisen. Er jedoch öffnete seinen Rucksack, nestelte darin herum und hievte dann drei gehäufte Hände voll Erdnüsse auf den Tisch, mit Schale, die er während unseres Gesprächs schälte und mampfte, wobei er im Redefluss ab und zu ein Bröckchen herüberwarf. Und er redete viel. Über seinen Job im gehobenen Beamtentum, seine Datscha am Wasser, seinen Sport, sein Pech mit Frauen ... Selbstredend nahm ich keine einzige Nuss, in der Hoffnung, dass er bald merken würde, dass mitgebrachte Verpflegung vielleicht in einem bayrischen Biergarten geduldet, in einem schicken Café jedoch völlig unangebracht ist. Die Bedienung sah uns schon ganz schräg an und musste ständig den von Schalen überquellenden Aschenbecher leeren. Ich möchte wetten, er hatte die Erdnüsse in einem dieser mexikanischen Lokale eingesteckt, wo sie säckeweise herumstehen.

Endlich waren die Haufen auf dem Tisch verzehrt, ich atmete auf – voreilig. Volker holte noch einmal dieselbe Menge aus seinem Säckel, bestellte ein weiteres Bier (verdammt!) und wurde nicht müde zu betonen, wie bezaubernd er mich fand. Ich lächelte still und harrte dem Ende des Dates. Es ging ans Zahlen. Die Bedienung sah ihn an, fragte »zusammen?«, er sagte »getrennt«. Und getrennt waren denn auch unsere Wege, für alle Ewigkeit, obschon er mich beim Abschied eindringlich um ein Wiedersehen bat. Nicht dass ich finde, der Mann müsse immer einladen. Wenn ich zwei Bier gehabt hätte und er nur ein Wasser, hätte ich bezahlt.

So ein offensichtlicher Knauserer wird heute sofort aussortiert. Wer nicht dumm ist, wird seinen Geiz zumindest am Anfang verstecken, hier und da zähneknirschend eine Rechnung begleichen und unauffällig versuchen, sie von vornherein so niedrig wie möglich zu halten.

Georg und ich gingen also einen Kaffee trinken. Wir plauderten und flirteten, zwei Stunden flogen dahin wie Minuten, er musste los und sagte beim Zahlen eindringlich »ich lad dich ein« (ich hatte ein Glas Tee). Ein Mann, der solche Lappalien extra ansagt, erwartet, dass die Frau sich das merkt und beim nächsten Mal die Börse zückt, selbst wenn es sich dann um ein Fünf-Gänge-Menü handelt. Am liebsten wäre ihm, die Bewirtete würde, schon während er ihr gönnerhaft ihr Getränk reicht, ankündigen: »Das nächste Mal übernehme ich.«

All das wusste ich damals noch nicht. Ich fand nur, dass es nicht der Rede wert war (finanziell standen wir ungefähr gleich: beide Studenten im letzten Semester). Aber ich dachte mir nicht viel dabei. Ich war verknallt.

Georg schien auch recht angetan, denn er rief mich bereits am nächsten Tag an. Wir redeten eine Ewigkeit, zum Ende des Telefonats überlegte ich, dass ich gern mit ihm essen würde, aber da ich gerade völlig abgebrannt war, schlug ich vor, etwas zu kochen. Böser Fehler, ich weiß. Eine Frau sollte einen Mann nicht schon zum ersten offiziellen Date bekochen, denn erstens wirkt sie dann allzu interessiert, zweitens stellt sie die Weichen: Sie ist diejenige, die macht und tut und betüddelt, obwohl es am Anfang genau umgekehrt sein sollte. Der Beginn einer Beziehung ist meistens die einzige Zeit, in der der Mann die Frau umwirbt und sich ein paar Beine ausreißt. Hat er sie dann im Sack, entwickelt es sich oft so, dass vor allem sie sich kümmert und die Kiste am Laufen hält (»Beziehungsarbeit leistet«). Männer wollen werben, denn das gibt ihnen das Gefühl, etwas Wertvolles zu erringen. Nimmt frau ihnen das, beraubt sie sich auch selbst des Wertes.

Wie auch immer: Am übernächsten Tag erschien er also abends zum gemeinsamen Dinner. Ohne Wein oder Blümchen oder dergleichen. Ich dachte, na ja, sicher kommt er direkt von der Uni.

Ich hatte Speckknödel mit Pilzragout und Salat gemacht, und zwar extra viel, um die nächsten ein, zwei Tage noch etwas Leckeres zu haben und nicht kochen zu müssen. Er aber schaufelte mein liebevoll bereitetes Mahl in sich hinein, als müsse er für zwei Wochen auf Vorrat essen, und keuchte zwischendurch mit vollem Mund, »boah, das schmeckt echt klasse«. Ich war noch beim ersten Teller, da hatte er schon drei intus, in der Pfanne war noch ein kläglicher Rest, er sagte, »boah, bin ich voll, ich muss erst mal Pause machen, vielleicht können wir das später noch essen ...«

Hätte für morgen sowieso keine richtige Mahlzeit mehr ergeben.

Ich hatte das Gefühl, Georg wäre gern auf Tuchfühlung gegangen, aber irgendwie war mir nicht mehr so danach. Stattdessen räumte ich den Tisch ab und spülte, während er am Küchentisch saß und mich unterhielt.

Danach vernichtete er den Rest des Ragouts und bat noch um Brot um die Pfanne auszuwischen und die Salatsoße aufzutunken.

Ich dachte, tja, baumlange Typen haben eben einen mächtigen Appetit, und das bewahrheitete sich bald auch in sexueller Hinsicht. In den kommenden Wochen würden wir es sehr, sehr oft tun. Bei unserem nächsten Treffen kam es allerdings immer noch nicht zu intensiverem Körperkontakt. Der Grund: K.o. meines Riechorgans. Und zwar hatte er, als wir es uns mit Rotwein auf dem Sofa gemütlich machen wollten, seine Schuhe ausgezogen. Im Nu war das ganze Wohnzimmer erfüllt von einem bestialischen Gestank. Als wären seine Füße gerade eben exhumiert worden. Mir wurde augenblicklich übel, ich riss die Fenster auf und musste ihn bitten, Schuhe und Socken vor die Tür zu stellen und seine Füße zu waschen. Nachdem sich diese Szene ein paar Tage später in ähnlicher Form wiederholte, bat ich ihn unter Androhung von Hausverbot künftig seine Luftverpester draußen zu lassen und in meiner Wohnung als erstes seine Quanten unter die Dusche zu halten.

Dem leistete er Folge, denn es schien ihm bei mir sehr gut zu gefallen.

Ich wunderte mich zwar ein bisschen, dass er nie mit mir ausging oder ins Kino (ich bin nämlich sehr gerne unterwegs, und nach der Große-Liebe-Trennungs-Lähmung hatte ich meine Geselligkeit wiederentdeckt). Doch ich beruhigte mich selbst: Er ist halt so verrückt nach mir, er will lieber mit mir allein sein. Blöd war bloß, dass ich viel Zeit mit Nahrungsbeschaffung und -zubereitung verbrachte; beziehungsweise war *ich* so blöd gewesen, ihn schon mit dem ersten Date auf den Geschmack zu bringen: Fast jeden Tag rief er an und sagte mit herzerweichend süßem Schmelz, »Kann ich heute Abend zu dir kommen? Kannst du uns was Leckeres zaubern?«

Er war stets bei mir, weil er in einem schlecht erreichbaren Stadtteil wohnte. Und zwar in einer, wie er sagte, »nicht besonders wohnlichen kleinen Studentenbude«. Meine Wohnung lag in der Nähe seiner Uni und seines Nebenjobs, sodass er danach fast jeden Abend zu mir fuhr und morgens direkt wieder hin. Am Wochenende war er ohnehin bei mir, weil: »Bei dir ist es viel schöner.« Logisch. Da war es sauber und gemütlich, es gab ordentlich Verpflegung und jede Menge Sex.

Zuerst dachte ich noch: Jubel! Ich habe endlich wieder einen Freund! Und er möchte wirklich mit mir zusammen sein! Er schätzt meine Gesellschaft!

Aber allmählich schlichen sich Zweifel ein.

Nachdem die übliche Anfangs-Sexgier etwas nachgelassen hatte, bestand ich immer öfter darauf, auszugehen. Das lief jedes Mal so ab: Im jeweiligen Club wartete er so lange mit dem Bestellen (»ich hab ja zu Hause noch was getrunken«), bis mir der Mund ganz pelzig wurde und ich losging um uns etwas zu holen. Erst für die nächste Runde erbot er sich, wohl wissend, dass ich oft keinen zweiten Drink nehme. Manchmal konnte er allerdings »leider, leider« nicht für die zweite Lage aufkommen: dann hatte er – natürlich rein versehentlich! – das Geld vergessen, es versäumt, zur Bank zu gehen, oder gerade Ebbe in seiner Kasse, weil er einem Freund eine größere Summe hatte leihen müssen.

Als ich vorschlug ins Kino zu gehen, fragte er: »Lädst du mich ein?«

»Georg. Ich lade dich doch schon dauernd ein.«

»Äh hähä ... war nur ein Test.«

»Also gehen wir?«

»Ähm ... gern ein andermal. Ich hab nur ganz wenig Geld dabei, das brauch ich morgen für ein Fachbuch.«

Wir waren nie im Kino.

Bei einem der Clubbesuche verkündete er: »Ich will mal 'ne reiche Frau heiraten.«

»Meinst du das im Ernst?«

»Na klar, warum sollen immer die Männer blechen? Ich hätte gar keine Hemmungen, mich von 'ner Frau versorgen zu lassen.«

Ich hätte gern »das merke ich« erwidert, aber ich sagte nur: »Ja, wenn du dann die Kinder kriegst und den Haushalt machst ...«

In meinem Haushalt machte er jedenfalls keinen Finger krumm. Leider krümmte er ihn nicht mal um etwas aus seiner Brieftasche zu fischen – etwa um meinen Kühlschrank zu füllen, den er regelmäßig heimsuchte wie eine Heuschrecke.

Zuerst versuchte ich noch meinen wachsenden Unmut hinwegzuwischen mit Gedanken wie: Liebe rechnet nicht auf. Aber er brachte nie etwas mit, nicht einmal Wein oder Bier zu dem Essen, das ich kochte, und die Küche durfte ich am nächsten Tag allein aufräumen.

Als ich ihn darauf ansprach, sagte er mit argloser Miene: »Aber ich bin doch Gast! Und ich dachte, als Gast muss man nichts mitbringen und nicht helfen! Wenn du zu mir kämst, würde ich dich auch bewirten!«

Dazu gab ich ihm gern Gelegenheit. Und hatte auf dem Weg zu ihm viel Zeit zur Vorfreude: Ich war eine komplette Stunde lang unterwegs, mit U-Bahn, Bus und zu Fuß. Was sonst als die pure Knickrigkeit konnte einen Menschen dazu treiben, in so einer abgelegenen und schäbigen Gegend zu wohnen?

Und diese Bude! Ein karges Mini-Zimmerchen ohne Sitzmöbel, eine Ein-Mann-Matratze und ein Fernseher auf dem Boden, keine Vorhänge am Fenster. Wie sollte ich dort schlafen, und wie wollte er in dieser Karikatur einer Küche etwas zubereiten? Nun ja. Er hatte alles bestens vorbereitet. Es gab diesen Miracoli-Ersatz vom Billig-Discounter (Spaghetti mit einer grässlichen Soße aus Tomatenmark und Geschmacksverstärker-Würzmischung) und Billig-Parmesan (die Sorte, die nach Kotze riecht). Dazu No-Name-Bier aus der Dose und als Nachtisch den Rest einer Schokoladentafel.

Immerhin musste ich mir um die Kalorien keine Sorgen machen, auch nicht in Bezug auf das Frühstück, denn in seinem Kühlschrank hätten selbst Kakerlaken Depressionen bekommen. Moment mal ...! Gerade wurde mir klar, warum er bei mir immer so hungrig war.

Nach acht Wochen Einkaufen und Tüten-Schleppen, ohne dass er je dazu beigetragen hätte, hatte meine Verliebtheit schon arge Dellen und es war Zeit für eine Ausgleichsmaßnahme in Form einer klaren Ansage: »Sag mal ..., findest du das in Ordnung, dass immer nur ich für uns einkaufe und mache und tue?«

»Wieso, du machst es doch vor allem für dich. Ist ja dein Haushalt.«

»Georg. Du lässt dich hier fast täglich bewirten und bringst noch nicht mal was mit.«

»Aber dafür helf' ich ja beim Kochen!«

»Ungefähr jedes dritte Mal schnippelst du ein bisschen Gemüse. Das ist nicht gerade ein angemessener Beitrag.«

»Du weißt doch, ich hab nicht so viel Geld, solange ich Student bin.«

»Du kriegst den Bafög-Höchstsatz, du hast einen lukrativen Nebenjob und deine Eltern schießen noch was zu. All das hab ich nicht. Ich muss von den paar Kröten leben, die mein letzter Studentenjob abgeworfen hat, und jetzt, wo's auf den Abschluss zugeht, kann ich kaum was nebenher arbeiten. Ich bin pleite!«

Ich hatte seinen Beschützer- und Versorgerinstinkt freigelegt, denn er lächelte väterlich und kündigte an einkaufen zu gehen.

Am nächsten Abend erschien er freudestrahlend: »Ich hab dir was mitgebracht!« De facto hatte er aber sich selbst etwas mitgebracht, und zwar statt der erhofften vollen Plastiktüte nur drei Sachen: eine Flasche Cola (trink ich nicht, gibt's bei mir nie), eine kleine Packung Salami (ich hasse Salami! Georg: »Die ist doch toll zum Frühstück!«) und eine Schachtel Negerküsse. Die mag ich auch, aber ich bekam keinen einzigen davon, weil er sie, während ich kochte, verdrückte. Ich funkelte ihn wütend an: »Du bringst angeblich *mir* was mit und frisst es dann selbst?!«

»Ähm sorry ... ist mir jetzt gar nicht so aufgefallen, dass die alle in meinem Mund verschwunden sind ... kleine Vorspeise, hähä. Aber du hast ja noch die Cola und die Salami.« Dieses Muster würde ich noch oft erleben:

– Eine kleine Entschuldigung (»Ähm sorry ...«): kostet nix, nützt viel
\+ eine Ausrede (»ist mir jetzt gar nicht so aufgefallen, dass ...«)
\+ ein Witzchen, was mir den Wind beziehungsweise die Wut aus den Segeln nehmen soll (»kleine Vorspeise, hähä«),
\+ eine Beschwichtigung (»Aber du hast ja noch die Cola und ...«).

Die Beschwichtigung kam oft in Form eines Kompliments: »Julia, du bist eine Meisterköchin!« »Du bist die Beste!« »Noch nie hatte ich eine Freundin, die so lieb war!« Oder in Form einer Vertröstung: »Wenn ich erst mal richtig verdiene ...« Das Fiese war, dass ich mich meistens einwickeln ließ von diesem Spitzbuben mit seinem schelmischen Charme. Umso mehr ärgerte ich mich, wenn ich wieder einmal den Herd schrubbte, die schweren Einkäufe in den dritten Stock schleppte und meine Kontoauszüge bekam.

Die Risse im Lack vergrößerten sich täglich. Ich traf mich mit Sandra, Daniela und meinem Busenfreund Jens und fragte, wie sie das sähen: »Wer liebt, sollte doch keine Bilanzen aufstellen, was er bekommt, oder? Bei meiner großen Liebe habe ich das nie getan, nun komm ich mir schon ganz berechnend vor, und überhaupt, ihr wisst ja, was Erich Fromm in ›Die Kunst des Liebens‹ schreibt: ›Liebe ist eine Aktivität ... sie ist in erster Linie ein Geben und nicht ein Empfangen‹ ...«

»Das ist ja schön und gut, wenn dein Kerl dich auch liebt«, sagte Sandra. »Aber dieser Georg nutzt dich doch nur aus.« Eine Sandra-untypische Äußerung, denn normalerweise ist sie Pro-Partnerschaft und findet schlichtende Worte für fast jede Art von Beziehungsvergehen. Daniela stieß in dasselbe Horn: »Georg der Geizknochen«, schnaubte sie verächtlich, »auch Schorsch der Schnorrer genannt. So ein Typ hätte bei mir keine Chance!« Na ja, bei ihr hat fast keiner eine Chance. Wen sie nicht von vornherein abblockt, vertreibt sie binnen kürzester Zeit mit ihrer kritischen Art. Dementsprechend hatte sie seit drei Jahren keine richtige Beziehung.

»Keiner ist perfekt«, sagte ich, »in jeder Beziehung muss man Kompromisse machen.«

»Du machst zu viele Kompromisse«, befand Jens. »Du verkommst zum umsorgenden Hausmütterchen, dabei ist das doch gar nicht dein Ding! Julia, was ist mit dir los? Du bist hübsch, klug, hast Stil ... So einen Typen hast du doch nicht nötig! Und der frisst dir ja nicht nur die Haare vom Kopf. Ich sag nur: Stinkesocken!«

Er hatte ja recht.

Georg brachte regelmäßig große Plastiktüten vorbei, vollgestopft mit Wäsche, ließ sie einfach in meinem Bad und sagte unter Aufbringung seines Höchstmaßes an Charme: »Meine Süße, ich hab so schrecklich viel zu tun und heute schrecklich lange Uni, kannst du bitte die Sachen für mich in die Maschine werfen?« Hah! Wenn das alles gewesen wäre! Ich musste die Wäsche nicht nur hinterher auf den Ständer hängen, sondern auch noch vorher sortieren. Er hatte seine Klamotten ja kunterbunt durcheinander in die Säcke gestopft, weiße Shirts, dunkle Socken, farbige Hemden ... Und was da zum Vorschein kam – puh! Als ich die Tüte öffnete, in der die meisten Socken waren, schlug mir ein Gestank entgegen, der mich fast in die Knie zwang, obwohl Georg die seltsame Angewohnheit hatte, seine getragenen Socken zu einem kleinen dichten Knäuel zusammenzupacken, ich schätze, um ja keine durch den berüchtigten Waschmaschinen-Sockenfraß zu verlieren, denn das hätte sicher sein Budget überstrapaziert. Aber in diesem kleinen kompakten Päckchen werden die Fußkleider nicht richtig sauber, also zog ich in meinem Liebeswahn Gummihandschuhe an und ein parfumgetränktes Halstuch vor die Nase und nestelte die Stinkbomben wieder auseinander. Die Handschuhe konnte ich auch gut zum Sortieren der Unterhosen gebrauchen, da diese sehr benutzt aussahen. In mir stieg der Verdacht auf, dass er aus ökonomischen Gründen gewisse Kleidungsstücke, die man nicht sah, ziemlich lange anhatte. Das trug mit Sicherheit dazu bei, dass seine Füße so mieften. Er kann ja nur von Glück reden, dass er vor unserem »ersten Mal« offenbar so geistesgegenwärtig gewesen war, für Fußfrische zu sorgen; oder war ich verschnupft gewesen?

Vielleicht ist er ja der Mann aus der Zeitungsmeldung, die ich neulich gelesen habe: der wurde zu 250 Euro Strafe verdonnert, weil er in einer Bibliothek mehrfach die Schuhe ausgezogen und so jedes Mal alle Anwesenden vertrieben hatte ...

Heute kann ich drüber lachen; damals war ich ziemlich besorgt. Ich fragte mich zunehmend: Nutzt er mich tatsächlich aus? Liebt er mich eigentlich gar nicht? Ich selber war ja immer noch ziemlich verliebt. Oder ist er einfach so und es fällt ihm gar nicht auf, dass Geben und Nehmen bei uns unausgewogen sind? Aber es müsste ihm doch auffallen, wenn er mich wirklich lieben würde!

Würde es sich geben, sobald er mit einer Vollzeitstelle ein gutes Gehalt bezöge?

Andererseits: Bei sich selber war er in vielem keineswegs geizig, gönnte sich zum Beispiel Markenklamotten und teure Duftwässerchen. War er schlicht und ergreifend nicht nur geizig, sondern auch egozentrisch?

Gut, in vielem knickerte er auch bei sich selbst. Er trank am liebsten Bier vom Fass oder Weizen. »Viel Alk für relativ wenig Geld«, sagte er. Im Prinzip hätte es mich nicht gewundert, wenn er einen Taschenrechner herausgeholt und kalkuliert hätte, welche Menge Alkohol die einzelnen Getränke enthalten und wie viel jeweils das Gramm kostet. Aber vermutlich hatte er das schon im Kopf oder zu Hause gemacht. Er redete dauernd von Geld und Preisen und von all den Dingen, die er machen und kaufen könnte, falls er mehr hätte.

Am meisten liebte er natürlich Gelegenheiten, wo's irgendetwas gratis gab – Events, Eröffnungen, Jubiläen ... Und Partys. Obwohl ihn Geburtstagspartys regelmäßig in die Bredouille brachten. Denn da musste er ja ein Geschenk mitbringen. Wenn Georg überhaupt einmal schenkte, dann etwas, was er selber übrig hatte und nicht gebrauchen konnte, oder er dachte sich irgendwelchen Quatsch aus, den er »superwitzig« fand, der jedoch vor allem wenig kostete.

Als sein bester Freund 30 wurde, überlegte er zunächst, ob er ihm den Kerzenständer verehren sollte, den seine Ex ihm dagelassen hatte (aus blauem Porzellan, in Form eines grinsenden Mondes), aber er befürchtete, der Freund könnte das erlesene Stück schon bei ihm gesehen haben. Also ging er in einen dieser Billigkram-Läden, wo alles 50 Cent kostet (damals 99 Pfennig), und erstand zehn unbrauchbare Teile: eine Duschhaube, eine Hornhaut-Raspel, Serviettenhalter aus Plastik, einen Baby-Trinkbecher und dergleichen Ramsch mehr. Er umwickelte jedes Stück bereits im Laden dick mit Papier und packte alles in einen großen Karton, damit es nach einem möglichst umfangreichen Geschenk aussah. Ich sagte: »Du kannst deinen besten Freund nicht besonders gut leiden, oder? Warum schenkst du ihm nicht was Schönes oder was Brauchbares?« Georg: »Der hat doch schon alles. Das hier ist wenigstens originell.«

Ich fragte mich, ob ich es noch miterleben müsste, dass er mich zum Geburtstag beschenkt, tröstete mich aber damit, dass dieser erst in acht Monaten stattfand.

Er nistete sich allmählich bei mir ein wie eine Krake. Immer mehr von seinen Klamotten häuften sich in meinem Schlafzimmer. Aber die Dinge des täglichen Gebrauchs lastete er mir nicht auf. Die nahm er lieber von mir. Hemmungslos bediente er sich an Zahnpasta, Duschgel, Shampoo, Frisierschaum, an meinen Parfüms (ich benutze gern Männerdüfte). Ich wette, er hatte seine langen gierigen Finger sogar in meinen Cremetöpfen. Er hätte meine Unterwäsche und meine Socken angezogen, wenn sie ihm gepasst hätten.

Selbstredend trug er weder einen Obolus zur Miete, zu Strom und Gas noch zum Telefon bei, von dem er häufigen Gebrauch machte (zum Beispiel um eine Stunde mit Mutti zu plaudern ... und Ferngespräche waren damals noch teuer!). Ich mochte ihn nicht darum bitten, weil er doch nur geantwortet hätte, dann müssten wir eben öfter zu ihm gehen. Und ihm zu sagen, er möge seine eigenen Kosmetika mitbringen, fand ich denn doch zu kleinlich. Was mich viel mehr ärgerte, war die Sache mit dem Essen und dem Einkaufen. »Was soll ich tun?«, fragte ich meine Freundinnen. Sandras Vorschlag: »Kauf einfach nichts mehr ein! Und schwindle, dass du pleite bist.«

»Da gibt's nichts zu schwindeln – ich *bin* pleite. Mein Konto ist überzogen, obwohl ich mir überhaupt nichts mehr leiste. Ich geh ja kaum noch aus. Hab sowieso nichts mehr anzuziehen. Aber wenn ich nichts mehr einkaufe, muss ich ja selber Hunger leiden. Das geht nicht.«

»Dann kauf nur Lebensmittel, die er nicht mag.«

»Hah! Solche Lebensmittel gibt's nicht. Georg ist ein Allesfresser.«

Daniela hatte eine andere Idee: »Iss dich tagsüber satt und abends, wenn er kommt, nichts mehr.«

»Kaum zu glauben, aber das tu ich bereits! Allerdings nur dann, wenn er später kommt. Und ich koche kaum noch. Aber er geht ja trotzdem in meine Küche und futtert alles Mögliche weg. Du weißt ja, ich hasse es, nichts Anständiges im Haus zu haben.«

»Kauf doch immer nur das ein, was du an dem Tag essen willst!«

»Ach nöö ... ich habe was Besseres zu tun als jeden Tag in den Supermarkt zu rennen. Außerdem gibt's bei Aldi keine Mini-Packungen.«

»Mach wenigstens *einen* Tag die Probe aufs Exempel«, forderte Daniela. »Versteck alle brauchbaren Lebensmittel, bevor er kommt, und schau, wie er reagiert.«

Gesagt, getan ...

Georg marschierte wie meistens schnurstracks in die Küche und guckte in Schränke und Töpfe. Doch statt der üblichen Fülle erwartete ihn ein Alptraum: die Ödnis seiner eigenen Küche. »Nanu, ist ja gar nichts da«, sprach er zu dem einsamen Senfglas in meinem Kühlschrank und wandte sich dann wieder dem Vorratskasten zu: »Ah, wenigstens Nudeln und Reis sind noch da. Können wir ja was davon machen.« – »Willst du die trocken essen? Sei nicht albern. Der türkische Supermarkt vorn an der Ecke hat noch geöffnet.« Er ging tatsächlich los. Kam jedoch nicht mit Einkäufen wieder, sondern mit einem Döner Kebab vom Imbiss gegenüber. Für mich natürlich kein Fitzelchen. Da hatte ich ja ein perfektes Eigentor geschossen. Nicht mal Sex heute. Denn nach dem Döner roch er übelst aus dem Hals. So übel, dass ich ihn nach Hause schickte. Ich war ohnehin verstimmt.

Bis jetzt hatte ich immer noch leise gehofft, er müsse doch irgendwann von selbst darauf kommen, dass da ein Ungleichgewicht bestand. Ich wollte ja auch, dass er aus freien Stücken gab, und nicht, weil ich ihn mit der Nase draufgestoßen hatte.

Ich resignierte und bat Georg nur noch gelegentlich etwas einzukaufen, woraufhin er dann wenigstens irgendwelche Kleinigkeiten brachte, die er selber konsumierte. Dann fühlte er sich berechtigt zu futtern, bis er fast platzte (»muss ja für den ganzen Tag reichen«), und fragte am nächsten Tag, ob der Rest von »seinen« Sachen noch da sei. War ich sauer auf ihn oder sollte ich etwas für ihn tun, kam fast immer sein »Aber ich hab dich doch so lieb!« Er dachte, damit könne er alles wieder gutmachen. Einmal erwiderte ich: »Denkst du, du brauchst nur zu sagen, ich hab dich lieb, und alles ist bestens?« Worauf er erwiderte: »Wieso, darf ich das nicht sagen?«

»Na, kostet dich ja nix!«

»Du denkst ja ganz schön materiell.«

Irgendwann wurde ich stinkwütend. Wie kann ein Mensch so dreist sein? Und ich Idiot hatte dieser Dreistigkeit noch Vorschub geleistet. Wie so viele Frauen war ich vor allem die ersten zwei Monate dem Irrglauben erlegen, er würde sich heftiger in mich verlieben, wenn ich nur genug hineinbuttern würde. Das Gegenteil war der Fall: Er dachte, ich sei so wild auf ihn, dass er sich keine Mühe geben müsste. Er war ohnehin so von sich überzeugt, dass er seine bloße Anwesenheit schon für ein Geschenk hielt. Gleichberechtigung? Kannte er nicht. In seiner Familie war er der kleine Pascha, vergöttert von einer aufopfernden Mutter, finanziell gut versorgt von einem großzügigen Vater. Er definierte Liebe direkt über das, was er bekam. Nehmen war für ihn eine Selbstverständlichkeit. Und er hatte keinen Respekt vor dem, was die für ihn tun, die ihm am nächsten stehen.

Mir fiel zunehmend auf, dass er selbst in Sachen Zärtlichkeit geizig war. Er ließ sich stundenlang von mir streicheln und massieren, und wenn ich bemerkte, »jetzt bin ich dran«, murmelte er, »ach Süße, ich bin doch so müde«, oder er tätschelte fünf Minuten lustlos an mir herum und sagte dann, »ich muss jetzt schlafen«, oder, na ja klar, ging direkt zum Sex über. Unsere Frequenz hatte zwar nachgelassen, aber war immer noch recht hoch, was mich selbst erstaunte angesichts des mickrigen Vorspiels. Auf irgendeine geheimnisvolle Weise war ich ständig scharf auf ihn, obwohl ich mich körperlich nicht so gut fühlte. Ich hatte zugenommen (kein Wunder, befand ich, bei Georgs ständiger Esserei, die auch mich animierte). Meine Brust wurde größer und überempfindlich. Und als ich dann wegen Unterleibsschmerzen und ausbleibender

Periode zur Frauenärztin ging, gratulierte sie mir zur Schwangerschaft.

Oh Gott. Bitte nicht. Ich hatte doch meine Abschlussprüfungen vor mir. Ich konnte mich doch jetzt nicht um ein Baby kümmern. Ein Kind von Georg. Von einem Mann, der garantiert nicht Vater werden wollte. Den ich mir auch nicht als Vater meines Kindes vorstellen konnte.

Die Ärztin sagte, sie nehme keine Abbrüche vor, ich müsse jemand anderen suchen.

Ich schlich wie in Trance nach Hause.

Als Georg abends zu mir kam und mich heulend am Tisch sitzen sah, fragte er: »Was ist?« Ich schluchzte, dass ich schwanger sei. Wie angewurzelt stand er in der Mitte des Zimmers. Nackte Panik erfüllte sein angstverzerrtes Gesicht. Er als Student könne sich doch gar kein Kind leisten! Das war seine einzige Sorge. Ich heulte mir die Seele aus dem Leib, doch statt mich in den Arm zu nehmen und zu trösten, stand er versteinert da und rief: »Du musst abtreiben!« Und dann löcherte er mich: Was ich jetzt tun wolle? Und wie? Und wo? Ob es nicht schon zu spät sei? Ich versicherte ihm, dass ich ihn nicht zum Vater machen würde, aber mehr noch nicht wüsste. »Bitte geh jetzt nach Hause«, sagte ich leise, »ich muss jetzt meine Ruhe haben.«

In den Folgetagen bedrängte er mich massiv, so schnell wie möglich abzutreiben, denn er war misstrauisch, dachte, ich könnte es mir doch anders überlegen, und dann müsste er sein Leben lang bluten. Das passte nicht zu seiner Lebensmaxime: raffen, hamstern, horten.

Aber man kann ja nicht von einem Tag auf den andern eine Schwangerschaft beenden. Erst musste ich einen geeigneten Frauenarzt finden und aufsuchen. Termin, erneute Untersuchung, Gespräch. Dann zu einer der Stellen gehen, die den berühmten Schein ausstellen. Auf diesen Termin musste ich eine ganze Woche warten. Danach Bluntuntersuchung und Laborwerte abwarten. Georg wurde fast wahnsinnig, er hatte Angst, es könnte dann zu spät sein oder etwas dazwischen kommen, und machte mich nur noch nervöser. Ich hatte ja selbst schreckliche Angst, auch vor dem Eingriff, aber er stand mir keine Sekunde bei. Er ließ mich komplett im Stich, ging zu keinem einzigen Termin mit, nicht einmal zum Abbruch. Stattdessen fuhr er für zehn Tage zu seinen Eltern. Er wollte einfach zurückkommen und es wäre vorbei. War es dann auch.

DocBeatrice kommentiert:

Bekanntlich hört beim Geld die Freundschaft auf – und oft genug auch die Liebe:

Zwei von drei Paaren streiten gelegentlich über Finanzielles, 38 Prozent geraten deswegen in eine Dauerkrise. Obwohl Frauen im Durchschnitt deutlich weniger verdienen und besitzen als Männer, scheinen Letztere knauseriger zu sein; elf männliche Prozent bestehen in Beziehungen sogar prinzipiell auf getrennter Kasse, und mehr als jede dritte Frau klagt über den Geiz ihres Gefährten.

Schon eine Partnerschaft mit einem Sparsamen hat ein hohes Ärger-Potenzial – mit einem Geizkragen ist sie unerträglich. Was den Geizigen vom Sparsamen unterscheidet, ist Egoismus. Er geizt nicht nur mit materiellen Dingen, sondern auch in vielen anderen Bereichen: Zärtlichkeit, Aufmerksamkeit, Unterstützung, Hilfsbereitschaft ...

»Geiz ist eine der schäbigsten Charaktereigenschaften überhaupt«, findet die kluge Elke Heidenreich. »Geiz hat ein verkniffenes Gesicht, und seine Schwester ist die Gier. Nichts geben wollen heißt auch: alles haben wollen.«

Dementsprechend entsteht in einer Beziehung mit einem Geizigen sehr schnell Ungleichgewicht, zumal Frauen dazu tendieren, zu viel in die Liebe zu investieren – viele verschwenden sich geradezu. Vor allem solche, die heimlich daran zweifeln, dass sie liebenswert sind. Der Deal lautet: Wenn ich dir viel gebe, bin ich es wert, auch etwas zu bekommen – vor allem Zuneigung und Zuwendung. So einer Frau fällt es auch schwer, Grenzen zu setzen und um etwas zu bitten. »Sie hat Angst, dann möglicherweise zurückgewiesen und allein gelassen zu werden«, sagt der berühmte amerikanische Paartherapeut John Gray.

Das alte Bibel-Motto »Gebt und euch wird gegeben werden« mag oft stimmen, aber eben nicht immer. Manche verdrängen aus lauter Liebesbedürfnis oder Verlustangst, dass sie nicht geliebt, sondern ausgenutzt werden. Wobei zum Ausgenutztwerden ja auch immer zwei gehören: Einer, der's tut, und eine, die's zulässt.

John Gray meint, es liege zwar »nur selten in der Absicht eines Mannes, viel zu nehmen und wenig zu geben. Dennoch sind Männer dafür bekannt, dass sie in einer Beziehung weniger geben als die Frau.« In so einem Fall erwartet sie meistens, dass ihr Liebster von sich aus auf die Idee kommt, sich zu revanchieren – und wartet oft vergebens. Denn er denkt: Ich habe offensichtlich etwas gut bei ihr. Grays Tipps: Erstens selbst einen Ausgleich schaffen, indem Sie weniger geben, zweitens ihn ermutigen, sich mehr um Sie zu sorgen, drittens ihn ganz konkret um das bitten, was Sie möchten – in kurzen, klaren, freundlichen Worten.

Normalerweise stellt sich die Balance dann bald von selbst wieder ein.

Falls das nicht eintritt, sind Sie entweder mit einem Mann zusammen, der Sie nicht liebt, oder mit einem, der ungern gibt – was letztendlich auf dasselbe hinausläuft. Da kann ich bloß raten, was mir vor vielen Jahren mal eine kluge Freundin sagte: »Ich finde, wir sollten unsere kostbare Zeit nur mit dem Mann verbringen, der unser Leben bereichert.«

2. WARTEN AUF DR. WICHTIG – DER EGOMANE

Ein Foto von mir: wie ich im Mantel auf meinem Sofa sitze, gestiefelt und gestylt, sehr schick, ich sehe aus wie eine Business-Frau, bloß nicht so erfolgreich und strahlend, sondern eher grämlich. Ich hatte es gegen Ende meiner Zeit mit Egon per Selbstauslöser aufgenommen um mir immer wieder vor Augen halten zu können, wie sich die Beziehung mit ihm anfühlte: Warten, dass es endlich losgeht, darüber allmählich die Geduld verlieren und auch ein wenig meine Selbstachtung.

Es stammt aus einem Packen alter Fotos, die mir neulich beim Ausmisten in die Hände fielen. Das nächste Bild zeigt mich in meinem heißgeliebten giftgrünen Pulli, dazu die rot-grünen Karohosen, und blonde Zöpfe, die ich mir oben am Kopf zu kleinen Schnecken gedreht hatte. Verwegen-frecher Blick (Sandra hatte beim Knipsen geschrien: »Freiheit von Georg dem Geizigen!!!«). Das war, bevor ich Egon kennen lernte.

Ein Foto von ihm: Er steht so lässig in seinem Anzug drin, als wäre er damit zur Welt gekommen, in der einen Hand eine Zigarre, in der anderen der unvermeidliche Drink ...

Wie er da so, strotzend vor Selbstbewusstsein, in die Kamera guckt mit seiner »Was-kost'-die-Welt«-Miene, kann ich heute noch verstehen, warum ich ihn damals gut fand. Dazu kam, dass ich nach den immerhin fast fünf Monaten mit Georg die Nase voll hatte von armen Schluckern und Schnorrern – kein Wunder, dass ich mich in einen Yuppie wie Egon verknallte.

So ähnlich wie auf dem Bild sah er auch aus, als ich ihn zum ersten Mal sah. Auf seiner Party, zu der mich Freunde mitgeschleppt hatten. Egon als weltgewandter Salonlöwe inmitten seiner wohl gewandeten Gäste in seiner schicken, riesigen Dachterrassen-Citywohnung: der Fleisch gewordene Traum aller verarmten Studentinnen. Ich hatte gerade den Abschluss meines Grafik-Design-Studiums hinter mir und putzte Klinken bei Verlagen und Werbeagenturen.

Erstaunlicherweise schien ich Egon zu gefallen, der all die manikürten und ondulierten Chichi-Weibchen, die ihn wie Schmeißfliegen umkreisten, links liegen ließ, um mich mit Nettigkeiten und unterhaltsamen Anekdoten zu überhäufen, soweit das seine Gastgeberpflichten zuließen. Wir wetteten: Wer es schafft, sich die Telefonnummer des anderen zu merken und exakt um neun Uhr morgens bei dem anderen anzurufen, hat gewonnen. Der Verlierer müsste ein Abendessen spendieren. Da ich danach schmachtete, endlich einmal wieder schön von einem Mann ausgeführt zu werden, setzte ich alles daran zu gewinnen.

Ich gewann zwar die Wette, aber den Preis bestimmte Egon – also Zeit, Ort und Gestaltung des Ausführ-Abends. Er hatte schon einen festen Plan im Kopf: »Wir treffen uns um neun bei diesem Tapas-Spanier in Mitte, dann gehen wir in ein paar Bars und vielleicht noch in einen Club.« Puh. Dieser blöde angesagte Tapas-Spanier, wo alles in Öl schwamm, oh je. Und erst um neun. Hm. Und noch ewig um die Häuser ziehen, wo ich mich an dem Tag nicht besonders gut fühlte ... Zu dem Lokal sagte ich nichts, aber ich fragte, ob wir früher essen könnten, da mir späte Völlerei gar nicht gut bekomme und ich ohnehin jetzt schon riesigen Hunger habe. Er fragte: »Wann denn?«

»Am liebsten schon um sechs.«

»Okay, einigen wir uns in der Mitte. Halb acht beim Spanier?«

»Na gut. Ähm ... könntest du mich vielleicht abholen? Du wohnst ja nicht weit weg von mir. Ich fühl mich ein bisschen kränklich, als ob eine Erkältung im Anzug ist.«

»Oh, steck mich bloß nicht an!«

»Es ist ja noch nicht ausgebrochen.«

»Ich kann dich nicht abholen, weil ich mal wieder 'ne richtige Kneipentour machen und ordentlich einen heben will. In meinem Job kann ich's mir nicht erlauben, den Führerschein zu verlieren.«

Er mutete mir also zu, im kränkelnden Zustand an einem frostigen Novembertag von Lokal zu Lokal zu latschen und in der Kälte auf zugigen S-Bahnhöfen herumzuwarten – nachts kommen die Züge nur alle halbe Stunde! Und ich Blödfrau machte auch noch mit. Heute würde ich das Treffen kurzerhand absagen, wenn sich der Mann so wenig fürsorglich zeigt. Wenn ihm das Saufen wichtiger ist als meine Gesundheit und mein Wohlbefinden, ist er nicht der Richtige. Damals ignorierte ich meine leise Verstimmung und den Impuls, abzusagen, und redete mir zu: Hab dich nicht so, immerhin führt dich ein toller Mann aus. Die Georgsche Gehirnwäsche à la »Gib alles und erwarte nichts« zeigte immer noch Wirkung.

Kurz vor sieben, ich war schon auf dem Weg zur S-Bahn, rief er an: »Du, bei mir wird's ein bisschen später. Ich muss zu Hause noch alles Mögliche machen, aufräumen, Putzfrau anweisen etc. pp. Ich ruf dich an, wenn ich losgehe«. Na super. Ich drehte wieder um und machte mir zu Hause einen kleinen Salat, um den knarzenden Magen zu beruhigen. Dann saß ich in voller Montur herum, wartete auf Egons Anruf und hatte keine Ahnung, dass ich das ab jetzt noch sehr oft tun würde.

Um neun trafen wir uns endlich beim Spanier, er kam sogar etwas nach mir, hatte angeblich kein Taxi bekommen. Das Lokal war rammelvoll, wir mussten erst an der Bar warten, und als wir endlich saßen, hatte ich überhaupt keine Lust mehr zu essen. Also bestellte er sich allein etwas. Erwähnte auch mit keinem Wort, dass er meine gewonnene Wette zu einem anderen Zeitpunkt einlösen wolle. Aber nicht aus Geiz, wie ich später feststellte, sondern aus Achtlosigkeit.

Da ich ohnehin nicht mehr gut drauf war und außerdem der

Hals kratzte, störte es mich nicht, dass er die ganze Zeit redete. Vor allem über sich. Das war ich von Männern schon gewohnt. Ich bin heute noch ganz erstaunt, wenn ich mal einen kennen lerne, der mir zuhört, nachhakt, Fragen stellt und mich ausreden lässt! Solche kommunikationsfähigen Prachtstücke bekommen immer gleich etliche Pluspunkte vorab.

Egon erklärte mir lang und breit, warum er BMW *und* Mercedes fahren »muss«. Dass seine Familie ein Riesenhaus mit Wassergrundstück und Motorboot auf Mallorca hat. Mein Haus, mein Auto, mein Boot ... Man könnte all diese Dinge auch einfach nicht erwähnen. Er hätte einen Teil des Abends ebenso damit verbringen können, mich kennen zu lernen.

Immerhin war es größtenteils interessant oder amüsant, was Egon erzählte. Er war intelligent, witzig, gebildet, hatte auch studiert, Wirtschaft natürlich, und war jetzt ein viel beschäftigter Immobilienfritze. Die meisten Männer vom Typ Egon sind beruflich erfolgreich: Klar – Selbstdarsteller können sich gut verkaufen.

Wir wechselten in eine Bar, mir stiegen die Getränke zu Kopf und Egon wurde immer attraktiver. Nichtsdestotrotz war ich um halb eins platt und beschloss die Heimkehr, hoffend, dass er mich ein Stück im Taxi mitnehmen würde. Nein, Egon wollte noch in einen Schicksen-Club, verabschiedete mich mit einem vorwitzigen Kuss auf den Mund, und so stand ich frierend auf einem zugigen S-Bahnhof herum und fragte mich, ob ich ihn nun toll finden sollte oder was.

Diesen Zwiespalt wurde ich auch in der folgenden Woche nicht los. Am Morgen nach dem Treffen erwachte ich mit einem dicken Kopf und Hals und war sauer auf Egon. Später fand ich ihn wieder süß, weil er anrief um sich für den reizenden Abend zu bedanken. Als Frau muss man nicht viel tun, um einem Mann einen schönen Abend zu bereiten: Nur zuhören, gelegentlich »Ach wirklich?« sagen, lächeln und ihn mit großen bewundernden Augen anschauen.

Einen Tag darauf rief er an um zu fragen, wann wir uns wiedersehen würden. Ich schniefte: »Vielleicht am Freitag, dann dürfte ich das Gröbste der Erkältung überstanden haben.« Er erwiderte wie aus der Pistole geschossen: »Ach, dann verschieben wir das lieber.« Worauf ich mit Kleinmädchenstimme säuselte (obwohl, es war wohl mehr ein Röcheln): »Ich dachte, dann würdest du vorbeikommen zum Kamillenteekochen und Händchenhalten ...« Er meinte nur trocken, er wolle sich auf keinen Fall anstecken. Oh.

Doch wie ich so die nächsten Tage krank darniederlag, erschien mir Egon wiederum wie der strahlende Held aus einem besseren Leben. Zumal er täglich anrief, um mich nach meinem Befinden zu fragen und mich anschließend mit Neuigkeiten aus seinem Geschäftsleben zu versorgen. Nicht wirklich mein Thema, aber wenn man so vor sich hinsiecht, dürstend nach menschlichem Kontakt, ist man ja für alles dankbar. Ich fieberte also dem nächsten Treffen entgegen.

Da es nicht an jenem Wochenende stattfand (ich war ihm noch zu ansteckend), sondern erst Donnerstag drauf, beschloss er nur mit mir essen zu gehen, ohne anschließendes Besäufnis. Von daher konnte er mich mit dem Wagen abholen. Beziehungsweise mit einem seiner drei Wagen. »Nehm' ich den BMW, den Benz oder den Spitfire?« Ich sagte: »Kommt drauf an, welcher zu meinem Prada-Outfit passt. Oder geh ich lieber in Gucci?« Egon lachte. Immerhin verstand er meinen Humor.

Ort und Zeit des Geschehens bestimmte wieder er: »Ich hol dich um acht, wir gehen zu meinem Lieblingsitaliener.« Punkt acht saß ich aufgebrezelt auf dem Sofa, halb neun saß ich da immer noch. Kein Anruf von Egon und er nicht erreichbar. Er kam um Viertel vor neun, ohne Entschuldigung, und ich wagte auch nicht zu sagen, »du bist ganz schön spät dran«, weil ich nicht wollte, dass er mich für eine Zicke oder Nörgeltante hielt.

Was mich jedoch gleich versöhnte, war sein Auftritt. Ein strahlend lächelnder Gentleman im gepflegten Anzug, der mich mit Handkuss begrüßte und mir mit einladender Geste die Tür seines blitzeblanken silbernen Mercedes aufhielt. Ich sag's ungern, aber auf ein Mädel mit sehr begrenzten Mitteln macht das Eindruck.

Sein Lieblingsitaliener entpuppte sich als Edel-Fresstempel, wo man ihn und auch mich mit Handschlag begrüßte und uns zu einem »Reserviert«-Tisch geleitete. Der Chef blieb gleich da um Empfehlungen auszusprechen und unsere Bestellung entgegenzunehmen. »Heute Pizza mit frischen Frutti di Mare und Ossobuco mit Risotto con Funghi.« Ich stammelte, »ähm, so einen großen Hunger habe ich gar nicht«, aber bevor ich »die Speisekarte, bitte« stottern konnte, sagte Egon schon, »dann nehmen wir die Vorspeisenplatte für zwei und einmal das Ossobuco für mich.«

Dann kam diese Platte mit lauter öltriefendem Gemüse, mit Salami und kleinen Baby-Kraken. Ich hasse Essen, das in Öl schwimmt, Fettaugen hat oder Ärmchen. Ich pickte das einzige Stück Käse heraus und wischte das Öl mit der Serviette ab. Egon machte ein konsterniertes Gesicht, da es sich um eine Stoffserviette handelte und ich die Finger statt der Gabel benutzte, aber ansonsten störte es ihn nicht, dass ich fast nichts aß. Er schien das gewohnt zu sein. Ich betäubte meinen Hunger mit Rotwein und kleinen Stückchen Weißbrot, schielte voller Sehnsucht nach dem Kalbfleisch, das er als Hauptgang erhielt, und traute mich nicht um einen Happen zu bitten. Er würde mir sicher etwas anbieten, wenn er etwas übrig hätte, dachte ich. Tat er aber nicht. Er ließ zwar etwas stehen, aber seine Reste aufzuessen, wagte ich erst recht nicht. Ich war irgendwie ganz erstarrt angesichts der Noblesse des Lokals, Egons überschäumendem Selbstbewusstsein und der weltmännischen Art, mit der er alles managte. Voller Ehrfurcht schlug mein Herz immer höher, für ihn, meinen edlen Ritter im Silberbenz.

Leider fragte er auch nicht, ob ich ein Dessert wolle, denn er war kein Dessert-Typ, also gab's keines.

Er fuhr mich nach Hause, sagte, er habe einen harten Tag vor sich, und küsste mich herzhaft, indem er seine Zunge wild in meinem Mund kreisen ließ. Eine Kuss-Art, die ich eigentlich nicht besonders schätze, zumindest nicht zur Einleitung – aber seine männliche Aura, vermischt mit dem Innengeruch seiner Luxuskarosse nach neuem Kunststoff und Leder, betäubte mein Gehirn. Er wünschte mir süße Träume, ich stolperte aus seinem Wagen und ließ dabei auch noch meine Tasche fallen. Peinlich.

Um die Hunger-Arie der ersten beiden Dates zu vermeiden, schlug ich für das nächste vor zu kochen. »Hervorragend«, sagte Egon.

Ich bin ja kein ausgesprochen häuslicher Typ, aber verwendete zwei komplette Tage darauf, das Essen vorzubereiten, meine Wohnung in Schuss zu bringen – und mich selbst: baden, überflüssiges Körperhaar entfernen, Haut mit duftender Lotion salben, Unterwäsche aussuchen. Nicht einfach, denn sie sollte ja weder nach Sonderangebot, noch nach Blümchen, noch nach »Du kannst alles mit mir machen« aussehen. Nicht einfach, wenn man nur drei brauchbare Sets besitzt. Ich wählte das schlichte blaue.

Da ich damit rechnete, dass er wieder zu spät kam, bereitete ich einen Hauptgang vor, den ich nur in den Ofen schieben musste – die Vorspeise war schon fertig. Egon kam zu spät.

Als Erstes spazierte er durch meine Wohnung und kommentierte: »Die ist ja ganz gut geschnitten, schade, dass die nicht gut eingerichtet ist, da könnte man was draus machen ... überall andere Möbel und Vorhänge, hier müsste ein Teppich rein, die Pflanzen raus ...« usw.

Oh. Bis dahin hatte mir meine Behausung gefallen, nicht eben teuer eingerichtet, aber liebevoll und originell mit vielen Sachen vom Trödel und ein paar Erbstücken. Jetzt erfuhr ich: sie war nicht standesgemäß. Nicht Egon-gemäß. Würde er jetzt von der Wohnung auf die Bewohnerin schließen?

Vom Essen ließ er die Hälfte stehen – war ihm auch das nicht gut genug? –, aber er sprach umso mehr dem edlen Wein zu, den er mitgebracht hatte. Ich auch, um meine Verunsicherung hinunterzuspülen; ich traute mich ja ohnehin kaum beim Essen richtig zuzulangen, denn Egon könnte ja denken, ich wäre gefräßig, und außerdem sehe ich beim Kauen immer ziemlich doof aus.

Wenn eine Frau einen Mann zum ersten Mal bekocht, führt das nicht selten zum ersten Beischlaf, und so geschah es. Kaum ließ ich die Gabel fallen, griff er an. Uff! ich gefiel ihm also doch ...!

Männer wie Egon verlieren auch bei sexuellen Angelegenheiten keine Zeit. Er ging zielstrebig an meine Geschlechtsmerkmale und wandte zielstrebige Griffe an. Er drückte meinen Kopf in Richtung seines Unterleibs und ich gab nach. Ich musste mich seiner doch würdig erweisen! Anschließend, beim Verkehr, machte er so viel Druck, dass es fast wehtat.

Irgendwie war es gleichzeitig geil und beängstigend. Überhaupt seine bestimmende Art: Auf der einen Seite beeindruckt das eine Frau – da ist ein starker Mann, der weiß, was er will, der die Verantwortung übernimmt –, auf der anderen Seite fühlt sie sich übergangen und fragt sich: Kümmern ihn meine Wünsche und Bedürfnisse überhaupt?

Das wird schon noch, dachte ich.

Ich war überglücklich. Egon und ich waren zusammen. Er sah das auch so. Er nahm mich, »seine kleine Künstlerin«, fast überall hin mit, zu seinen Freunden, zu Veranstaltungen, in seine Lieblingslokale. Dass er mir dabei den Dresscode vorgab, störte mich kaum, denn das waren ja neue Kreise, in die er mich einführte, meist feiner als das, was ich bis dahin kannte. Das fand ich toll.

Er brachte mir Tischmanieren bei, wofür ich ihm heute dankbar bin, obwohl das eine teilweise recht rüde Schule war; so manches Mal saß mir der Tränenkloß im Hals. Zum Beispiel, als wir in großer Runde mit einigen seiner Geschäftspartner speisten. Eigentlich fing der Abend gut an. Ich trug mein neues Leinenkostümchen und die blonde Mähne in einer raffinierten Hochsteckfrisur gebändigt, Egon betrachtete mich voller Wohlgefallen und strich mir zart eine Strähne aus dem Gesicht. Mir ging wieder einmal so das Herz auf, dass es fast aus dem Wonderbra quoll. Doch dann wies er mich scharf zurecht, als ich es wagte, an meinem Wein zu nippen, bevor der Tischherr seinen Tisch-Eröffnungs-Toast ausgebracht hatte. Tischherr? Eröffnungs-Toast? Woher sollte ich das wissen? Er raunte es zwischen zusammengebissenen Zähnen, aber laut genug, dass der Betreffende es hörte und mich gnädig anlächelte: »Aber das ist doch halb so wild!« Ich stammelte, ich sei mit solchen Gepflogenheiten noch nicht so vertraut, worauf Egon jovial in die Runde warf: »Sie kommt halt aus einfachen Verhältnissen, da gibt's so was nicht!«

Ich lief rot an und wünschte mir, eine einleuchtende Ausrede zu haben um für die nächsten zwei Stunden unter dem langen weißen Tischtuch zu verschwinden. Oder auf dem Klo. Ich tat es nicht, weil er dann vielleicht noch mehr über mich preisgegeben hätte. Etwa, dass ich mich zu Hause fast nur noch von Nudeln mit Soße ernährte und die Schnäppchen in Supermarktprospekten farbig markierte. Aber das lag ja daran, dass mein ohnehin mageres Konto die Schwindsucht befallen hatte, seit ich mir repräsentative Kleidung zulegte.

Auf der Heimfahrt schmollte ich. Egon erzählte munter seine üblichen Business-Geschichtchen und merkte erst nach einer Viertelstunde, dass ich nicht wie sonst mit »aha«, »nein, echt?« und kleinen Lachern reagierte. »Was ist? Hast du was?«

»Das war so gemein. ›Sie kommt halt aus einfachen Verhältnissen, da gibt's so was nicht!‹ Musst du mich vor allen bloßstellen?«

»Wenn du nicht weißt, wie man sich benimmt, dann sei wenigstens zurückhaltend! Man fängt nicht schon an, bevor der Tisch eröffnet ist! Und überhaupt, man greift ein Weinglas am Stiel und nicht oben! Das ist so *gewöhnlich*!«

Man. Egon wusste immer, was »man« zu tun hatte. Sobald ich dagegen verstieß, kriegte er diese Falten zwischen den Augenbrauen, die eine Braue hob sich ein wenig, die Augen verengten sich, der Blick sprach: »Hach du meine Güte, wie schrecklich! Wie unpassend! Wie *gewöhnlich*!« Den hatte er auch angesichts meiner karierten Hosen, des giftgrünen Pullis und des Lackmäntelchens – lauter Lieblingsstücke von mir. Aber Egon dachte wohl, er hätte den guten Stil für sich gepachtet.

Mit Eigenlob war er großzügig. Er lobte seine eigene Wohnung (Chrom, Glas, puristisches Design – fröstel!), seine beruflichen Erfolge (»Das hab ich wieder mal *hervorragend* hingekriegt!«), seine eigenen Kochkünste. Gerade die waren nun gar nicht außergewöhnlich. Er briet ein bisschen Fleisch an – in der Regel viel zu wenig – und schüttete eine Fertigsoße dran, die er vorher in ein Schüsselchen gekippt hatte, um es aussehen zu lassen, als hätte er sie selbst gemacht. Dazu ein Riesenberg trockener Reis oder Nudeln, kein Fitzelchen Gemüse oder Salat. Dann aß er mit übertriebener Verzückung im Gesicht unter ständigem »Hmmm!« und schwärmte, »Das hab ich wieder mal *hervorragend* hingekriegt!«

Darüber konnte ich aber lächelnd hinwegsehen. Schwieriger war das mit seiner Arroganz. Er hielt sich für etwas Besseres, zog ständig über andere Leute her, beurteilte sogar meine Freunde von oben herab und wollte größtenteils nichts mit ihnen zu tun haben.

Wie sehr viele Männer litt Egon an maßloser Selbstüberschätzung (obwohl, *sie* leiden ja nicht, sondern eher die Partnerinnen), auch in optischer Hinsicht. Ich hab gerade in einer Männerzeitschrift gelesen, dass 70 bis 80 Prozent der Männer sich für attraktiv halten und nur jeder fünfte für »nicht so attraktiv«. Gar 84 Prozent mögen ihren Körper und nur ein Zehntel hat etwas Konkretes daran auszusetzen. Bei den Frauen ist es erstaunlicherweise in allen Punkten genau umgekehrt, obwohl sie eigentlich mehr Grund hätten zur positiven Eigenbeurteilung, da sie viel mehr für ihr Äußeres tun als Männer: Diäten, Kosmetik, Körperpflege, Haarstyling, Gymnastik, sorgfältige Kleiderwahl usw. usf. ...

Egon jedenfalls fand sich umwerfend. Er musterte sich selbstzufrieden im Spiegel und sagte zum Beispiel: »Für einen Mann von 34 Jahren bin ich *hervorragend* in Schuss!« Ich fand, sein Körper hätte etwas mehr Sport und Krafttraining vertragen können, aber das behielt ich für mich. Egon konnte nämlich keine Kritik vertragen. Der leiseste Ansatz und er wurde giftig, zynisch und verletzend.

Er nahm es auch fast als persönliche Beleidigung, dass ich keinen Orgasmus hatte. Ich erklärte ihm: »Vom Verkehr allein komm ich nicht, du musst mich mit den Fingern oder der Zunge stimulieren.« Er widersprach: »Bisher sind alle meine Freundinnen vom Vögeln gekommen.« Ich lächelte: »Dann hast du entweder Glück gehabt oder gute Schauspielerinnen.« Er erwiderte unwirsch: »Immerhin ist die Scheide das Gegenstück zum Schwanz, und wenn ich durch simples Vögeln kommen kann, müsste das der Frau ja wohl auch gelingen. Wahrscheinlich stimmt was nicht bei dir.«

Ja genau, so einfach war das. Wenn ihm etwas an mir nicht passte, lag's nicht an ihm oder seiner Einstellung, sondern an einem Fehler meinerseits. In dem Fall an einem Konstruktionsfehler.

Ich klärte ihn auf, dass nur jede dritte Frau durch bloßen Verkehr kommen kann. Alle andern brauchen eine Extrastimulation der Klitoris – die ist immerhin zehnmal sensibler als die Scheide! Er zog ein verächtliches Gesicht, ich sagte: »Ich kann dir gern ein paar Bücher und Studien zeigen, wo das drinsteht.« Er machte eine wegwerfende Handbewegung und wischte damit das Thema vom Tisch.

Zumindest bemühte er ab da ungefähr bei jedem dritten Beischlaf seine Finger oder Zunge für fünf bis zehn Minuten, was ich damals für ein Zeichen seiner Zuneigung hielt. Heute denke ich, dass es vielleicht weniger mir zuliebe war, als um sich selbst zu beweisen, dass er sogar in der Lage war, gestörte Fälle wie mich zu befriedigen. Außerdem hatte er mitbekommen, dass ich nach einem Orgasmus besonders willig wurde ... Also verlängerte er einfach das ohnehin sparsame Vorspiel um einen kleinen Handgemachten.

Entspannend war das nicht für mich. Ich musste mich richtig anstrengen um in diesen fünf oder zehn Minuten zu kommen. Besser als nichts, sagte ich mir, und wenigstens ist er dann rundum zufrieden.

Mir tat oft die Scheide weh und ich hatte Entzündungen – sie »wehrte« sich gegen ihn, was ich damals aber nicht wahrhaben wollte. Oft gibt uns der Körper deutliche Zeichen, dass jemand nicht gut für uns ist – vor allem wenn etwas in unserem Bewusstsein das verdrängt. Zum Beispiel gibt es unglaublich viele Frauen, die aus lauter Angst vor dem Alleinsein oder vor dem Unbekannten in einer schrecklichen Beziehung verharren, obwohl ihr Partner sie buchstäblich krank macht. Bei mir war das noch nicht so sehr der Fall, im Grunde kamen wir ja gut miteinander klar, nur ...

Er fuhr eben wie eine Dampfwalze über mich drüber, beim Sex ebenso wie im Alltag: Er entschied, wo und was wir aßen, wohin wir ausgingen, wann und wie viel wir uns trafen, über meinen Kopf hinweg sagte er Einladungen für uns bei seinen Freunden zu oder kaufte Karten für irgendein Stück, das mich nicht interessierte. Wagte ich zu widersprechen, kläffte er kaltschnäuzig, »dann sehen wir uns eben nicht«. Er bestimmte unseren ganzen Zeitplan, denn sein Job, sein Tennis und seine Kumpelabende ließen keine Abstriche zu. Ich hingegen vergrämte meine Freundinnen mit meinem ewigen »Ich muss erst mal abwarten, wann Egon Zeit hat«, wenn sie mich fragten, ob ich am Wochenende mit ihnen ausginge. »Julia!«, schimpfte Daniela mit mir, »der bestimmt alles, weil du ihn ja bestimmen lässt! Mach es doch mal wie er und teil deine Zeit ein, wie's dir passt. Dann wird er sich auch mal nach dir richten.« »Nein, eben nicht«, erwiderte ich kleinlaut, »dann seh ich ihn noch weniger, als es ohnehin schon der Fall ist. Vielleicht lieb ich ihn ja mehr als er mich, aber damit muss ich mich abfinden ...«

Daniela verstand das nicht. Sandra schon. Sie war seit zwei Jahren mit einem zusammen, der auch immer seine eigenen Pläne machte und sie zu wenig einbezog. »Männer sind eben so«, seufzte sie. »Die brauchen das Gefühl, Herr über ihre Zeit zu sein.«

Also verbrachte ich die Hälfte meiner Zeit mit Warten. Auf Egons Anruf, ob wir uns sehen würden (ich durfte ihn während der Arbeit nicht anrufen), darauf, dass er käme. Er kam stets zu spät, und wenn er endlich kam, hatte er es eilig, weil sonst seine Restaurant-Reservierung verfiel oder weil an dem Ort, den wir gemeinsam aufsuchen würden (Lokal, Party, Tennisverein, Galerie) schon Leute warteten, mit denen er sich verabredet hatte ... Dann duldete er nicht einmal mehr ein »Nehm ich die Pumps oder die?« geschweige denn das Auflegen von Puder oder Lippenrot. Ich also in Make-up, Mantel und Schuhen auf meinem Sofa, ein Buch oder Magazin in der Hand, auf das ich mich doch nicht konzentrieren konnte, weil ich alle zwei Minuten auf die Uhr schielte und sich mit jeder Viertelstunde der Unmut über ihn und die Wut über meine Machtlosigkeit vergrößerten.

Manchmal ließ er mich geschlagene zwei Stunden warten. Sagte ich dann »du kommst spät«, nicht einmal mit Vorwurf in der Stimme, erwiderte er kurz angebunden, »mir ist noch was Geschäftliches dazwischen gekommen«, als sei es das Selbstverständlichste der Welt, dass ich wartete. Meine Zeit war ja wertlos, im Gegensatz zu seiner.

Wenn er mich so behandelte oder auf andere Weise überfuhr, erstarrte ich oftmals innerlich und äußerlich. Ich war nicht mehr fähig ihn zu berühren, zu küssen oder anzulächeln, ich konnte ihn noch nicht einmal ansehen. In solchen Situationen ließ er mich entweder einfach stehen und ging, oder er wandte all seinen Charme an – je nach Laune. Ging er, ärgerte ich mich hinterher schwarz, war er charmant, erlag ich ihm nach wenigen Minuten.

Wie Georg hatte Egon eine Menge Charme, aber während Georg der Geizige charmant war, um möglichst viel zu bekommen, ist der Charme von Männern wie Egon ein wenig anders gelagert: Sie setzen ihn ein um zu gewinnen. Außerdem haben sie die Erfahrung gemacht, dass er eine positive Resonanz erzeugt, und die zeigt ihnen wiederum, wie toll sie sind.

Apropos Resonanz ... Irgendwann fiel es mir doch auf: Wenn Egon sich mit mir unterhielt, führte er meistens Monologe. Er kommunizierte kaum mit mir, sondern ich diente vor allem als Publikum und Stichwortgeber. Sein Hauptthema war natürlich er selber, und dann gab's da noch seine Arbeit, seine Erfolge, seine Meinung über Politik, über das Weltgeschehen, seine Meinung über die »Asozialen« (eines seiner Lieblingsthemen).

Verdammt viele Männer hören sich selbst gern reden und manche von ihnen quasseln ohne Punkt und Komma. Sie stellen Scheinfragen, die sie ihr Gegenüber nur im Ansatz beantworten lassen um einen dann zu unterbrechen und von sich und ihrer Sicht zu parlieren. (Weibliche Non-Stop-Plauderer gibt's ja auch reichlich, aber im Unterbrechen und Tönen sind die Männer uns weit überlegen.)

Egon nahm oft gar nicht wahr, was ich sagte oder sagen wollte, sondern hörte in erster Linie das, was dazu diente, sich selber in den Mittelpunkt zu rücken. Und selbst wenn ich ihn gar nicht meinte, bezog er es auf sich, im positiven wie im negativen Sinn.

Man könnte denken, die vielen männlichen Selbstdarsteller stellen sich selbst so gern dar, weil sie ungemein von sich überzeugt sind; aber vielleicht ist dem gerade nicht so ...? Wenn sie mit allen ihnen zu Gebote stehenden Mitteln versuchen andere davon zu überzeugen, wie toll sie sind, sind sie sich in ihrem Innern doch eher unsicher, ob sie wirklich toll sind, oder? Ich diskutierte es mit Sandra.

»Dein Egon hat bestimmt 'ne Profilneurose!«, bemerkte sie. Aber was das eigentlich ist, wusste sie auch nicht so genau. Ich rief Daniela an, die studierte damals Soziologie und kannte sich mit solchen Dingen ein wenig aus. »Warte mal«, sagte sie, »ich hol mein Lexikon ... Aaalso ... pass auf: ›Profilneurose: von neurotischen Merkmalen begleitete Furcht vor mangelnder Geltung, was zu andauerndem, häufig inadäquatem Bemühen um Ansehen führen kann (siehe auch Geltungsbedürfnis).‹ Ich glaube, es hat auch viel mit mangelndem Selbstwertgefühl zu tun.«

Ob das auf Egon zutraf, war schwer zu sagen. Er wies eigentlich weder Anzeichen von mangelndem Selbstwertgefühl noch »neurotische Merkmale« noch sonstige Schwachstellen auf, die es zu verdecken galt. Ich fragte mich: Ist seine Arroganz, seine Selbstherrlichkeit, sein unerhörtes Selbstbewusstsein eine perfekte Fassade oder ist das einfach er?

Nur in zwei Punkten hatte er Schwachstellen: Erstens, er trank sehr viel und sehr oft, im Prinzip täglich. Mit dem Alkohol drückte er den Stress weg. Ich glaube, er konnte anders gar nicht mehr entspannen. Wenn er heim kam, machte er sich fast immer als erstes einen Drink. Zum Abendessen gab's ohnehin Alkohol, egal, ob zu Hause oder auswärts, meist Wein, aber auch Prosecco oder Bier. Und am Wochenende kamen noch die Ausgehgetränke obendrauf: Longdrinks und Männer-Cocktails mit harten Spirituosen, vier bis zehn Gläser pro Abend. Laut Definition ein Alkoholiker.

Zweitens war er aufbrausend, wenn er sich angegriffen fühlte, konnte dann sogar cholerisch werden. Das war ein weiteres seiner Machtmittel. Niemand wagte aufzumucken oder sich durchzusetzen, wenn Egon einen Wutanfall hatte – auch ich nicht. Da konnte er richtig gemein werden, betitelte mich zum Beispiel als »Kreuzberger Hinterhofgöre«, oder er hackte darauf herum, dass ich beruflich nicht so recht vorwärts kam. Wie auch, wo mein Selbstbewusstsein auf Mindestmaß geschrumpft war beziehungsweise auf die Größe des Mäuschens, als das er mich so gern betitelte. Ich war nicht mehr Julia, ich war die »Kleine«, »Mäuschen« und »die Freundin von Egon«. Ein ja-sagendes Entlein, das hinter dem Führer herwatschelte.

Auch dazu habe ich ein passendes Foto. Da waren wir auf einer Cocktailparty. Ich gucke verklärt-unterwürfig zu ihm hoch, er zu mir runter mit leisem Spott im Gesicht.

Selbst meine Freundinnen sahen schon fast auf mich herab. Zumindest fragte Daniela mich mitleidig, wie lange ich mir das noch bieten lassen wollte, und Sandra nickte bekräftigend. »Ich finde ihn immer noch toll«, sagte ich, »irgendwie bewundere ich ihn auch. Er ist so selbstsicher. Alles fällt ihm so leicht. Er kann auch echt nett sein. Und er hat im Gegensatz zu Georg eine sehr gute Eigenschaft: Er ist großzügig. Er bringt mir oft was mit, und wenn wir ausgehen, zahlt immer er ...«

»Wobei du dir die Nobelschuppen, in die er dich immer schleppt, ohnehin nicht leisten könntest!«, unterbrach mich Daniela. Sandra ergänzte: »Und dich freizuhalten gehört sicher zu seinem Selbstverständnis als Mann. Für ihn würde es an Beleidigung grenzen, wenn ein armes Mäuschen wie du für ihn die Rechnung begleichen würde. Er beherrscht zwar eine gewisse Etikette, aber was ihm fehlt, ist die Bildung des Herzens.«

»Für den sind doch Rücksicht, Einfühlung und Zurückhaltung Fremdworte!«, giftete Daniela. Leider musste ich ihr ein wenig beipflichten. Zum Beispiel hatte ich ihn nie Mitleid äußern hören, weder mit Menschen noch mit Tieren. »Vielleicht fehlt ihm einfach die Fähigkeit, sich in andere hineinzuversetzen«, psychologisierte ich entschuldigend.

»Die Frage ist nur, *kann* er nicht oder *will* er nicht?«, warf Daniela ein, und Sandra fragte gleichzeitig: »Hast du ihm das schon mal gesagt?«

»Hab ich, im Ansatz«, gab ich zurück, »aber da hat er nur erwidert, ›Du hast von Anfang an gewusst, dass ich kein Heiliger bin.‹ Das stimmt. Schon beim dritten Date hat er gesagt, ›Eigentlich bist du zu gut für mich; ich kann ein ganz schönes Arschloch sein.‹ Ich dachte damals, das wäre Koketterie, aber jetzt weiß ich, dass er es ernst gemeint hat: Damit hat er mich vorgewarnt um freie Bahn zu haben, sich wirklich wie eins zu benehmen, und ich kann ihm noch nicht mal einen Vorwurf daraus machen.«

Meine Freundinnen verdrehten die Augen und seufzten angenervt. »Ich weiß, dass er mich trotzdem sehr gern hat!«, rief ich. »Hätte er mir sonst den Flug nach Kos zum Geburtstag geschenkt und sich eine Woche Urlaub freigeschaufelt? Nur für mich! Um mit mir zu verreisen!«

»Julia, bitte!«, stöhnte Daniela, »*Er* wollte da hin, nicht du. Er zahlt, du parierst.«

Das saß. Während ich den Kopf einzog wie ein ertappter Hund, führte sie weiter aus: »Es wäre ja ein einigermaßen faires Geschäft, wenn er nicht so ich-bezogen wäre. Darin ist Egon der Egomane ganz ähnlich wie Georg der Geizige. Und du unterstützt sie noch darin, toll!«

Ich versuchte meine Männer (und mich) zu verteidigen: »Georg und Egon kommen beide aus Familien, in denen die Rollenverteilung der Eltern noch sehr traditionell ist: Man heiratet, der Mann wird zum Versorger, bringt das Geld nach Hause, und dafür ordnet seine Frau sich unter, macht ihm Heim und Alltag nett, verwöhnt ihn. Dieses Rollenmuster haben Georg und Egon mit der Muttermilch aufgesogen, für sie ist es selbstverständlich, dass eine Frau sich so verhält wie ihre Mama und sie der Pascha sind. Na ja, und ich hab's ja auch nicht anders gelernt ...«

»... und zu wenig in Frage gestellt. Was du dabei übersiehst und deine Kerle auch: Sie haben dich weder geheiratet noch versorgt!«

»Egon lädt mich immerhin zu allem Möglichen ein ...«

»... aber er erwartet auch ziemlich viel dafür. Die Einladungen sind doch schwer verdient! All die Stunden, die du auf ihn wartest! Die ständigen Frustrationen! All das, was er für selbstverständlich erachtet: dass er über alles bestimmt, dass du dich fügst, ihn betüddelst, ihm immer dein Ohr leihst, sein Ego pushst, ohne jemals Gleiches zu erwarten ...«

Daniela hatte ja recht. Und außerdem wäre ich durchaus auch ohne diese feinen Lokale und den Champagner in den Clubs ausgekommen, meinetwegen hätte er lang nicht so viel für mich ausgeben müssen. Mir wäre oftmals lieber gewesen, er hätte mehr Abende mit mir gemütlich im Bett verbracht, kuschelnd, streichelnd, redend. Intimität dieser Art kam viel zu kurz bei uns. Egon war irgendwie rastlos, kein Wunder, dass er ständig Beschwerden mit den Füßen hatte; sie wollten ihn zwingen wenigstens einen Moment stillzustehen, aber er ließ sich nicht zwingen, er war der Herr im Haus, er schmierte Salben drauf und ließ sich Spritzen geben und rannte weiter. Er hatte diese nervöse Energie, wie sie viele Männer seines Typs haben.

Es gelang mir mich freizustrampeln, als ich für acht Wochen nach München ging um ein Praktikum bei einer großen Werbeagentur zu absolvieren. Das war meine Arbeit, das war die Art Leute, an denen ich mich orientieren wollte. Ich ging völlig im Entwerfen und Konzeptemachen auf und vermisste Egon keine Sekunde. Meine Karriere als freie Grafikerin begann und damit auch die Freiheit vom Warten auf Dr. Wichtig.

Fast ein Jahr hatte es gedauert.

DocBeatrice kommentiert:

Egoismus ist der Partnerschaftskiller Nr. 1, ermittelte jüngst die Berliner Tageszeitung »BZ«. Das deckt sich mit meinen eigenen Beobachtungen und ich habe den Verdacht, dass die Männer ein bisschen mehr dazu beitragen als die Frauen. Studien zeigen zum Beispiel: Nur jeder dritte Mann findet Liebe wichtiger als Karriere, und jeder zweite sagt: Ich bin nicht bereit für eine Frau ein Hobby aufzugeben oder die Stadt zu wechseln. Dementsprechend beklagen sich in meinem Internet-Kummerkasten vor allem die Frauen, dass ihre Liebsten zu wenig auf sie eingehen, zu wenig Zeit und Aufmerksamkeit für die Beziehung einbringen und zu sehr »ihr eigenes Ding durchziehen«.

Diese Tendenz zeigt Egon schon vor der ersten Verabredung, doch das vermag Julia nicht abzuschrecken. Sie fühlt sich gerade ziemlich wertlos: kommt aus einer miesen Beziehung, in der sie benutzt und im Stich gelassen wurde, hat keinen richtigen Beruf und fast kein Geld. Egon verleiht ihr (Pseudo-)Wert: durch seine Dominanz, seinen Status, seinen Wohlstand, seine gehobenen Kreise ... Aber all das verleiht ihm auch die Macht, über die Beziehung und Julia zu bestimmen. Was er auch tut. Das piesackt sie zwar von Anfang an, aber es hat neben den genannten Vorteilen auch den, dass sie die Verantwortung abgeben kann. Sie muss nichts entscheiden, nichts tun, nichts ändern, nichts riskieren mit der Gefahr eines unguten Ergebnisses. Und wenn sie nichts erreicht, hat sie keine Schuld dran.

Sie fügt sich. Glücklich macht sie das auf Dauer nicht gerade. Eine Beziehung, die nur dann funktioniert, wenn man sich verbiegt und klein macht – was ist die wert? Zumal heimlich die Zweifel an ihr nagen, ob Egon wirklich etwas an ihr liegt. Sonst würde er doch mehr auf sie eingehen, ihre Person mehr achten, oder? Und wem genügt es auf Dauer zu lieben, aber nicht zurückgeliebt zu werden?

Tatsache ist: Der »Richtige« würde sie für das lieben, was sie ist, und nicht für das, was ihm am besten in den Kram passt. Hat Julia in ihrer Kindheit gelernt, dass sie nur dann Zuneigung bekommt, wenn sie angepasst und brav ist?

Der Preis, den sie letztendlich für die Beziehung und ihre Pseudo-Aufwertung zahlt, ist zu hoch: Sie verliert mit ihrer Individualität noch den letzten Rest ihres Selbstwertgefühls und ihrer Lebensfreude. Diesen oder einen ähnlich schlechten Tausch machen viele Frauen: Sicherheit statt Selbstverwirklichung, Langeweile statt Eigenständigkeit, der falsche Partner statt die Chance, die Liebe des Lebens zu treffen. Und was hindert uns? Vor allem Angst. Angst vorm Alleinsein, Angst vor Eigenverantwortung und davor, das Leben selbst in die Hand zu nehmen, Angst vor dem Ungewissen und Unbekannten, Angst, sich einschränken zu müssen, und noch eine Menge anderer diffuser, pessimistischer Befürchtungen, die meist völlig unnötig sind.

Merke: Kein Mann und keine Beziehung ist es wert, dass wir darüber unsere Identität, unsere Ziele und unsere Grundbedürfnisse aufgeben!

3. WIDER DIE SPIESSIGKEIT … UND MUTTI – DER PSEUDOREBELL

Nach Egon war ich erst einmal bedient und abgesehen von einer Affäre fast ein Dreivierteljahr Single, was mir beruflich ganz zupass kam um mich als freie Grafikerin zu etablieren. Aber dank Egons Egoismus lernte ich schließlich Paul kennen. Und das kam so: Aufgrund von Egons Arbeitswut verreisten wir während unserer Beziehung nur eine einzige Woche. Ich liebe das Skifahren und Städtereisen und kann der Herumliegerei an Stränden herzlich wenig abgewinnen, aber Egon liebte das Meer. Also fuhren wir nach Kos. Da mir das In-der-Sonne-Braten schon am zweiten Tag langweilig wurde (Egon telefonierte ununterbrochen mit seinen Mitarbeitern und Kunden), beschloss ich bei der Surfschule unseres Ferienclubs einen Kurs zu machen. Ich lernte Windsurfen und wurde süchtig danach.

Nach der Trennung von Egon kaufte ich mir von meinen ersten richtigen Honoraren einen alten Kombi und eine Surfausrüstung und tuckerte damit, sobald es nach Wind aussah, an irgendwelche Gewässer. An einem dieser Tage stellte ich vor Ort fest, dass ich den Mast zu Hause vergessen hatte, und so lief ich am Ufer herum und fragte die anwesenden Surfer, ob jemand mir einen leihen könne. Das war eine gute Gelegenheit, einen Burschen anzusprechen, der mir schon vorher ins Auge gestochen war: drahtig, schlacksig, lange sonnengebleichte Struwwelhaare, darunter ein braun gebranntes lustiges Gesicht mit Dreitagebart, lässige Schlabberklamotten, die hier und da nicht mehr ganz intakt waren. Der typische Surfer eben. Und ein herrlicher Kontrast zu Egon.

Er brummte nur »jou«, schlurfte zu seinem klapprigen VW-Bus, zog einen Mast heraus und sagte, »der is oll, aber tut's noch«. Er half mir beim Aufziehen des Segels, wir surften eine Runde und saßen bis Sonnenuntergang am Strand. Paul brachte mich zum Lachen mit seinen schrägen Ansichten und den fiesen kleinen ironischen Bemerkungen, mit denen er über alles herzog, was ihm spießig und konventionell erschien. Und er fand es »total cool«, eine Frau zu treffen, die ganz allein mit ihrem Kram an den See fuhr, statt der Anhang eines männlichen Surfers zu sein.

»Morgen gibt's wieder Wind«, sagte ich, »bist du da?« »Jou«, sagte er und grinste breit über sein ganzes Jungengesicht.

Mit einem noch breiteren inneren Grinsen fuhr ich nach Hause. Hurra! Ein Surfer! Ein echter Surfer mit einem Surfbus! Und ich gefiel ihm! Hurra!

Als ich am nächsten Tag hinkam, war er schon da.

»Seit wann bist du hier?«

»Seit halb zwölf.«

»Arbeitest du nicht? Hast du keine Uni?«

»Arbeiten ist was für Spießer.« Er hatte sich an der Uni eingeschrieben, aber ging selten hin. 28, also so alt wie ich, neuntes Semester und noch nicht mal die Zwischenprüfung gemacht. Au weia. Einer dieser Anwärter auf den ewigen Studenten? Nun ja. Solang er damit durchkam ...

»Wovon lebst du?«

»Ach, von allem Möglichen. Bafög, meine Eltern geben was dazu, und ich mach auch manchmal so Jobs, die in kurzer Zeit ziemlich viel einbringen.«

Er hatte schon alles Mögliche gearbeitet oder auch nur angefangen und wieder geschmissen. Hm. Sein Bier. Das ging mich nichts an.

Immerhin, er hatte Spaß. Ging mitten in der Woche surfen oder feiern. Ich fand das gut, denn ich konnte mir die Zeit ja relativ frei einteilen, und nun hatte ich jemanden, mit dem ich nicht aufs Wochenende festgelegt war. Einen, mit dem ich oft und spontan was unternehmen konnte. Nicht so eine zähe Warte- und Frust-Arie wie mit Egon.

Beim Surfen triezte er mich, indem er ganz dicht an mich heranfuhr. Er surfte viel besser als ich. Als ich danach am Ufer stand, warf er mich ins Wasser (Glück für ihn, dass ich noch in Neopren war), und als ich ihn auch hineinziehen wollte, hielt er meine Arme so fest, dass es wehtat. Ist das seine Art von Zärtlichkeit?, fragte ich mich. Auf jeden Fall kam ich mir vor wie ins Teenie-Alter zurückversetzt, wir kicherten und alberten herum und klatschten uns gegenseitig auf den Po.

Drei Tage später klingelte mein Telefon.

»Kommst du morgen mit an die Ostsee? Du kannst bei mir im Bus pennen.«

Klar.

Paul sammelte mich vormittags ein und wunderte sich über meine Tasche, die er ganz schön groß fand (ich nicht). Später wusste ich, warum: Ihm reichte sein Neopren, eine Badehose und das, was er am Leib trug. Dass ich eine riesige Boardbag und eine extra Kiste mit Surf-Kleinkram mitnahm, wunderte ihn nicht. Er hatte noch mehr.

Die Fahrt war lustig und kurzweilig. Das einzige, was mich ein wenig stutzig machte: dass er sich so oft ausließ über »Spießer«, über Regeln, Vorschriften, Gesetze. Zum Beispiel über die »Sinnlosigkeit« von Geschwindigkeitsbegrenzungen.

Am Surfspot blies der Wind, wir bauten unser Material zusammen und gingen raus. Wenn ich ihn ansah, überkam mich immer noch dieses breite innere Grinsen. Jetzt mit banger Vorfreude, wie unsere erste Nacht werden würde.

Wir waren zu faul zum Kochen und aßen einfach nur die Käsebrote, die ich mitgebracht hatte, dazu Nudelsalat aus einem 5-Kilo-Eimer, den Paul zwischen seinen Segeln hervorzog.

Es war kühl, deshalb verzogen wir uns in den Bus, lümmelten uns in unsere Schlafsäcke auf der Schaumstoffmatratze, tranken Dosenbier. Herrlich.

Nach zehn Minuten stellte ich fest: »Hier drin riecht's nicht gut«, nach fünfzehn kriegte ich Atemnot. »Paul, was stinkt hier so?«

Er beugte sich zum Fahrersitz, zog aus dem Fußraum seine Surfschuhe hervor und schnupperte an diesen Gummiboots, die er seit einer Woche fast ununterbrochen trug, mit all dem Fuß- und Angstschweiß drin, und hielt sie mir unter die Nase: »Riech mal.« Wer einmal an lang getragenen Surfschuhen geschnüffelt hat, weiß, wie das Grauen riecht. Es ist so schlimm, dass es einen sofortigen Brechreiz verursacht. Er fand das lustig, ich sadistisch.

Er dachte sich auch nichts dabei, diese Schuhe nachts im VW-Bus zu lassen, wie auch seinen ähnlich miefenden Neoprenanzug, in den er hineinpinkelte, weil er zu faul war dazu vom Wasser zu gehen. »Kannst du das bitte rauslegen?«, fragte ich, und er: »Wieso denn? Außerdem könnt's da geklaut werden.« – »Ich glaube kaum, dass jemand Surfklamotten klaut, die stinken, als wäre jemand drin verwest.« Kurzerhand packte ich das Zeug selbst nach draußen.

Wir lagen nebeneinander und plapperten und plapperten. Mein Herz klopfte. Würde er bald rüberlangen? Mich küssen? Nein. Er zeigte mir, wie man mit dem Bauchnabel Geräusche macht. Sein Daumen war sehr flach, damit schlug er auf seinen Nabel: ein hohles Klopfen. Er erzeugte ein Vakuum mit der flachen Hand und ließ ihn furzen und schmatzen. Ich versuchte es nachzumachen, es gelang nicht, also ließ seine Hand meinen Nabel erklingen. Es fühlte sich süß an und kribbelte, ich ergriff seine Hand und legte meinen nackten Bauch an den seinen, »Bauch an Bauch« grinste er breit, und ich musste dieses Grinsen einfach küssen.

Er knutschte ungestüm und etwas ungelenk, ebenso waren auch seine Berührungen und der Sex, aber das machte nichts. Das erste Mal ist selten hitverdächtig.

Wir legten einen Schlafsack unter uns, einen drüber und schmiegten uns aneinander. Das war schön. Paul schlief selig, ich nicht. War alles so ungewohnt.

Ich war ja schon lang nicht mehr Campen gewesen und wusste gar nicht mehr, wie das ist:

- Kälte. Die Worte »Wollstrumpfhose« und »Fleecejacke« gewinnen täglich an Bedeutung. Man trägt sie selbst zum Schlafen. Und bei jedem Gang zum Klo muss man auch noch eine dicke Jacke überziehen. Mit Kapuze, weil es die Hälfte der Zeit regnet.
- Dreck und Sand überall. Wenn die Schuhe draußen bleiben, werden sie feucht, vom Regen oder vom Tau.
- Enge. Man ist ständig auf der Suche nach etwas, vor allem nach Sonnenuntergang.
- Kochen auf popeligen kleinen Gaskochern, die entweder umfallen oder vom Wind ausgepustet werden, was besonders unterhaltsam ist, wenn man morgens verschlafen und fröstelnd nichts weiter als einen riesen Pott Kaffee haben will. Macht man Fleisch mit Kartoffeln, muss man sich entscheiden, ob man das Fleisch oder die Kartoffeln kalt essen will.
- Nächtigen auf unkommoden Unterlagen in engen Schlafsäcken, deshalb die halbe Nacht wach liegen, und wenn man endlich eingeschlafen ist, weckt einen die VW-Bus-Schiebetür des Nachbarn.
- Morgens um halb sieben erwachen, weil es so hell ist (keine Vorhänge!). Kältesteif und halbblind zum Waschhaus schwanken und feststellen, dass die Klos entweder kaputt oder besetzt sind.
- Am Waschbecken nur kaltes Wasser vorfinden. Dieses Waschhaus! »Haus« konnte man das nicht nennen, es war eine Baracke, überall zog's rein, die Eingangstür schwang im Wind und machte dabei schauerliche Quietschgeräusche, was vor allem nachts so richtig schön unheimlich war.

Unsere vier Tage da waren teilweise ganz schön beschwerlich ... andererseits hatte ich schon lange nicht mehr solchen Spaß gehabt.

Bohneneintopf aus der Dose – »Höllenfeuertopf«, sagte Paul – zum Abendessen. Ein Fehler ... nachts hatten wir den Wind im Bauch, der sich irgendwann nicht mehr zurückhalten ließ und laut und aromareich entwich. Wir öffneten alle Fenster und Türen, konnten nicht mehr aufhören zu prusten über unsere geräuschvollen Kracher und kriegten fast einen Platzverweis.

Paul brachte mich ständig zum Lachen, er war spontan und lustig, hatte nur Blödsinn im Kopf: Zog sich meinen Slip über den Schädel und schlurfte damit zum Waschhaus. Oder bellte und kratzte von außen an der Bustür, bis ich sie aufmachte. Manchmal war er auch ein bisschen eklig, schleppte zum Beispiel einen Regenwurm an und ärgerte mich damit. Aber solange ich noch drüber lachen konnte ... Oder er roch an seinen eigenen Achseln und forderte auch mich dazu auf: »Männlich, was?« Er benutzte kein Deo, hielt's mit der Hygiene allgemein nicht so genau. Oft musste ich ihn mittels Kussboykott zum Zähneputzen zwingen. Mit dem Deo war es etwas schwieriger. Ich kaufte ihm eins und brachte ihn mit viel Diplomatie und Lobhudelei dazu, es zumindest in meiner Gegenwart aufzutragen.

Ihm mehr Sorgfalt mit seinem Haupthaar nahe zu legen versuchte ich erst gar nicht. Paul war stolz auf seine Surferzotteln. Standen ihm ja auch ganz gut, aber erweckten immer mehr den Eindruck, als beherbergten sie allerlei Kleingetier.

Mir gefiel ja, dass er lässig war – nur manchmal eben *zu* lässig. Was für ein krasser Gegensatz zu Egon! Paul hatte zum Beispiel null Esskultur. Hauptsache viel, billig, schnell und man konnte es mit den Händen essen oder mit dem Taschenmesser. Ich machte ein paar Ansätze, ihm zivilisierte Nahrungsaufnahme nahe zu legen, etwa: »Mit einer Gabel kriegt man Nudeln besser in den Mund als mit 'nem Taschenmesser« und »wenn du eine Serviette statt deiner Ärmel benutzt, bleibt der Sweater länger sauber.« Daraufhin sagte er: »Ich hab das schon immer so gemacht und komm gut damit klar« oder auch »willst du mir jetzt Vorschriften machen oder was.«

Er benutzte seine Ärmel sogar zum Schnäuzen. Immerhin hatte er da ein Erbarmen mit mir und unterließ es, nachdem ich in alle seine Hosen- und Jackentaschen Tempos gesteckt hatte.

Seine Art von Zärtlichkeit war ziemlich ruppig – mir schien, er hatte nie wirklich gelernt zu schmusen. Oder fehlte ihm dafür das Feingefühl? Beim Sex war er wie ein junger Hund, der mal hier schnuppert, mal da reinbeißt, hier schlabbert, da sein Bein hebt ... alles ein bisschen planlos, aber irgendwie auch erfrischend. Wir kicherten viel dabei. Nur wenn ich versuchte ihm zu vermitteln, dass man eine Frau auch anders anfassen kann, reagierte er leicht bockig. Aber es war auch möglich, dass er nur das Wort hasste, das Egon so liebte: »man«.

Da fällt mir ein, er hasste auch ein anderes Wort, nämlich »muss«. Sagte ich zum Beispiel, »du musst das hier mal probieren«, erwiderte er prompt, »ich muss gar nix«. Das sagte er so oft, dass es fast schon nervte.

Wieder in Berlin, kam er einen Abend zu mir. Vorher rannte ich panisch durch die Wohnung und versuchte alles zu beseitigen, was aus der Egon-Zeit stammte: Designer-Lämpchen, Designer-TV-Tisch, Bilder, schicke Jacken und Mäntel an der Garderobe, eine Ritz-Carlton-Rechnung an meiner Pinnwand (420 Mark!) ... Paul sah sich um. »Ganz schön ordentlich hier.«

Wir bestellten Essen beim Lieferservice, ich deckte den Tisch, mit Servietten und schönen Gläsern, und ich spürte, dass ihm irgendetwas nicht passte. »Is was?« Er sagte: »Was soll der Aufwand, ich komm mir ja vor wie bei meiner Oma. Lass uns im Bett essen.« Okaaaay ... Dort schwappte sein Rotwein aufs Laken. »Mensch, Paul!«, entfuhr es mir, ich holte einen nassen Lappen und ein Handtuch und versuchte die Matratze zu retten. Paul sah mir ungerührt zu und kommentierte, »du machst eine Hektik wegen dem bisschen Wein. Sei doch nicht so spießig.« Autsch.

Da er bei mir übernachtete, gab ich ihm im Bad eine frische Zahnbürste und ein Handtuch. Er winkte ab: »Lass man, ich nehm das, was da ist«, und deutete Richtung Waschbecken. »Nein«, erwiderte ich rigoros, »die Sachen sind nur für mich. Da bin ich spießig.« Ein etwas verunglücktes Grinsen huschte über sein Gesicht.

Gegenbesuch bei ihm zu Hause: eine WG mit zwei Jungs. Die typische Chaos-Junggesellen-Bude, wie sie in Männermagazinen manchmal abgebildet ist. Oh Boy, die Küche. Der verkrustete Herd. Die von schmutzigem Geschirr überquellende, keimige Spüle. Ein schmuddeliger Küchentisch mit allerlei Flecken und Krümeln, vom Boden ganz zu schweigen. Und überall standen leere Flaschen. Zum Glück aßen wir da nicht und kochten auch nicht.

Unseren Abendimbiss nahmen wir auf dem handtuchbreiten Balkon ein, auf altersschwachen Klappstühlen. Seiner brach durch, sowie er sich setzte. »Verdammte Scheiße«, fluchte er zuerst, dann zuckte er mit den Schultern: »Kann ich das olle Ding endlich weghauen.« Er warf es über den Balkon und holte eine leere Bierkiste.

Als ich nach dem Snack das Geschirr in die Küche brachte (Paul hätte es wahrscheinlich auf dem Balkon stehen lassen, bis es Beinchen bekommen hätte) und die Reste in den Mülleimer kippen wollte, erblickte ich etwas Grausiges. Ich muss vorausschicken, dass es kein Eimer war, sondern eine dieser schwarzen Haushaltstonnen von der Stadtreinigung, die normalerweise draußen stehen. Die Jungs hatten sie irgendwo geklaut, damit sie nicht so oft den Müll runtertragen mussten. Wenn sie voll war, nahmen sie sie zu zweit und kippten den Inhalt in den Container auf dem Hinterhof.

Ihre Küchentonne war schon ziemlich voll. Und sie lebte. Ich hob den Deckel an und alles bewegte sich. Der Deckel innen, der Rand, der Müll selbst: alles voller kleiner Maden.

Ich ließ einen Schreckensschrei los und war zutiefst entsetzt. »Bleib cool«, sagte Paul. Ich sagte: »Entweder du schaffst sofort dieses Ding weg oder ich gehe.« »Oh Mann«, schnaufte er wie ein Teenager, den sein Vater zum Rasenmähen verdonnert hat, holte aber doch seinen Mitbewohner. Sie schleppten die Tonne nach unten, wo sie sie auch gleich stehen ließen. Ich wusste nicht, ob ich lachen oder heulen sollte ...

Im Vergleich dazu war der Rest Pipifax. Das verkalkte und siffige Waschbecken, die Schamhaare auf der Seife, die übel riechende fleckige Toilette. Puh, wie sollte ich mich darauf erleichtern? Vorher gehörte die Brille geschrubbt. Doch ich behalf mich mit Klopapier, das ich darauf auslegte, was zur Folge hatte, dass fast keins mehr da war.

Bevor es in die Koje ging, inspizierte ich vorsichtshalber unter Pauls befremdetem Blick die Bettwäsche. »Hast du mal frische da?«

»Du willst doch wohl nicht jetzt noch das Bett beziehen ...?«

»Oh ja. Da drin schlaf ich nicht.«

»Ich hab keine frische.«

»Dann geh ich besser nach Hause.«

Paul stieß wieder dieses Schnauben aus. »Warte, ich frag die Jungs.« Er schleppte tatsächlich frische an und verdrehte die Augen, als ich sie mir ansah und dran roch. Die war okay. Ich bezog, Paul guckte zu.

Eigentlich war mir die Lust auf Sex vergangen, aber er kitzelte an mir herum, versuchte mir Knutschflecken zu verpassen und wir balgten, worauf ich doch wieder ganz wuschig wurde. Das war das Gute an ihm: Er war robust und nicht nachtragend. Kleine Unstimmigkeiten hatte er ganz schnell wieder vergessen.

Beim Sex war ich laut, wegen der Sommerhitze war die Balkontür auf, er machte »schscht!« und hielt mir den Mund zu. Nanu, Paul konnte ja auch spießig sein.

Nach dieser Nacht hielten wir uns eher bei mir auf. Zwar fühlte er sich da nicht ganz wohl, weil bei mir meine Regeln galten, aber wenigstens fühlte ich mich wohl. Bei ihm fühlten wir uns beide unwohl.

Zweiter Trip zur Ostsee. Paul wollte an einen Spot, wo kaum Leute waren, aber ein schöner Strand mit Wellen. Klang gut. Die Kehrseite: Es gab keinen Campingplatz. Er campte sowieso lieber »wild«, das kostete nichts und »is cool«. Die Spießer auf den Plätzen, die schon morgens an der Spülküche Schlange stehen, fand er ohnehin »ätzend«.

Wild campen. Okay. Ich beschloss mich auf das Abenteuer einzulassen.

Man stellt sich das so vor mit »Retour à la Nature« und Romantik. Klar, wenn man es romantisch findet, sein Geschäft in der Pampa zu verrichten (besonders nachts sehr romantisch, wenn frau ihren nackten Hintern in die Dunkelheit halten muss), eine Katzenwäsche aus dem Wasserkanister zu machen, den Neoprengeruch nicht mehr von der Haut zu kriegen und den Dreck nicht mehr vom Geschirr. Die Haare verkleben, das Kaffeewasser riecht muffig. Zähneputzen im Stehen.

Abends und nachts piesackten uns die Moskitos und tags saßen überall diese mückenartigen Riesenviecher – alles war voll davon, besonders unsere Surfanzüge und die Segel. Ich muss mich noch heute schütteln, wenn ich dran denke.

Und ich kriegte immer öfter zu hören: »Stell dich nicht so an« und »sei nicht so spießig«.

Nach zwei Tagen trat der Supergau ein: Es regnete. Alles war feucht und klamm, auch die Sachen im Bus wurden gar nicht mehr trocken, das Bettzeug, die Klamotten, die Handtücher ... ich war nur noch am Frösteln. Und alles wurde so dreckig! Zu allem Unglück kriegte ich auch noch meine Tage.

Ich bettelte Paul an nach Hause zu fahren. Nein, er wollte noch abwarten – es hatte ja gut Wind, man kann auch bei Regen surfen, und der sollte sich ja bald verziehen. Ich flehte: »Können wir nicht auf einen Campingplatz übersiedeln? Ich bezahl's!« Er hatte ein Einsehen.

Weil wir mitten in den Sommerferien unterwegs waren und nicht vorgebucht hatten, bekamen wir nur noch den allerletzten Notplatz. Es war ewig weit zu den sanitären Anlagen, schätzungsweise ein halber Kilometer, was ziemlich lästig ist, wenn die Periode so richtig voll einsetzt. Absolut lästig wurde es, als ich nachts zum Sex mein Diaphragma einsetzte um die Bluterei aufzuhalten, und es trotzdem heraussuppte – alles war voller Blut, und ich schlich breitbeinig wie ein Cowboy den langen Weg zu den Toiletten, wo ich dann feststellte, dass es kein Klopapier gab.

Ich war nölig und konnte es immer weniger ertragen, dass er nicht wie ein normaler Mensch mit mir verreisen und in menschenwürdigen Verhältnissen hausen konnte. Aber das war ja spießig. Paule gegen die Spießer und das Establishment dieser Welt. Seine Ansichten über Politik und Gesellschaft waren ziemlich haarsträubend. Wäre die Welt so, wie er sie propagierte, hätten wir Anarchie und Chaos. Wir führten unerquickliche Diskussionen, in deren Verlauf er mir – was sonst! – Engstirnigkeit und »ätzendes konservatives Denken« vorwarf.

In der Folgezeit hatten wir, wenn wir uns sahen, fast stets eine Mischung aus Spaß, netten Stunden und Reibereien. Paul war immer contra; las er zum Beispiel in der Zeitung: »Deutsche Schulen bekommen schlechte Noten«, kommentierte er: »Kein Wunder, bei den verknöcherten Lehrern. Die sind ja eh alle verbeamtet und denken, sie müssten sich keine Mühe geben.« Er konnte auch fast nichts unkommentiert stehen lassen, was ich sagte. Anfangs hatte ich es ja anregend gefunden, zumal er sich da noch netter ausdrückte, aber mit der Zeit fand ich es immer anstrengender. Oft war ich versucht zu sagen, »bitte red' nicht so einen Blödsinn« (denn aus lauter Opposition tat er das oft) oder: »Kannst du das jetzt nicht einfach mal so im Raum stehen lassen?«, und ab und zu sagte ich es auch, doch die meiste Zeit verkniff ich's mir, weil es in der Regel zu noch sinnloseren Wortgefechten führte.

Bat ich ihn etwa, die Wanne nach dem Duschen kurz abzubrausen und das nasse Handtuch nicht einfach auf dem Boden liegen zu lassen, ätzte er: »Du klingst schon wie meine Mutter!« Wie seine Mutter. Ich schätze, jede Frau, die reifer war als er (was 99 Prozent der Frauen über 16 betraf), verwandelte sich in seinem Hinterkopf oder Unterbewusstsein automatisch zur Mutter und wurde dort irgendwie gleichgesetzt mit seiner eigenen Mutter, die offenbar ziemlich an ihm herumgezerrt hatte. Und ich muss zugeben, dass ich die Rolle teilweise tatsächlich einnahm, denn er benahm sich ja wie ein rotziger, chaotischer Teenager. Teilweise konnte ich gar nicht anders, als ihm Vorschriften und Vorwürfe zu machen, vor allem wenn es Dinge waren, die auch mich betrafen, wie eben Hygiene. Aber er hörte sogar dort Belehrungen heraus, wo gar keine waren. Er fühlte sich extrem schnell von mir gegängelt, bevormundet, geschulmeistert, bezeichnete mich immer öfter als besserwisserisch und klugscheißerisch.

Apropos Mutter: Als ich einmal bei ihm war, rief seine Mama an. Oh weh – wie er mit ihr umging! Respektlos, aggressiv. Sie machte sich offenbar Sorgen um ihn, darüber, dass er weder richtig studierte noch einen ordentlichen Beruf ergriff, und er motzte sie nur an. Es tat mir richtig weh, das mit anzuhören, und beunruhigte mich sehr.

Richtig bergab ging es mit uns, als wir im Herbst noch einmal an die Ostsee fuhren. Paul war dort mit ein paar Surfkumpels verabredet und sagte schon im Voraus zu mir: »Ich nehm dich nur mit, wenn du dich locker machst.« Knalldämlicher Spruch, aber ... okay, ich wollte es versuchen.

Bedauerlicherweise machte *er* sich nicht locker. Kaum befand er sich im Kreis seiner vier Surf- und Saufkumpane, war er nicht mehr besonders nett zu mir. Er kümmerte sich kaum um mich, hockte den ganzen Tag mit den Jungs zusammen und trank Bier statt zu surfen. Ich kam zwischendurch vom Wasser: »Komm raus, es hat Wind!« Er erwiderte, »ach, bei so 'nem Pipi-Lüftchen brauchen wir doch nicht rausgehen. Das ist was für Weiber«, und seine Kumpels grinsten blöde. Idiot. Arsch. Was sollte das?

Abends saßen sie immer noch vor dem Bus, beziehungsweise Paulchen breitbeinig in der offenen Schiebetür. »Kannst du bitte zumachen?«, sagte ich, »ich will mich umziehen und es ist kalt!« Er rief herein: »Ach, zieh dir'n Rock an!« Die anderen quittierten das mit meckerndem Gelächter. Gekränkt verzog ich mich in meinen Schlafsack. Wie ich da so lag und schmollte und hoffte, dass er endlich zu mir käme, hörte ich, wie er draußen Sprüche riss. Alles klar: Er spielte vor ihnen den Obercoolen, dessen Freundin nur Beiwerk ist, das man je nach Bedarf abstellen kann. Auf keinen Fall darf man sich nach ihr richten! Die anderen könnten ja denken, er wäre ein Pantoffelheld.

Aus reiner Opposition zu mir verbrachte er auch die halbe Nacht mit ihnen da draußen und machte abfällige Bemerkungen, wenn ich ihn bat endlich zu mir ins Bett zu kommen oder wenigstens leise zu sein. Ich war stinkig und stellte mich, als er endlich neben mich auf die Matratze kroch, schlafend, damit er nicht noch auf die Idee kam, mich anzugrabbeln. Dies schien ihn in seinem Bier-Koma nicht zu stören, was mich nur noch stinkiger machte.

Am nächsten Tag war er übermüdet, verkatert und hatte so einen Schädel, dass er nicht surfen konnte, obwohl es prächtig wehte.

Mein Resümee: Durch seine ständige Anti-Haltung stellte er sich oft selber ein Bein. Er kriegte zum Beispiel viele Jobs nicht, weil er so schlampig aussah; oder verlor einen Job, weil er es nicht einsah früh aufzustehen. Überhaupt das frühe Aufstehen: Ewige Rebellen wie Paul sind zwanghafte Spätaufsteher. Denn sie wurden ja ihre ganze Kindheit lang »gezwungen« früh aufzustehen, und als Gegenreaktion stehen sie spät auf, so lange es irgend geht.

Ähnlich verhielt es sich mit dem Essen. Manche Lebensmittel waren für ihn erledigt, nur weil er als Kind genötigt worden war sie zu essen. Das betraf vor allem gesunde Sachen wie Obst, Gemüse, Salat. Diesem »Grünzeug« gab er nicht eine einzige Chance, also indem er etwa erkundete, ob ihm das eine oder andere nicht doch schmecken würde. Stattdessen stand er auf Fastfood und alles, was ihm in der Kindheit madig gemacht worden war.

Er verabscheute alles, was »angepasst« war, oder besser gesagt, er verabscheute alles, was seine Eltern gut geheißen hatten. Von daher stammte sein Anderssein nicht aus tiefer Überzeugung, sondern war einfach nur die Kehrseite dessen, was ihm in seiner Kindheit vorgelebt worden war oder was die breite Masse eben lebt. Er glaubte zwar total individuell und frei zu sein, dabei war er nur der Sklave seiner Anti-Haltung.

Angepasst war er ja selber in vieler Hinsicht, auch wenn er das nie so gesehen hätte. Aus Surfersicht zum Beispiel war er sehr angepasst, er verkörperte in allem das typische Surferklischee. Die Kleidung, die Haare, der Lebensstil; selbst das übliche Lederband mit dem stilisierten Surfbrett um den Hals. Die Klamotten: nur ja nicht gepflegt! Einen anständigen Anzug besaß er nicht. Er hörte diese »Ich-bin-ja-so-rebellisch«-Musik: Punk, Heavy Metal, Hardcore-Techno (zum Glück auch die typischen Surfer-Bands, die nach Freiheit und Abenteuer klingen: Nirvana, Red Hot Chili Peppers, Pearl Jam, Lenny Kravitz usw.). Er benutzte sogar diese aufgesetzt lässige Kids-Sprache, sagte ständig »geil«, »cool« und die beiden Sätze, die ich am meisten hasste: »Mach dich geschmeidig« und »Stay cool, Man«.

Pseudo-Rebellen sind sehr oft Herdentiere und innerhalb ihrer Gruppe überaus angepasst – von daher sind die meisten Punks, Skinheads, Linksradikalen gar nicht rebellisch und radikal, sondern Verkleidete, die immer noch gegen den Stall aufmüpfen, aus dem sie kommen. Die Mehrzahl von ihnen lebt vom Geld ihrer Eltern oder vom Staat oder schnorrt sich sonst irgendwie durch. Daniela hat in einem seltsamen Liebeswahn jahrelang einen Punk durchgefüttert, der sich für ein verkanntes Musikergenie hielt und von dem sie sich auch immer anhören musste, dass sie nicht so spießig sein solle. Diese schmuddelige kleine Ratte war eine Mischung aus Georg und Paul, aber übertraf sie noch bei weitem. Was Frauen sich so antun ...

Heute ist sie richtig allergisch gegen solche Typen. Sie sagt: »Auch unter den ›normaleren‹ Männern gibt es ziemlich viele, die kleine Pseudorebellen sind. Sie tragen Ohrringe oder albernen Schmuck an teilweise unmöglichen Stellen – zum Beispiel Piercings – oder Tätowierungen oder alberne Mützen oder ihre Baseballcap verkehrt herum und das Haar entweder lang oder so kurz, dass es als Glatze durchgeht, und denken wunder wie ›anders‹ sie sind, dabei gehören sie doch nur zur riesigen Gruppe der Ohrring-, Tattoo- oder Mützenträger und wirken eher albern beziehungsweise prollig, vor allem wenn sie älter als Mitte 20 sind. Ein Highlight an Albernheit stellen die Hohlköpfe dar, die nach Sonnenuntergang Sonnenbrillen tragen – im Haar schon blöd, im Gesicht knallblöd. Glauben die wirklich, sie sähen damit cool aus?

Und dann gibt's noch die, die sich nach außen extrem und aufmüpfig geben, aber wenn man sie näher kennen lernt oder ihr Zuhause sieht, stellt man fest, dass sie oft die größten Spießer sind ...«

Paul war wenigstens ein überzeugender Pseudorebell. Und er war ein wirklich netter Kerl, wenn man keine Beziehung mit ihm hatte. Ich wollte aber nicht die Mutter von einem rotzigen Teenager sein. Ich wollte einen Partner.

DocBeatrice kommentiert:

»Frauen haken irgendwann ihre Kindheit ab und werden erwachsen und vernünftig«, sagt der US-Erfolgsautor Nick Hornby. »Männer sind da anders. Wir können es uns in der Pubertät gemütlich machen, solange wir wollen.« Das scheint sich auch Paul vorgenommen zu haben. Bei ihm und Julia setzt eine typische

Paardynamik ein: Jeder verstärkt beim anderen gewisse konträre Eigenschaften. Pauls Unreife und Chaotentum rufen Julias »vernünftige« und mütterliche Seiten auf den Plan, was wiederum seine pubertäre Trotzhaltung verstärkt, worauf sie immer belehrender wird, worauf er ... und so weiter. Aber wie kommt es überhaupt, dass der 28-Jährige sich zunehmend benimmt »wie ein rotziger, chaotischer Teenager«?

Die Ursachen sind tatsächlich in der Jugend zu suchen ... Um zum Mann zu werden und sich als Mann zu fühlen, muss sich ein Junge vom wichtigsten Menschen ablösen – der Mutter – und sich konträr zum Weiblichen entwickeln. »Er wird dabei demonstrativ ruppig und abwehrend«, schreibt Professor Dietrich Schwanitz, Autor des Buches »Männer«. »Deshalb betont er die Grenze zwischen sich und ihr. Von nun an wird jede Durchlöcherung dieser Grenze zur Bedrohung seiner Identität. ... Und von nun an werden Grenzüberflutung, Verschmelzung, Nähe, Intimität mit Weiblichkeit identifiziert; Männlichkeit dagegen mit Härte, Abwehr, Distanz, Grenzüberwachung ...«

Das steckt mehr oder weniger in jedem Mann. Männer mit einem stabilen Selbstbild und genügend Reife lernen unterscheiden, wann eine Frau »übergriffig« ist und wann nicht. Andere – vor allem solche, die als Kind kein brauchbares männliches Vorbild und/oder eine sehr dominante Mutter hatten – bleiben in dieser Abwehrhaltung stecken. Sobald das Weibliche (oder eine Frau) zu sehr überhand zu nehmen droht, sehen sie ihre Männlichkeit, ihre Identität bedroht. Auch sich zu sehr nach einer Frau zu richten löst die unbewusste Angst aus, das eigene Ich zu verlieren. Nur die, die diesen Zusammenhang irgendwann selbst durchblicken und bewusst daran arbeiten, können irgendwann anfangen das Weibliche in ihr Leben und in ihr Selbstbild zu integrieren – und somit aufhören gegen die Partnerin anzukämpfen. Das ist ohnehin meist nicht nötig, denn »Frauen haben ein psychologisches Handicap: Sie haben immer etwas Mitleid mit den Männern«, sagt Ex-Model und Musikerin Julia Bruni. »Und sie entwickeln sich weiter. Männer dagegen können bis ins hohe Alter Kind bleiben. Für Frauen wäre das eine furchterregende Vorstellung.«

Aber wir kommen besser mit unseren großen Jungs aus, wenn wir das Kind im Manne akzeptieren, wie es der Dichter und Denker Eugen Roth so trefflich beschreibt:

»Bekanntlich kommt das Kind im Weib
durch das Gebären aus dem Leib.
Da aber sich das Kind im Mann
nicht solcherart entfernen kann,
ist es begreiflich, dass es bleibt
und ewig in ihm lebt und leibt.«

4. NICHT OHNE MEINE MAMA – DAS MUTTERSÖHNCHEN

Irgendwie habe ich ein Händchen dafür, von einem Extrem ins andere zu fallen. Es gelingt mir nach einer üblen Erfahrung mit einem bestimmten Typus instinktiv seinen Gegenpart zu finden. Wobei ich, wie ich zugeben muss, mit Martin eher aus Langeweile etwas anfing und weil ich schon wieder fast ein halbes Jahr solo war. In einem Urlaub, in dem keine anderen Männer unter 45 verfügbar waren, außer zwei gruseligen Exemplaren, einer mit Schnurrbart, der andere mit Birkenstock.

Ein bisschen jung vielleicht, dachte ich anfangs, als ich feststellte, dass Martin stets meine Nähe suchte und seine leuchtenden Jünglingsaugen nicht von mir abließen. Leichte Beute. Ich schätzte ihn auf 20, also fast zehn Jahre jünger als ich. Er hätte glatt auch für 17 durchgehen können, was den Abstand noch vergrößerte – zumindest optisch.

Martin war, wie sich herausstellte, 26, ein schmaler blasser Student, der irgendwie sehr zart wirkte. Das rührte mich, hätte mich aber eher vorwarnen sollen. Männer, die so zart aussehen und so, als ob sie nicht richtig zupacken können, sind oft Muttersöhnchen. Vielleicht weil sie ihre ganze Kindheit hindurch auch so zart waren und deshalb von Mama extra viel bemuttert und behütet wurden?

Was mir an Martin gleich angenehm auffiel, war, wie gut er – im Gegensatz zu Paul – über seine Mutter redete. Er ging auch mit mir sehr höflich um, ein richtiger kleiner Gentleman, oh Wohltat.

Generell wirkte er sehr ruhig und für sein Alter schon fast zu konventionell, aber genau das brauchte ich nach Paul. Und mich faszinierten seine Intelligenz, sein Scharfsinn, sein feiner Witz. In einem eigenartigen Kontrast dazu stand, dass er einen kleinen Tick hatte. Ich spreche von einem echten Tick, einem unkontrollierten Zucken, das ihm im Bruchteil einer Sekunde die Mundwinkel nach unten riss und wieder in Normalposition schnellen ließ.

Wir kamen uns in diesem Urlaub näher, knutschten ein bisschen, zu mehr kam es noch nicht, Martin war in Sachen Körperkontakt sehr zurückhaltend, was ich gut fand, denn bei den Jungs vor ihm war es immer zu schnell gegangen.

Ich kann mich kaum erinnern, was wir in der ersten Zeit veranstalteten, weil es so unspektakulär war. Spazieren gehen, auf dem Sofa sitzen, Tee trinken, tiefsinnige Gespräche führen. Irgendwann machte ich ihn betrunken und verführte ihn. Er ließ es zwar geschehen, aber schien ziemlich gehemmt zu sein. Ich dachte, das gibt sich, wenn er erst einmal auftaut, anfangs sind Männer ja oft ein wenig gehemmt, vor allem wenn die Partnerin offensichtlich mehr Erfahrung hat. Aber es gab sich nicht.

Beim Sex fasste er mich nie richtig an, das heißt, er streichelte mich zwar ein wenig hier und da, aber um meine Intimzone machte er einen großen Bogen. Er ist unsicher, mutmaßte ich zunächst, und versuchte seine Hand zu führen: Er zog sie erschrocken weg. Eine Woche später versuchte ich es mit ein paar lächelnden Worten: »Mit deinen Fingern an der richtigen Stelle kannst du mir sehr viel Wonne bereiten.« Seine Mundwinkel zuckten nach unten und er tat, als hätte er es nicht gehört oder nicht verstanden.

Weitere Hinweise fruchteten genauso wenig, im Gegenteil, er mied »die Stelle« noch mehr. Oralverkehr? Völlig undenkbar. Es war, als wäre ihm die weibliche Scham unheimlich, als hätte er Angst, sie könne zuschnappen und ihn verschlingen – oder zumindest Teile von ihm.

Seltsamerweise setzte er Hände und Mund an der Brust umso mehr ein, davon konnte er kaum genug kriegen, wenn wir einmal zugange waren. Es erregte mich und ich wollte mehr, aber ... oft blieb es dabei.

Bei Martin erlebte ich ein, wie mir schien, sehr seltenes Phänomen: Ein Bursche mit einer eisenharten Erektion, die er aber weder nutzen noch erleichtern wollte. Er hatte überhaupt eine wenig ausgeprägte Libido: In der Regel war ich es, die die Initiative zum Sex ergriff.

Diese Umstände bewirkten, dass ich ständig Lust auf ihn hatte, obwohl ich oftmals leer ausging. »Oftmals« in Bezug auf Verkehr, »immer« in Bezug auf den Orgasmus. Ich mußte ihm noch nicht einmal einen vorzutäuschen, denn es hätte ihn wahrscheinlich nicht interessiert. Ich wagte ohnehin kaum noch Ansprüche zu stellen, weil er sich sonst vielleicht komplett verweigert hätte.

Er übernachtete auch meist nicht bei mir. Anfangs fand ich das nicht ungewöhnlich, manchmal muss man sich ja ein Weilchen aneinander gewöhnen oder hat eben nicht die Sachen beim andern, die man braucht um sich wohl zu fühlen. Aber als ich ihn dann einmal direkt fragte, warum er nicht bleiben wolle, sagte er, seine Mutter würde sich Sorgen machen, wenn er morgen früh nicht zu Hause sei, weil sie ihm wegen irgendetwas Bescheid geben wolle. Ich sagte: »Na, dann ruf sie halt von meinem Telefon aus an!« Er: »Nein, sie ruft mich an.«

War es ein Glück oder nicht, dass er kein Handy hatte?

Gemeinsame Spargel-Kochaktion bei Martin. Er stand in der Schürze (Blümchenmuster!) am Herd. »Wie geht noch mal eine Hollandaise?« Ich sagte es ihm. Aber Martin schien mehr auf Muttis Kochkünste zu vertrauen, denn er rief sie an und ließ es sich genau von ihr erklären. Er sagte tatsächlich »Mutti« und »Mama« zu ihr. Ich nenne meine Mutter »Ma« oder bei ihrem Vornamen. Immerhin sind wir beide erwachsene Menschen.

Mir fiel ein, dass er vor kurzem meinen Kaffee kommentiert hatte mit: »Meine Mutter gibt immer eine Prise Natron in den Filter, dann schmeckt er besser.« Im Nachhinein fand ich das nicht besonders nett, vor allem nachdem ich das Daniela erzählt hatte und sie das nicht besonders nett fand.

Martins Wohnung war bescheiden, brav und sehr ordentlich, so wie er auch. Es fanden sich sogar ein paar weibliche Accessoires, Deckchen, Teppiche, ein Badezimmer-Kuschel-Vorleger. Obwohl meine Behausung größer und schöner war, zog er es vor, dass wir uns bei ihm trafen. Im Laufe der Zeit bekam ich mit, dass er fast täglich mit Mama telefonierte. Zunächst fand ich es positiv, wie liebevoll er mit ihr umging. Sie war Witwe und er fühlte sich für ihr Wohlergehen verantwortlich, obwohl er noch zwei Geschwister hatte, die sich aber offenbar kaum um ihre Mutter kümmerten. Andererseits standen die auch auf eigenen Beinen, während er von ihr finanziert wurde. Das verpflichtet.

Irgendwann vergrätzte es mich aber ein wenig, dass er mich oft warten ließ, weil er mit ihr telefonieren musste. Sie schien ziemlich einsam zu sein und belaberte ihn stundenlang mit verschiedensten Belanglosigkeiten; er musste auch allen Papierkram und alle Finanzangelegenheiten für sie erledigen. Manchmal nervte es ihn sogar selbst, doch er wagte es nicht, sie abzuwimmeln oder ihr gar zu sagen, dass er wenig Zeit hatte. Und offenbar verheimlichte er mich. Er sagte nie, »meine Freundin ist gerade da, kann ich dich morgen anrufen?« oder so etwas. Das ärgerte mich nachgerade. Und dass er jeden Vorschlag für eine größere Unternehmung am Sonntag abschmetterte mit: »Das geht nicht, weil ich Sonntagmittag um zwei immer mit Mutti telefoniere.« Ich sagte: »Und wenn du sie abends anrufst?« Nein, es gehörte zu ihren festen Gepflogenheiten, Sonntagmittag zu telefonieren.

Ich wollte endlich etwas mit meinem Kerl unternehmen. »Wollen wir nächstes Wochenende wegfahren? An die Ostsee oder so?«

»Nein, ich kann nicht, ich fahre nach Hause.« Nach Hause. Nicht Berlin und seine Wohnung waren sein »Zuhause«, sondern da, wo Mama war.

»Oder wollen wir nächsten Monat mal eine oder zwei Wochen verreisen?«

»Das geht leider auch nicht.«

»Warum nicht?«

»Ich fliege mit Mutti nach Madeira, sie hat mich eingeladen.«

»Sag mal, findest du nicht, dass sie dich ein bisschen zu sehr beansprucht?«

»Nein. Immerhin hat sie mich 25 Jahre lang ernährt und tut es noch, in gewisser Weise.«

»Meine Eltern erwarten auch nicht, dass ich ständig für sie da bin.«

»Deine Eltern haben einander und vier Kinder. Meine Mutter hat nur mich.«

»Hat sie keine Freunde? Sie kann doch nicht erwarten, dass du dich dauernd kümmerst. Ich finde das ganz schön egoistisch.«

Martins Mundwinkel zuckten, sein Gesicht verfinsterte sich, mühsam beherrscht sagte er: »Meine Mutter *ist nicht egoistisch*. Sie kann das sehr wohl erwarten.«

Bis vor einem Jahr hatte er noch zu Hause gewohnt, bis 25 also. Muttersöhnchen gehen nur dann von Mamas Nestchen fort, wenn es die Umstände wirklich erfordern. Den Studiengang, der für Martin in Frage kam, gab es nur in Berlin und irgendwo in Bayern. Berlin ist näher zu Mutti, also wählte er Berlin. Immerhin 380 schmerzliche Kilometer trennten sie. Darum besuchte er sie alle drei Wochen für ein verlängertes Wochenende. Und die halben Semesterferien, wie ich jetzt erfuhr. Na großartig.

Ich fragte Daniela, wie sie das fand. »Männer und ihr Mutterding«, sagte sie trocken. »Sei froh, dass Martins Mami nicht hier wohnt ...« und wartete auch gleich mit einer Geschichte auf: Fabian, ein Kerl, mit dem sie vor zwei Jahren zusammen gewesen war, verbrachte de facto mehr Zeit mit Mutti als mit ihr. »Sie rief ihn auch wegen jedem Fliegenschiss an, er spurte und spurtete. Er arbeitete meistens auswärts, und wenn er Freitagabend nach Berlin zurückkam, traf er sich meistens mit ihr auf ein Glas Schampus im Lafayette. ›Feierabendgläschen‹ nannte er das, ein Ritual mit ihr, was ihm so heilig war wie ihre sonntägliche Einladung zum Mittagessen. Dafür brach er regelmäßig unsere schönsten Sonntagvormittag-Sexsessions ab. Fürs Futtern bei Muttern, toll.«

Fabian verreiste auch lieber mit Mama als mit Daniela. »Und man stelle sich vor, der war Ende 30. Glaub mal nicht, dass dein Muttersöhnchen sich so schnell abnabelt«, prophezeite Daniela. »Viele von denen schaffen's nie.«

Martin trug Unterhosen, die hundertprozentig Mutti gekauft hatte. Diese ganz praktischen Dinger aus kochfester Baumwolle, nicht mal Pants, auch keine Slips, sondern die kreuzbraven Teile dazwischen, die seitlich gut handbreit hoch sind. 1a-Liebestöter.

De facto sah alles, was er trug, aus wie von Muttern gekauft: kreuzbrav, bieder, praktisch. Den Beweis, dass es stimmte, bekam ich, als er von einer Wochenend-Heimatfahrt zurückkehrte. Seinen Geburtstag hatte er nämlich nicht mit mir, sondern mit Mama verbracht, und sie hatte ihm Folgendes geschenkt:

- zwei hellbeige Bundfaltenhosen (wovon er schon ca. vier Stück besaß)
- ein hellblau-weiß gestreiftes Hemd (wovon er schon ca. ein Dutzend hatte)
- einen dunkelblauen Pulli mit V-Ausschnitt (so einen hatte er bereits, auch in dunkelgrau, dunkelgrün und graublau)
- drei Paar schwarze Socken.

Die Unterhosen hatte er wahrscheinlich gleich weggesteckt, damit ich nicht sah, dass er peinlicherweise sogar Schlüpfer von Mama bekam.

Wie klasse war im Vergleich dazu mein Busenfreund Jens! Er hat zwar auch viele »soften« Seiten (zu denen er voll und ganz steht), aber er lebt sein eigenes Leben und hat eine runde Persönlichkeit. Jens war nur leider nicht mehr zu haben. Da er gerne joggte, seine Freundin jedoch nicht, gingen wir regelmäßig zusammen laufen und redeten dabei über unsere Beziehungsprobleme. Ich ließ ein bisschen Luft über Martin ab ...

»Allmählich wandelt er sich in meinen Augen vom zarten Jüngling zum verweichlichten Mama-Bubi. Dieser dünne, muskelarme Körper, sein schlapper Händedruck, seine Aura eines Typen, der sich nie etwas erkämpfen, sich nie durchsetzen musste. Der wird nie laut! Geschweige denn, dass er mich gegen wilde Tiere und böse Männer verteidigen würde ...«

»Es fehlt ihm also an männlicher Aggressivität«, konstatierte Jens, »vielleicht hat er zu wenig Testosteron.«

»Ja, jede Wette. Wäre er dicker, er hätte Titten.«

Postkarte von Sandra. Darauf prostet ein rundliches altes Paar grinsend in die Kamera, drüber steht: »Das Leben ist zu kurz um was Schlechtes zu trinken.« Ein paar Buchstaben hatte sie durchgestrichen beziehungsweise geändert; nun stand da: »Das Leben ist zu kurz um schlecht zu ficken.« Die Karte hängt immer noch an meiner Küchenwand.

Martins Mutter hatte sich zu Besuch angekündigt für fünf Tage und schon die zwei Tage davor kriegte ich ihn nicht zu Gesicht, weil er seine Wohnung auf Hochglanz bringen musste. Ich rief schließlich an und fragte, ob wir uns nicht sehen können. Er sagte: »Du weißt ja ... meine Mutter ist da.«

»Ja. Aber wir können ja zu dritt was machen. Essen kochen oder essen gehen oder so.«

»Ich weiß nicht ...«

»Na sag mal, Marty! Wir sind viereinhalb Monate zusammen! Willst du mich vor ihr verheimlichen?«

Stille in der Leitung. Räuspern. »Äh, gut ... ich besprech das mal mit ihr.«

Wir trafen uns zu Kaffee und Kuchen in einem gediegenen Café. Martins Mutter war nicht unattraktiv: klein, zierlich, mittelblondes halblanges Haar, große Augen, kleine Nase – eigentlich ein ganz ähnlicher Typ wie ich, nur dass sie dünnlippig und ein Vierteljahrhundert älter war und eine dunkel gerandete Brille trug, durch die sie mich mit Argusaugen musterte. Sie war höflich, aber dabei steif und reserviert. Ich versuchte einen lockeren Plauderton anzuschlagen (»Waren Sie schon im Beate-Uhse-Museum?«), aber das prallte so ziemlich an ihr ab. Sie stellte kleine spitze Fragen: »Was arbeiten Sie genau? Wollen Sie das Ihr Leben lang machen? Wollen Sie mal Kinder? Wollen Sie hier in Berlin bleiben?« Dass ich ledig und kinderlos war, hatte ihr sicher bereits Martin erzählt. Ich rutschte auf meinem Stuhl herum und hoffte, dass ich die Prüfung bald hinter mir hatte. Mit Martin ging sie sehr liebevoll um. Wenn sie sich ihm zuwandte, wurde ihr Gesicht weich und der Blick warm. Sie tätschelte seine Hand, die er eine ganze Weile dort beließ, bis Mutti anfing daran herumzukneten und er bemerkte, dass ich es bemerkte. Da entzog er ihr das Pfötchen unauffällig wieder, indem er seine Nase putzte. »Hast du einen Schnupfen, Martinchen?«, fragte sie besorgt. »Du musst dich wärmer anziehen.«

Dann hörte ich ein paar Tage nichts von ihm. Ich rief kurz an, aber er wimmelte mich ab: »Meine Mutter und ich sind grade auf dem Sprung.«

Ich versuchte es nochmals, nachdem ihre fünf Tage um waren.

»Hey Marty, ich bin's. Was ist los?«

Stille.

»Hallo? Was ist? Sehen wir uns heute oder die Tage?«

»Ich weiß nicht. Meine Mutter sagt, du wärst nicht gut für mich.«

»Was?! Bin ich ihr zu alt? Zu selbstständig? Fürchtet sie, ich könnte dein Mutti-Ersatz werden und sie von ihrem Thron stoßen?«

Ich sah im Geiste seine Mundwinkel zucken. Er schwieg.

»Und was sagst *du* dazu?«

Schweigen.

»Martin?! Was sagst du dazu?«

»Ähm ... ich glaube auch nicht, dass wir zusammenpassen.«

Gut, okay, ich ebenfalls nicht. Ich wollte ja auch kein Mutti-Ersatz werden und in ihrem Schatten dahindümpeln schon gar nicht. Vielleicht gibt es Frauen, die damit klar kämen – und auch damit, fast keinen Sex zu haben. Ich bin mir noch nicht mal sicher, ob Martin wirklich ein Mr. Aussichtslos ist, denn im Grunde ist er ja ein liebenswerter und feiner Mensch. Und es gibt viel krassere Fälle von Mama-Manie. Männer, die ihr Leben lang nicht aus dem heimischen Nest herauskommen und die, wenn sie heiraten, eine Etage des Elternhauses mit ihrer Frau beziehen. Die Hauseigentümerin behandelt die »Neue« als Eindringling, stellt die Regeln auf, kommt ständig unangemeldet in die Wohnung (ist ja ihr Haus!), schnüffelt herum, mischt sich in alles ein und intrigiert gegen die Schwiegertochter, die aber fast noch mehr darunter leidet, dass ihr Gatte nicht zu ihr hält, sondern zu seiner Erzeugerin. Die liebt er nämlich noch mehr, und selbst mit 50 lässt er sich noch alles gefallen um ja nicht ihre Zuneigung zu verlieren. Denn wäre die Nabelschnur einmal gekappt, würde er haltlos im Weltall herumflottieren. Scheinen jedenfalls diese ewigen Jungs zu befürchten.

Mir hat Martin das Muttersöhnchen schon gereicht. Wahrscheinlich hätte ich ihn auch noch irgendwann in einem fleischfarbenen Mieder und fleischfarbenen Strümpfen erwischt. Oder er hätte seine Neigung zu Männern entdeckt.

DocBeatrice kommentiert:

Was bei Martins Vorgänger Paul zu krass vorliegt – die Abwendung von der Mutter –, hat bei Martin nie stattgefunden. Für ihn ist Julia Mutter-Ersatz (was sich beim Sex zeigt: mit der eigenen Mutter schläft man nicht, liegt aber an ihrer Brust) und Mutter-Konkurrenz zugleich (was sich unter anderem zeigt, wenn er Julia Muttis Haushaltstipps nahe legt).

Sehr viele Muttersöhnchen sind wiederum Partnerersatz für ihre Mutter, die alleinerziehend oder gar Witwe ist. So wurde sie zu seiner einzigen Bezugsperson, zur allmächtigen Figur in seinem Leben. Er fühlt sich verantwortlich, will sie nicht enttäuschen. Und meist ist er auch noch materiell abhängig von ihr. All das führt dazu, dass er sich nicht gegen sie abgrenzen kann, sich von ihr herumkommandieren und überall hineinreden lässt. Drum kann sich weder ein gutes Selbstwertgefühl noch ein erwachsenes Ich entwickeln. Und das wiederum bewirkt, dass er es nie schafft, gegen sie aufzubegehren und sich zu lösen. Ein Teufelskreis.

Wobei das andere Extrem – Pauls radikale Abgrenzung gegen das Mütterliche – genauso ungesund ist. Beziehungsfreundlich sind Männer, die es geschafft haben, sich von ihrer Mutter abzunabeln, und trotzdem ein freundschaftliches Verhältnis zu ihr hegen, die ein eigenständiges Leben führen und eigenständige Entscheidungen treffen, unbeeinflusst von der elterlichen Haltung dazu.

Was Julia betrifft, hat es sich in dieser Geschichte gerächt, dass sie mit Martin eher aus Langeweile etwas anfing. So wie sie für ihn Mutter-Ersatz ist, ist er für sie der Ersatz für einen echten Partner. Er ist nicht ihr »Mr. Right« und wird es auch nie werden. Aber so etwas ist oft schwer zu erkennen, wenn man selber drinsteckt. Was da helfen kann, sind zwei große Bögen Papier, auf denen man folgende Listen erstellt:

Auf Blatt 1 kommen Ihre Grundvoraussetzungen, damit eine Beziehung für Sie erfüllend und von Dauer ist (zum Beispiel Geborgenheit, Vertrauen, guter Sex, viel Zärtlichkeit; ich finde ihn auch nach längerer Zeit sexy und spannend; er liebt und begehrt mich, ist mir ebenbürtig, ist spontan und unternehmungslustig; ich bin der wichtigste Mensch für ihn; ich möchte möglichst viel Zeit mit ihm verbringen und er mit mir, usw.).

Auf Blatt 2 schreiben Sie, wie es momentan um Partner und Beziehung steht. Was von Ihren Grundvoraussetzungen ist gegeben, was nicht? Wo hakt's sonst noch? Anschließend versuchen Sie zu beurteilen, wie die Chancen stehen, dass sich die entsprechenden Punkte in Zukunft ändern werden.

5. SO NAH UND DOCH SO FERN – DER FREIHEITSKÄMPFER

»Wenn er nur bei mir wäre …!«, schrieb ich in einer schlaflosen Nacht, nach einem halben Jahr mit Fred, auf einen Zettel. »Wieder ein Wochenende in München, fern von meinem geliebten Berlin, und ich fühle mich zum ersten Mal in meinem Leben so richtig schrecklich einsam. Obwohl ich einen Freund habe. Ist das nicht paradox? Man sollte doch meinen, eine Beziehung ist der Königsweg gegen Einsamkeit. Aber nicht, wenn du mit jemanden wie Fred zusammen bist. Ich könnte ja nach Berlin fahren oder mich zumindest mit Hanna treffen, aber was ist, wenn er ausgerechnet dann für mich Zeit hat oder sogar vor der Tür steht? Dann würde ich mich in den Hintern beißen vor lauter Ärger, denn ich opfere jeden Berlinbesuch und jedes Treffen mit Hanna für eine Stunde mit ihm. Aber ich kann mich nicht schon wieder melden. Sonst fühlt er sich bedrängt.

Also sitze ich hier in meiner kleinen Wohnung, es ist wie Warten auf Egon, nur viel schlimmer. Bei Egon konnte ich mir sicher sein, dass er irgendwann kommen würde. Und dass wir ein Paar waren. Außerdem ließ Egon mich warten, weil er so einen zeitaufwändigen Job hatte und mit Timing nicht so gut umgehen konnte – und nicht, weil er nicht kommen *wollte*!!! Hilfe! Fred liebt mich eben nicht! Oder doch?

Bei ihm weiß ich nie, wann wir uns das nächste Mal sehen und woran ich überhaupt mit ihm bin, das macht es so quälend. Wenn wir uns sehen, kann er extrem liebevoll sein; ich erkenne es ja auch an seinem Blick, seiner Zärtlichkeit, wie gern er mich hat. Und zumindest *er* betrachtet uns als Paar. Als ich neulich fragte: ›Warum beziehst du mich nicht in deine Planung ein? Haben wir keine Beziehung?‹, sagte er: ›Wir haben eine Beziehung, aber ich brauch eben meine Freiräume! Ich habe keine Lust, meine Freizeit akribisch zu verplanen.‹

Puh, sein penetrantes Pochen auf Freiheit und Freiräume ...! So sagt er auch gern: ›Liebe ist ein Kind der Freiheit!‹ Den Spruch kann sich nur ein Mann ausgedacht haben. Ich dachte immer, Liebe bedeutet Miteinander – was eben auch Kompromisse erfordert.

Will ich zu viel von ihm? Bin *ich* diejenige, die schuld ist, dass wir nicht mehr so harmonisch sind? Ich will doch nur ein bisschen mehr Zusammensein. Ein bisschen mehr das Gefühl, dass wir wirklich eine Beziehung haben und dass ihm was an mir liegt.

Ich kann nicht schlafen. Die Schlafprobleme gingen schon im zweiten Monat mit Fred los. Ein schlechtes Omen. Schlecht, schlecht.«

Dabei hatte es so gut angefangen. Ich war nach München gezogen – Festanstellung als Grafikerin in der Werbeagentur, in der ich mein Praktikum absolviert hatte – und kannte kaum Leute dort. Also gab ich eine Anzeige im Stadtmagazin auf: »Neu-Münchnerin, 30, Single, studiert, sucht Leute für Freizeitgestaltung, Sport, Ausgehen, Kultur ...«

Unter den vielen Antworten gefiel mir die von Fred am besten. Er schrieb, er sei 32, Journalist, wohne seit zwei Jahren in München und sei für alle genannten Aktivitäten zu haben.

Wir trafen uns und waren sofort auf einer Wellenlänge. Er war nicht direkt schön, aber »ein Typ«: lässig, stilvoll, selbstbewusst, sehr intelligent, ein anregender und interessanter Mann. Zwischen uns flogen die Funken, er flirtete auf eine angenehm zurückhaltende Art, nicht wie die vielen Aufreißer und Bindungsscheuen, die mir in meinen 20ern begegnet waren. Deren Muster war fast immer gleich: Sie stürzten sich mit fliegenden Fahnen in die neue Liaison, setzten alles (oder zumindest vieles) dran, mich zu erobern, und sobald sie mich »hatten«, ließen sie mich fallen. Das geschah bei den meisten schon nach dem ersten Sex, bei manchen erst nach ein paar Malen, und zwar genau dann, wenn sie glaubten, ich würde »etwas Festes« erwarten.

Das Tückische an der Fred-Geschichte war, dass ihm seine Nähe- und Bindungsprobleme zu Beginn überhaupt nicht anzumerken waren. Er betonte schon beim zweiten Treffen, dass er sich eine richtige Beziehung wünsche. Ob mit mir, sagte er nicht explizit, aber ließ eigentlich keine Zweifel offen. Er benahm sich exakt so, wie sich ein verliebter Mann benimmt: Meldete sich jeden Tag, wollte mich so oft wie möglich sehen (was dadurch beschränkt war, dass mich die Agentur sehr forderte und auch meine Einarbeitung viele Überstunden verlangte), dachte sich die tollsten Unternehmungen für uns aus, stellte viele weitere in Aussicht, er war gefühlvoll, aufmerksam, zärtlich – selbst im Bett lief es bestens. Bei meinen vorigen Kerlen konnte man ja eigentlich auch am Sex erahnen, welche Macke sie hatten. Mit Fred hingegen war's traumhaft. Damit meine ich nicht die tabulosen, unersättlichen Nummern, die man gemeinhin für guten Sex hält. Unserer war eher langsam, innig, sinnlich. Wir nahmen uns Zeit und gingen aufeinander ein, statt ständig nach dem nächsten erotischen Kick zu hecheln. Ich möchte es noch nicht mal mit dem banalen Wort »Sex« belegen: Wir *machten Liebe.*

Wir sahen uns dabei in die Augen und ich hatte dieses Verschmelzungsgefühl, von dem ich gelegentlich gehört, es aber nie erlebt hatte.

Es gibt nicht viele Männer, die einem dabei wirklich in die Augen sehen, auf so eine Art, dass ich weiß, seine Seele ist auch bei dem, was wir gerade tun. Für die meisten Menschen ist das vielleicht zu viel – zu viel Nähe, um sie ertragen zu können, oder sie möchten gar nicht so stark mit mir verbunden sein.

Kurz gesagt, ich gab mich vorbehaltlos mit ganzem Herzen dieser neuen, verheißungsvollen Liebe hin. Es begann, wie es mit meiner Langzeitbeziehung Sebastian begonnen hatte, und ich war so heftig verliebt wie damals.

Allerdings fielen mir nach ein paar Wochen ein paar Details auf, die ich unter »Eigenheiten« verbuchte, die aber später an Bedeutung gewinnen sollten:

- Fred hatte zwar viele Ideen und Pläne, aber setzte keine Termine dafür fest.
- Er war oft schlecht zu erreichen.
- Es war ihm lieber, wir trafen uns bei mir als bei ihm, und er blieb ungern über Nacht.
- Er ließ nie etwas bei mir, etwa Klamotten und Unterwäsche zum Wechseln oder Toilettensachen.
- Wir verbrachten selten mehr als einen oder maximal anderthalb Tage am Stück miteinander. Zum Beispiel wenn er mir ausnahmsweise den Freitagabend widmete, sogar bei mir übernachtete und ich mich schon auf den Samstagabend mit ihm freute, sprang er spätestens mittags auf und sagte, er müsse nach Hause, frische Sachen anziehen und einiges erledigen, Haushalt, Einkauf, Reinigung etc. Das war ja auch okay, aber fragte ich ihn, ob wir uns später träfen, hieß es immer nur: »Ich ruf dich an.«
- Er sagte nie eindeutig ja oder nein (falls er nicht ohnehin schon etwas anderes vorhatte), sondern »vielleicht«, »mal sehen«, »weiß noch nicht«. Manchmal rief er noch nicht einmal an. Er hielt sich immer gern alles offen. Unsere Beziehung auch, wie ich leider erst ziemlich spät erkannte. Jedenfalls kam es sehr selten vor, dass ich ihn dann am Samstagabend noch sah. Er musste Freunde treffen oder eine unvorhergesehene Einladung annehmen oder eine eilige Reportage fertig schreiben oder seine Spesenabrechnung machen ...
- Ich sagte: »Ich hätte dich gern öfter um mich.« Er sagte: »Wenn man sich zu oft sieht, kriegt man sich schnell über.«

Ich spürte, dass er sich mit vielem unwohl fühlte. Zum Beispiel: Seine skeptische Miene, als ich im Bad und Schlafzimmer ein wenig Platz frei räumte – »damit du ein paar Sachen bei mir deponieren kannst und nicht immer deswegen nach Hause fahren musst« – und sein knapper Kommentar: »Ich verstreue ungern mein Zeug in der Gegend.« Legte ich vor Bekannten meinen Arm um ihn, entzog er sich mir unauffällig. Fragte ich ihn, wann er mit mir ein Wochenende in meiner Heimatstadt Berlin verbringen würde, äußerte er sich vage.

Nach zwei Monaten konnte ich ihn doch überreden. Schon auf der Fahrt war er zeitweise sehr still und sah mich nicht an, sondern aus dem Fenster. »Ist dir eine Laus über die Leber gelaufen?«, fragte ich.

»Ich muss über was mit der Arbeit nachdenken.«

»Was?«

»Ach, nicht so wichtig.«

Wir blieben nur zwei Tage, Samstag früh hin, kleine Stadttour, abends zu Daniela, Sonntagnachmittag zurück. Meine Berlin-Führung genoss er und sagte: »Was für eine tolle Stadt! Hier würde ich am liebsten mal eine Weile leben!« Ich erwiderte: »Ich will irgendwann auch wieder hierher. Vielleicht können wir ja zusammen ...?« Sein Strahlen verschwand, er schwieg.

Unterwegs mit Daniela und Sandra gab er den charmanten Entertainer, doch der verflüchtigte sich, als wir uns zum Schlafen auf die ausziehbare Wohnzimmercouch begaben. Nicht das übliche Kuscheln, geschweige denn Sex – er drehte mir den Rücken zu und wünschte »gute Nacht«. »Was ist?«, fragte ich, er erwiderte etwas muffelig: »Ich bin müde, ich will einfach nur schlafen.«

Ich lag stundenlang wach und fragte mich, wieso hast du diesen Knoten im Hals und im Bauch? Er ist doch nur müde, lass ihn doch und mach kein Fass auf deswegen!

Aber irgendetwas hatte sich verändert.

Freds Mauer, die er auf der Berlinfahrt zu bauen begonnen hatte, wuchs. Es wurde Winter, wir unternahmen weniger, verbrachten mehr Zeit zu Hause. Vor allem wenn wir bei ihm waren, konnte er sich so unnahbar vor dem Fernseher oder Computer oder hinter einer Lektüre verschanzen, dass ich praktisch nicht mehr da war. Ich fühlte mich dann meistens bald unbehaglich und sagte, »okay, jetzt geh ich mal, ich hab ja auch noch was zu tun.« Ich spürte, er entglitt mir, und eine kleine Panik machte sich in mir breit. Eines Tages stellte ich den Fernseher ab und ihn zur Rede.

»Was ist eigentlich los? Im Vergleich zu anderen Pärchen verbringen wir ohnehin schon wenig Zeit miteinander, und da schottest du dich auch noch manchmal von mir ab.«

»Ich hab momentan viel Stress, ich muss einfach abschalten und entspannen.«

»Wieso, wir können doch auch *zusammen* entspannen.«

»Du willst immer dies und jenes, dauernd bedrängst du mich! Lass mich doch einfach mal!«

»Ich habe nicht das Gefühl, dass ich dich bedränge. Womit denn, bitte?«

»Zum Beispiel soll ich dauernd mit dir zusammen sein und mich mit dir beschäftigen!«

»Dauernd?! So ein Quatsch! Was soll das für eine Beziehung sein, wenn man sich nur einen Tag am Wochenende und ein, zwei Abende während der Woche sieht, und dann redest du teilweise nicht mal mit mir?«, giftete ich. »In meinen anderen Beziehungen war das anders!«

»Dann geh doch zu einem von deinen Ex-Kerlen zurück!«

»Willst du das? Willst du mich loswerden?!«

»Nein. Aber ich will mit meiner Freizeit machen, was mir passt! Ich will nicht unter Druck gesetzt werden.«

»Wenn du mehr für mich empfändest und eine richtige Beziehung mit mir haben wolltest, wärst du *gern* mehr mit mir zusammen!«

»Hah! Wenn du mehr für mich empfändest, würdest du akzeptieren, dass ich mich nicht in dein Zeitschema pressen lasse und dass ich meine Freiräume brauche und gelegentlich auch meine Ruhe!«

Ich zog beleidigt Schuhe und Jacke an, rief ihm noch ein »dann sollst du deine Ruhe haben!« zu und stapfte zur U-Bahn, immer mit einem Blick über die Schulter, ob er mir nachkäme um mich mit begütigenden Worten zurückzuholen. Er kam nicht.

Kaum war ich in meiner Wohnung, brach ich in Tränen aus. Er stand nicht vor dem Haus, er war nicht auf dem Anrufbeantworter. Auch zwei Stunden später nicht. Ich rief voller Schmerz Daniela und dann Sandra an. Sie sagten beide, »vielleicht ist er einfach nicht mehr verliebt«, ich erwiderte: »Aber es gibt viele Momente, wo ich durchaus noch das Gefühl habe ...«

»Vielleicht hat er Bindungsängste«, meinte Daniela, »oder er kann Nähe nicht vertragen.«

»Ja, daran hab ich auch schon gedacht. Aber immerhin ist er manchmal zu großer Nähe fähig. Und er behauptet, wir hätten eine Beziehung.«

»Hast du ihn schon mal nach seinen vorigen Beziehungen gefragt?«

»Klar. Er ist seit fast drei Jahren Single, mit ein paar Kurzgeschichten dazwischen. Davor hatte er schon auch längere.«

»Und seine längste, wie lang ging die?«

»Zweieinhalb Jahre. Da kann man nicht mehr von Bindungsangst reden.«

Was ich erst später erfuhr: dass es eine Fernbeziehung war. Und die davor ging nach anderthalb Jahren auseinander: Sie wurde depressiv, weil er sie so viel allein ließ. Wenn man das immer vorher wüsste! Man sollte jeden neuen Kerl intensiv nach seiner Vorgeschichte befragen. Die sagt viel aus.

Meine Freundinnen rieten mir jedenfalls beide die Füße stillzuhalten und abzuwarten.

»Lauf ihm jetzt nicht nach«, sagte Sandra, »lass ihn kommen.«

Er meldete sich zwei Tage nicht und ich hielt es nicht mehr aus. Versuchte ihn telefonisch zu erreichen, bekam immer nur seine Mailbox. Sprach drauf, dass es mir Leid täte. Am nächsten Morgen eine kurze SMS von ihm: »Ich brauch ein bisschen Zeit für mich. Melde mich.«

Wenn man noch nie jemandem wie Fred begegnet ist, ist man völlig ungewappnet. Es fängt alles wunderschön an, man denkt, man hat den Fang seines Lebens gemacht, und genau dann, wenn man sich seiner sicher ist, entgleitet er einem und man weiß nicht, wie einem geschieht. Man kann es ja noch nicht einordnen. Und gerade weil ich mich so vertrauensvoll mit Leib und Seele in diese neue Liebe begeben hatte, traf es mich unvorbereitet und wie ein Keulenschlag, als er mich zum ersten Mal wegstieß.

Ich verbrachte Tage in tiefster Verzweiflung. Ließ unsere glücklichen Stunden Revue passieren. Wie konnte es sein, dass er mir vor kurzem noch so nah gewesen war – und jetzt so weit weg?! Warum hatte er am Anfang so viel gegeben – um es dann Stück für Stück wieder wegzunehmen? War es meine Schuld? Setzte ich ihn wirklich zu sehr unter Druck? Also würde ich ab sofort keinen Druck mehr machen, sondern abwarten, so schlimm das auch war. Was meine Misere verschärfte, war, dass ich in München noch zu wenige gute Freunde hatte. Ich hatte mich ein bisschen mit meiner Kollegin Hanna angefreundet, aber wir unternahmen nicht allzu viel, weil sie die Geliebte eines gebundenen Mannes war und sich ungern auf anderweitige Verabredungen festlegte.

Freitagabend, also sechs Tage nach unserem Streit, stand Fred vor meiner Tür und sagte schlicht: »Da bin ich wieder.« Ich stand einen Moment völlig baff da, dann umarmte ich ihn. Er drückte mich, dass mir fast die Luft wegblieb, und ich verbarg mein Gesicht an seiner Schulter, damit er die Tränen nicht sehen würde.

»Komm, ich lad dich zum Essen ein«, sagte er. Wir gingen in unser Lieblingslokal, er saß ganz dicht bei mir, küsste mich immer wieder und betrachtete mich mit diesem liebevollen Blick, den er mir am Anfang so oft geschenkt hatte.

Wir verbrachten fast zwei (!) Tage zusammen voller Zärtlichkeit und innigem Sex, er ging Sonntagmittag nach einem langen Abschiedskuss. Zwar wie so oft kein Wort über das nächste Treffen – immer schön unverbindlich –, doch ich war ja schon froh, dass ich ihn wiederhatte.

Ab da lag es komplett in seiner Hand, wann und wie oft wir uns sahen. Hatten wir uns bis dahin etwa alle zwei bis drei Tage getroffen, wurden die Abstände nun größer. Er begründete es damit, dass er länger arbeiten müsse, dass er seinen Sport nicht so vernachlässigen dürfe, dass er sich wieder mehr um seine Freunde kümmern sollte. Er fragte mich fast nie, ob ich mitkommen wolle, und ich drängte mich auch nicht auf.

Ich versuchte mich damit abzufinden, beziehungsweise auf bessere Tage zu hoffen. Es ging ein paar Wochen ganz gut mit uns, abgesehen davon, dass er fast nie mehr bei mir übernachtete. Nach dem schönsten und innigsten Liebesspiel brachte er es fertig, aus meinem kuscheligen Bett zu steigen und nach Hause zu fahren. Er klagte, mein Schlafzimmer sei ihm zu klein, er hätte das Gefühl, keine Luft zu kriegen.

Eines Abends sagte ich: »Vielleicht wäre es eine Idee, wenn wir zusammen eine Wohnung suchen. Mit einem großen Schlafzimmer, in dem du dich wohl fühlst. Und dann könnten wir uns trotz deines Jobs, deines Sports und deiner Freunde öfter sehen.«

Er machte nur »hm«. Ich: »Was, hm?«, und er, finster: »Das hättest du wohl gern.«

Ich beeilte mich zu beteuern, dass ich es nicht eilig hatte und es nur ein Vorschlag war. Er blieb für den Rest des Abends wortkarg und verzog sich bald. Um wieder für eine Woche auf Tauchstation zu gehen.

Ich zerfleischte mich mit Selbstvorwürfen. War ich zu voreilig gewesen? War ich ihm schon wieder zu nahe getreten?

Heute sehe ich das so: Ich hatte zwar den Fehler begangen, schon innerhalb der ersten vier Monate von »Beziehung« und »Zusammenziehen« zu sprechen. Aber ein bindungsfähiger Mann würde sich dann entweder freuen oder einfach sagen: »Es ist noch zu früh, darüber zu reden.« Auf die Idee kam ich damals gar nicht. Da Fred mich so hart »bestrafte«, stellte ich einzig *mein* Verhalten in Frage, nicht seines.

Trotzdem war ich verletzt und verstört. Als er wieder auftauchte und unsere Beziehung fortführen wollte, als sei nichts gewesen, konnte ich mich nicht so recht freuen. Ja nicht zu viel Emotion zeigen, sonst fühlte er sich wieder bedrängt! »Wollen wir etwas kochen?«, fragte er. Nein, lieber essen gehen. Im Lokal setzte ich mich so, dass er mich weder berühren noch küssen konnte. Freundlich-distanziert wie eine Bekannte redete ich mit ihm über dies und jenes: bloß nicht über uns! Er schien ein wenig irritiert, aber fragte nicht nach. Später, vor meiner Haustür, sagte ich: »Ich glaube, es ist besser, heute allein zu schlafen.« Das hatte mich extrem viel Überwindung gekostet, aber fast noch schlimmer war, dass er unbewegten Gesichtes »okay« sagte und wegfuhr.

Ich lag im Bett und vermisste ihn so sehr, dass jede Faser meines Körpers schmerzte. Aber noch in derselben Nacht bekam ich meine erste Liebes-SMS von ihm: »Was ist los? Du fehlst mir. Ich möchte bei dir sein.«

Ich las sie klopfenden Herzens und war versucht ihn sofort anzurufen, aber unterdrückte den Impuls.

Am nächsten Morgen – Sonntagmorgen – rief er schon um halb zehn an und fragte, ob er mit Brötchen vorbeikommen solle. »Ich hab keinen Hunger«, sagte ich schlaftrunken, denn ich hatte bis fünf wach gelegen. Als ich ihn um elf zurückrief, schlug er einen Ausflug vor. Endlich! Schon lange hatte ich auf einen Ausflug gehofft.

Er holte mich ab, wir hatten einen harmonischen Tag und eine wundervolle Nacht, danach ließ ich ihn klaglos ziehen. In der Folgezeit rief ich ihn nicht mehr wie sonst an um zu fragen, wann wir uns sehen würden, nahm mich auch bei unseren Treffen sehr zurück, ich bewegte mich wie auf Eiern, eine ständige Gratwanderung zwischen meinem übermächtigen Bedürfnis, mit ihm zusammen zu sein, und der Furcht, ihn wegzutreiben, wenn ich ihn zu sehr bedrängte ...

Das alles fiel mir sehr schwer, hatte aber den Vorteil, dass er fast so euphorisch war wie am Anfang unserer Beziehung: liebevoll, zärtlich, voller Pläne.

Ich war freudig überrascht, dass er mich zur Weihnachtsfeier seiner Redaktion mitnahm. Er trank ein bisschen viel, war aber bester Laune und bekannte sich vor allen zu mir, nannte mich sogar seine »Liebste«. Danach fiel er betrunken ins Bett, drückte und küsste mich und lallte: »Ich liebe dich ...« Mein Herz ging auf, glücklich dachte ich: Endlich hab ich ihn! Jetzt wird alles gut.

Morgens war er mürrisch und verschlossen, was mich nach dieser Nacht umso mehr kränkte; ich kämpfte gegen die Tränen an und versuchte seine Laune dem Kater zuzuordnen. Ich hatte ihn eigentlich fragen wollen, ob er Lust habe, Weihnachten bei meiner Familie und Silvester mit mir in Berlin zu verbringen, aber verschob es lieber auf abends. Er ging nicht ans Telefon. Als ich ihn anderntags erreichte und fragte, erwiderte er: »Zu deiner Familie? Vergiss es.«

»Und Silvester?«

»Weiß nicht. Will mich noch nicht festlegen.«

Das kam so abweisend, dass sich eine eisige Klammer um meine Brust legte.

Mehr sagte er auch in den Folgetagen nicht dazu, und ich geriet wieder in Zweifel über seine Zuneigung. Ich begann ihm auf den Zahn zu fühlen, fragte ihn nach seinen Ex-Beziehungen, seiner Kindheit, seiner Einstellung in Sachen »feste Bindung«. Zuerst wich er aus, irgendwann bekam er dieses kalte Gesicht, das ich schon kannte, und griff mich an: »Du willst mich dauernd durchleuchten und analysieren. Lass mich doch mal sein, wie ich bin! Hör auf mit der Fragerei und dem Verhör.«

Er ging. Diesmal war er für elf Tage unerreichbar. Und das ausgerechnet über Weihnachten und Silvester. Mir kam's fast vor, als käme es ihm ganz gelegen, diese Feiertage nicht mit mir zu verbringen. Weil es Feste der Liebe sind, die etwas Verbindendes haben? Und weil es bedeutet hätte, sich vor meinen engsten Kreisen als mein »offizieller Freund« zu bekennen?

Plötzlich erkannte ich eine Art Muster: Immer wenn wir uns besonders nah waren oder wenn ihm etwas zu sehr nach »Bindung« oder »gemeinsamer Zukunft« roch, ging er extrem auf Abstand. Zog ich mich dann meinerseits zurück, legte er sich ins Zeug mich wieder an sich heranzuziehen. Doch sobald erneut zu viel Nähe entstand, flüchtete er.

Dieses Wechselbad der Gefühle bewirkte bei mir, dass ich ständig Sehnsucht nach ihm und seiner Zuwendung hatte. Ich musste zwanghaft nur noch an ihn denken, ich geriet allmählich in eine Art Abhängigkeit. Mein Denken und Fühlen kreiste nur noch um eines: Wie schaffe ich es, dass diese »Sehn-Sucht« erfüllt wird? Sie wurde tatsächlich zu einer Sucht.

Durch sein Mich-knapp-Halten war ein dauerhaftes Defizit bei mir entstanden, eine Art Vakuum, das danach strebte, ausgefüllt zu werden, seelisch wie auch körperlich.

Beim Sex schien er seine Näheängste für den Moment zu vergessen. Dann waren wir uns besonders nahe. Oder bildete ich mir das ein, schien es mir nur so, weil er im Alltag oft so weit weg war?

Wenn er nicht wirklich mit mir zusammen sein wollte, warum machte er dann nicht Schluss? Blieb er nur dabei um eine Freundin zu haben? Für den regelmäßigen Sex? Aber so fühlte es sich nicht an, wenn wir zusammen waren. Außerdem hätte er sich dafür auch eine pflegeleichtere Gefährtin zulegen können.

Da er ja wieder zurückkam, schob ich diese Bedenken beiseite und wir machten weiter wie bisher. Sobald ich mir seiner zu sicher war und etwas in Richtung »mehr Miteinander« sagte, entzog er sich ganz oder warf mir vor, ich würde klammern, zu viel von ihm erwarten, ihn unter Druck setzen, ihn vereinnahmen, ihn in einen goldenen Käfig sperren wollen, er müsse sich dauernd rechtfertigen usw. usf. Sprich, er schob mir den schwarzen Peter zu, warum's bei uns nicht reibungslos lief, was für ihn drei Vorteile hatte: Erstens konnte er mich damit jederzeit in meine Schranken weisen. Zweitens verdrängte er die nötige Auseinandersetzung mit seinen Ängsten, indem er sich einredete, dass allein ich die Schuldige war, was drittens sein schlechtes Gewissen beruhigte.

Und ich war auch noch so gehirnamputiert mir den Schuh anzuziehen. Dabei hätte ich ihn mir nicht anziehen müssen, denn von meinen bisherigen Freunden waren mir all diese Dinge nicht vorgehalten worden.

Nur das Klammern hatte ich tatsächlich ein wenig entwickelt. Ich glaube, bei einem Näheschеuen fängt man's automatisch an: eine unwillkürliche Reaktion auf sein Entweichen. (Leider bewirkt es, dass er noch mehr entweicht! Worauf man verstärkt nach ihm greift, was ihn ... und so weiter. Eine Negativspirale.)

Außerdem wäre es etwas anderes gewesen, wenn ich *all* seine Zeit und Zuwendung beansprucht hätte, wie die Frauen, die wirklich klammern. Die erwarten, dass der Partner sich ausschließlich ihnen widmet, und die schon die Krise kriegen, wenn er sich einmal pro Woche mit seinen Kumpels trifft. Ich wäre ja mit einem Tag am Wochenende und zwei Abenden während der Woche zufrieden gewesen und versuchte ihn zu bewegen, dafür bestimmte Tage festzulegen, damit ich den Rest anderweitig planen konnte. Er weigerte sich: »Meine Kumpels haben ja auch nicht immer am selben Wochentag für mich Zeit. Muss man immer alles verplanen? Du bist so unspontan!« (Er selbst bezeichnete sich natürlich als »spontan«. Heute weiß ich: Die meisten Männer, die das von sich sagen, meinen in Wahrheit: Ich will mich nicht festlegen, sondern mir alle Optionen offen halten.)

»Aber wenn du dich am Freitag mit Andy triffst und am Sonntag mit Dirk und ich verabrede mich ausgerechnet am Samstag mit Hanna, dann sehen wir uns das ganze Wochenende nicht.«

»Wir würden schon einen kleinen Termin zwischendurch finden.«

»Ich will aber keinen kleinen Termin zwischendurch! Was haben wir, eine scheiß Affäre? Liegt dir so wenig dran, mich zu sehen?!«

»Bis jetzt haben wir es immer geschafft, uns zu sehen.«

»Ja, weil ich so bescheuert bin meine Termine nach dir auszurichten! Mir praktisch das ganze Wochenende und die meisten Abende werktags für dich freizuhalten, nur für die potenzielle Möglichkeit, dass der holde Herr ein spontanes Gelüst nach mir hat! Sag mir, worum geht's eigentlich? Geht's dir vor allem um den Sex?«

Er stritt das ab.

Aber ab da trat wieder eine Veränderung ein. Er schlief weniger mit mir, hatte keine Lust oder war zu müde oder oder ... Damals konnte ich auch das nicht einordnen, es trug nur noch mehr zu meiner Verwirrung und meinen Verlustängsten bei. Heute denke ich, in seinem Kopf hatte folgende Verbindung stattgefunden: Je öfter ich mit ihr schlafe, desto mehr erwartet sie von mir.

Ein Treffen mit Hanna brachte ein wenig mehr Klarheit.

»Was denkst du: Ist Fred beziehungsunfähig? Oder nur temporär bindungsunwillig?«, fragte ich.

»Wie meinst du das?«, fragte sie.

»Na ja, ›temporär bindungsunwillig‹ lässt wenigstens noch Raum zur Hoffnung. Nimm einen Mann im besten Alter, erfolgreich, attraktiv, intelligent, interessant – also den allgemeinen Wunschprinzen; warum sollte der sich auf eine festlegen, wenn er so viele haben kann? Oder er will sich grade nicht binden, weil er eine schreckliche Trennung hinter sich hat. Aber irgendwann kommt die eine, von der er sich dann doch einfangen lässt.«

»Wenn du nur hartnäckig dranbleibst und genug Liebe investierst? Vergiss es. Ich fürchte, Fred gehört zu den Härtefällen, die eine ausgewachsene Therapie brauchen. *Du* wirst das niemals hinkriegen. Glaub's mir. Ich kenne mich da aus.« Hanna hat nämlich einen Hang zu Männern mit Nähe- und Bindungsproblemen und behauptet, es gäbe erschreckend viele davon ...

Ich wandte ein: »Fred ist ja auch ein bisschen ›Modell Wunschprinz‹. Meinst du nicht, dass er im Prinzip bindungsfähig sein könnte, nur eben zur Zeit nicht?«

»Nein. Dann hätte er das mit euch gar nicht so weit kommen lassen. Unter den Näheängstlern gibt's genauso Wunschprinzen wie auch ganz Normale, Schüchterne, Langweiler, Unattraktive: Männer, bei denen man denkt, die könnten doch froh sein, wenn sie überhaupt eine abkriegen. Und selbst *die* ergreift die innere Panik, sobald ihnen eine zu dicht auf die Pelle rückt, worauf sie irgendwas machen um Abstand herzustellen.«

»Warum, um Himmels willen?«

»Weil sie nicht anders können«, sagte Hanna. »Sie wünschen sich zwar endlich mal eine richtige, lange, erfüllte Beziehung, aber etwas in ihrem Innern, über das sie keine Macht haben, sabotiert das. Es ›geschieht‹ einfach mit ihnen, und das Fatale ist, dass die meisten sich dessen noch nicht mal bewusst sind. Im Gegenteil, in ihren Augen ist die Partnerin die Böse: Sie ist es, die ihn einengt, zu viel von ihm fordert oder sonst wie verkehrt ist.«

»Das stimmt. Mittlerweile hat Fred schon einen total verzerrten Blick auf mich, durch den er vieles überinterpretiert in Richtung ›sie will mehr von mir, als ich ihr geben kann‹. Teilweise artet das schon fast in eine Paranoia aus: Ich tu oder sage was ganz Harmloses, schon wittert er Vereinnahmung und Kontrolle. Ich darf nicht mal mehr fragen, was er die letzten Tage gemacht oder die nächsten Tage vor hat, ohne dass er patzig reagiert: ›Willst du mich kontrollieren?‹ oder ›Bin ich dir Rechenschaft schuldig?‹«

»Oh je, Julia, das kenn ich ... das tut weh.«

»Ich meine, ich wüsste schon gern, was er in der vielen Zeit, die wir nicht zusammen verbringen, so treibt. Ist er wirklich so oft beim Sport oder in der Redaktion? Ich weiß, dass er auch viel zu Hause ist. Warum sitzt er da allein rum statt mit mir? Wo wir's doch so nett haben könnten! Warum sieht er das nicht so? Scheiße.«

Solange ich mich selbst sehr zurücknahm, ging es ja ganz gut mit uns. Beziehungsweise es ging *ihm* gut. Mir nicht. Es marterte mich, ihn irgendwie nie richtig zu fassen zu kriegen, was diesen ständigen und schmerzhaften Drang erzeugte, mehr von ihm zu kriegen, und zu wissen, dass er mich bestrafen würde, sobald ich diesem Drang nachgab.

Dabei weiß ich eigentlich, wie sich eine »normale« gute Beziehung anfühlt. Wie die mit Sebastian: so leicht, so selbstverständlich, so sicher. Ich konnte darauf vertrauen, dass wir zusammen waren. Ich konnte gefahrlos übers Zusammenziehen und andere gemeinsame Projekte sprechen, ich konnte ihn durchleuchten und drei Wochen in einem kleinen Hotelzimmer mit ihm verbringen, ohne dass er auch nur einen Anflug von Fluchtgedanken bekam oder mich abwehrte, als sei ich ein bösartiges Monster, das Macht über ihn gewinnen wollte. Fred entzog mir diese vermeintliche Macht, indem er *sich* entzog. Was wiederum bewirkte, dass ich mich elend *machtlos* fühlte.

Fred wollte Liebe und die Annehmlichkeiten einer Beziehung, aber glaubte zu viel von sich aufgeben zu müssen, falls es zu eng würde. Je enger, desto größer die Verpflichtung. Vor allem, wenn man befürchtet, dass die Partnerin irgendwann Heirat und Familiengründung erwartet (dergleichen hatte ich noch nicht einmal angedeutet, aber Männer unterstellen Frauen ja gern solche Absichten). Gebunden, gefangen, verpflichtet, lebenslänglich.

Das lernte ich aus Büchern, die ich zum Thema las. Ich wurde zur Spezialistin für Freds Innenleben – statt für mein eigenes.

Zum Glück übernahm das meine gute alte Daniela, in langen mühevollen Telefonaten, in denen sie mir wiederholt nahe legte aus dieser zerstörerischen Beziehung auszusteigen (was leider nicht half). Als ich sie wieder einmal quälte, diesmal mit der Überlegung, »vielleicht muss ich meine Erwartungen einfach *noch* weiter zurückschrauben und *noch* toleranter sein …«, sagte sie vehement: »Wie weit noch? Bis zur völligen Selbstaufgabe?«

Ich schluckte.

»Julia. Er füttert dich mit leckeren Appetithäppchen, sodass du ständig nach mehr lechzst, aber nebenbei verhungerst du. Du musst anfangen dich abzunabeln, sonst gehst du kaputt. Bitte, bitte, bitte komm zu mir nach Berlin, wir stehen das zusammen durch.«

Ich konnte sehr bald Urlaub nehmen und Daniela besuchen. Sie kümmerte sich um mich, soweit es ihre Arbeit zuließ, kaute die ganze Geschichte zig Mal mit mir durch, heiterte mich auf, hielt mich davon ab, Kontakt zu Fred aufzunehmen. Ich traf mich mit Sandra, die hochschwanger und mit ihrem Stefan am Nestbauen war, ich traf andere alte Freunde, blühte allmählich wieder ein bisschen auf. Mein Handy war die meiste Zeit nicht auf Empfang, und wenn doch, hatte ich Fred auf der Mailbox, der mich dringlichst bat mich zu melden.

Trotz aller Erkenntnisse konnte ich nicht anders, als ihn nach fünf Tagen anzurufen. Ich sagte ihm, dass ich ihn immer noch liebte, aber so nicht weitermachen konnte. Er beschwor mich, es noch einmal miteinander zu versuchen. Mein Herz schrie »Jaaa!«, mein Verstand war voller Zweifel, denen ich Ausdruck verlieh: »Wozu ein Neuanfang, wenn du mich keine drei Tage am Stück aushältst?«

Er versuchte sie wegzuwischen. »Lass es uns ausprobieren. Lass uns verreisen. Freunde von mir haben eine Ferienwohnung in Spanien, die kann ich jetzt im März auf jeden Fall kriegen. Und billige Flüge gibt's auch. Wie lang hast du noch Urlaub, zehn Tage? Das wäre doch perfekt. Ich könnt's mit der Arbeit sicher so einrichten, dass ich schon übermorgen los könnte.«

Das war das erste Mal, dass er wirklich einen Urlaub mit mir verbringen wollte. Ich hatte es mir immer so gewünscht, er hatte es immer vor sich hergeschoben. Ich wurde weich.

Wir flogen nach Malaga, fuhren mit dem Mietwagen weiter nach Marbella. Die ersten zwei Tage waren voller Wiedersehensfreude, Gespräche, Zweisamkeit. Ab dem dritten wirkte er zunehmend angespannt, gab sich aber Mühe es zu verbergen. Er wandte sich mir weniger zu und fuhr den ganzen Tag mit mir im Wagen herum um sich alles Mögliche anzusehen. Abends fiel er müde ins Bett und schlief gleich ein – oder zumindest sah es so aus.

Aus Angst vor seinem Fluchtdrang vermied ich Äußerungen über uns, versuchte stattdessen gute Stimmung für unseren »Neuanfang« zu schaffen, war liebevoll und zärtlich, warb um ihn. Oh Jammer: Je gefühlsduseliger ich wurde, desto öfter bekam er diesen abwe(i)senden Blick. Das kam mir vor wie: Ich darf nicht zu nett zu ihr sein, sonst bildet sie sich wieder ein, sie könne sich meiner bemächtigen.

Am Abend des fünften Tages sagte ich: »Ich hab das Gefühl, du bist schon wieder ganz schön weit weg.«

Er sagte: »Du erdrückst mich mit deiner Liebe.«

»Das ist gerade mal halb so viel Liebe, wie ich Sebastian gegeben hab, und der fühlte sich nicht erdrückt! Nicht *ich* bin das Problem, sondern du.«

Er ergriff seine Jacke und die Türklinke und sagte kühl: »Ich muss eine Weile allein sein.« Er blieb stundenlang weg. In mir war ein brennender Schmerz, so schlimm, dass ich mich krümmte. Aber das war nicht nur der Schmerz der Zurückweisung, den ich schon so gut kannte. Es war auch der Trennungsschmerz, die Loslösung von ihm, die schon bei Daniela begonnen hatte. Er beschleunigte diesen Prozess, indem er die letzten zwei Tage allein auf Tour ging.

Wir kehrten nach München zurück und waren kein Paar mehr.

Merke: Eine Reise ist die beste Gelegenheit, herauszufinden, ob der Partner ein Nähephobiker ist – 24 Stunden am Tag zusammen, da offenbart sich sein Problem in voller Pracht.

Es dauerte trotzdem noch sehr lange, bis ich ihn überwunden hatte. Jemand wie Fred reißt ein riesiges Loch ins Innere, das lange nicht heilt. Vielleicht kommt das auch durch das Vakuum, was er erzeugt hat, die große unerfüllte Sehnsucht, die vielen unrealisierten Pläne, die man zusammen hatte ... Wer eine Beziehung bis zur Neige auskosten durfte, kann viel besser damit abschließen als mit etwas, was noch so viel Potenzial hatte. »Wir hätten so glücklich sein können, wenn ...« Wenn.

DocBeatrice kommentiert:

Unglaubliche 69 Prozent aller Männer haben Angst vor allzu großer Nähe. Sie wollen tun und lassen können, wonach ihnen der Sinn steht, sich nicht unterordnen oder einschränken und sich ungern festlegen – könnte ja noch was Besseres kommen. Die meisten sind trotzdem bereit, über ihren Schatten zu springen, wenn sie verliebt sind. Der Haken an einem Bindungsunfähigen ist, dass er trotz Verliebtheit nicht in der Lage ist, sich wirklich auf seine Freundin einzulassen.

Fred hat unbewusst Angst, dass Julia, sobald er sich zu sehr auf sie einließe, die Oberhand über ihn gewinnen könnte. Die Macht, ihn zu verletzen, zu verlassen, über sein Leben zu bestimmen, über sein Wesen, sein Denken. Und sicherlich sind ihm Beziehungen auch aus anderen Gründen nicht geheuer.

Die tieferen Ursachen von Bindungs- und Nähephobie sind vielfältig. Zum Beispiel, dass man in der Kindheit mit Zuneigung, Nähe oder Kontrolle erdrückt wurde (meist von der Mutter). Oder dass man damals den Verlust einer geliebten Person erlitt und diese schmerzhafte Erfahrung nicht noch mal machen möchte. Oder dass man echte Nähe und funktionierende Bindungen nie kennen gelernt hat und einem diese, da nicht vertraut, Angst machen. Oder dass die Eltern eine Art von Partnerschaft hatten, die man um keinen Preis erleben will; und sobald eine der eigenen Beziehungen enger wird, kommt unterschwellig die Vision auf, dass sie sich so entwickeln könnte wie die der Eltern, also schiebt man frühzeitig einen Riegel vor. Dazu kommt oft die Angst, sich auszuliefern. Sich dem andern zu öffnen mit all seinen Schwächen, auf die Gefahr hin, auf Ablehnung zu stoßen. Vor allem wenn man Eigenschaften und Geheimnisse hat, die man für wenig liebenswert hält.

Die Betroffenen stehen im ständigen Zwiespalt zwischen Sehnsucht nach Nähe und der Vermeidung von Nähe, sind sich ihrer Bindungsängste jedoch selten bewusst. Diese äußern sich eher in den Strategien, mit denen sie den Zwiespalt zu lösen suchen. Zum Beispiel: überhöhte Ansprüche stellen, in Arbeit oder Hobby flüchten, stets »keine Zeit« haben, nur nach Liebesobjekten trachten, die nicht zu haben sind (sie weisen ihn ab, sind gebunden oder wohnen weit weg) oder bei denen das Ende vorprogrammiert ist. Nur Kurzbeziehungen und flüchtige Abenteuer eingehen – sobald es enger wird, macht man irgend etwas, um die Kiste zu sprengen; beliebt ist etwa, am Partner plötzlich gravierende Mängel festzustellen oder ihn durch liebeskillendes Verhalten zur Verzweiflung zu treiben.

Was auch immer Fred dazu treibt, Julia immer wieder wegzudrücken: Er kann sein Bedürfnis nach Abstand nicht ausreichend kommunizieren. Und sie ist so zwanghaft damit beschäftigt, wieder mehr Nähe herzustellen und ja nichts zu tun, was ihn in die Flucht treibt, dass sie völlig aus dem Blick verloren hat, was sie eigentlich will: eine gute, erfüllte Beziehung, Nähe, Vertrauen, Miteinander. Das wird sie von Fred nie wirklich kriegen. Er braucht einen gewissen Sicherheitsabstand, der für sie immer zu groß sein wird um bei ihm glücklich und geborgen zu sein.

Überhaupt neigen Frauen dazu, sich so sehr mit dem Verbessern oder Halten der Beziehung zu beschäftigen, dass sie darüber ihre wichtigsten Bedürfnisse vergessen. Deshalb sollte frau sich immer wieder fragen: Was brauche *ich*, um mich gut zu fühlen?

6. MR. PERFECT – DER NEUROTIKER

Afterwork-Partys in großstädtischen Yuppie-Bars sind perfekte Orte, um attraktive, erfolgreiche, neurotische Menschen kennen zu lernen. Leider sieht man ihnen selten an, dass sie neurotisch oder sonst wie gestört sind. Man könnte es vielleicht ein wenig am Blick erahnen, wenn man bereits einschlägige Erfahrungen hätte. Und wenn das Licht nicht so schummerig wäre.

Ich sah nur, dass der Dunkelhaarige, den meine Kollegin Hanna mir gerade vorstellte, niedliche Grübchen, ein stilvolles Outfit, eine freche Frisur und eine knackige Figur hatte. Aber die Optik war es nicht alleine. Auch nicht, dass wir uns auf Anhieb prächtig unterhielten und er mich anflirtete. Mir gefiel seine Lebendigkeit. Er köderte mich, indem er verkündete: »Meine drei größten Wünsche sind: Surfen lernen. Spanisch lernen. Reisen, reisen, reisen.«

Ich beeilte mich zu betonen, dass ich surfe, Ski laufe, skate, jogge, wandere, Rad fahre, viel verreise und für tausenderlei Aktivitäten zu haben bin. Er war begeistert und sprudelte über vor Ideen, was wir alles unternehmen könnten. Das erinnerte mich an Fred, über den ich vielleicht noch nicht ganz hinweg war (unsere Trennung lag knapp zehn Monate zurück), oder zumindest gab es da noch viele unerfüllte Pläne. Neues Jahr, neues Glück?

Gleich am nächsten Tag waren wir verabredet. Norbert kam über eine halbe Stunde verspätet, aber sah schon wieder entzückend aus, tipptopp gekleidet mit Schick und Geschmack. Wir gingen zu seinem Lieblings-Japaner, wo sich herausstellte, dass da bereits vier Freunde auf ihn warteten, zwei Pärchen, um's genau zu sagen. Mir war es fast ein bisschen peinlich, als Norberts Begleitung aufzutauchen, wo ich ihn doch kaum kannte. Er hingegen benahm sich, als wären wir bereits zusammen, hielt während des Essens fast besitzergreifend meine Hand. Einerseits rührte es mich, andererseits ging mir das eigentlich zu schnell, aber ich ließ ihn gewähren, da ich ihn vor seinen Freunden nicht vor den Kopf stoßen wollte.

Er war der perfekte Gastgeber und wir hatten einen rundum gelungenen Abend.

Als er mich zu Hause ablud und ich ihm den Kopf zuwandte für den üblichen Abschiedskuss links und rechts des Mundes, schoss er auf meine Lippen zu wie ein Raubvogel und verpasste mir eine zappelige Zunge. Ich schob's auf den Alkohol und floh. Aber freute mich darauf, am Sonntag etwas mit ihm zu unternehmen.

Norbert und ich waren zu einem ausgedehnten Winterspaziergang verabredet. Er kam gerade aus der Kirche: Anzug, langer Mantel, feine Schuhe – die Sonntagskleidung anständiger Gottesfürchtiger eben.

Er ging jeden Sonntag in die Kirche. In meinem riesigen Bekanntenkreis war kein einziger, der das tat. Norbert kam aus einem erzkatholischen bayrischen Dorf, da gehörte sich das eben.

Statt meinem Vorschlag zu folgen, an der Isar lang zu gehen, wollte er unbedingt in den Nymphenburger Park. Nur leider gab es dort, wo er üblicherweise parkte, keinen Platz; er stellte den Wagen ein Stück weiter weg und wir fanden den Zugang zum Park nicht. Wir taperten an einer wenig beschaulichen Straße lang, er wurde sichtlich nervös. Seine Augen gingen unruhig hin und her, sein Schritt wurde schneller, sein Atem kürzer. Ich schlug vor zurück zum Auto zu gehen und ein Stück weiter unten zu parken, was er mit sichtlicher Erleichterung aufnahm.

Ein kleiner See im Park war dick zugefroren, ein paar Leute schlitterten darauf herum. Eine gute Gelegenheit, Hand in Hand mit dem Süßen dahinzugleiten, oder so was in der Art. Ich ergriff seine Hand und wollte ihn aufs Eis ziehen; er wehrte sich wie ein bockiges Kind und gab ein schrilles »Näähh!« von sich. Ich lachte und versuchte ihn zu überreden – keine Chance. Sein panisches Blöken war kein Spaß gewesen.

Nach dem Spaziergang hatten wir Hunger und einigten uns auf ein indisches Lokal. Im Gegensatz zum Japaner neulich, wo er wenig und sehr sorgfältig gegessen hatte, verputzte er jetzt im Nu eine Vorspeise und ein Hauptgericht und sah mich dabei kaum an. Während ich noch mit meinem Essen beschäftigt war, verschwand er ewig auf der Toilette. Was machte er da?

Und dann hatte er's eilig, nach Hause zu kommen. Er habe noch einiges zu erledigen. Gut.

Abends rief er an und sagte, er fühle sich gerade so allein. Ich fragte mich, wieso er dann nicht gleich mit mir zusammen geblieben war. Wir plauderten eine Weile, am Ende fragte ich: »Sehen wir uns demnächst?«

»Ich hab zur Zeit viel zu tun, ich ruf dich an.«

Ich dachte zuerst, hm, war's das schon? Hanna wusste leider auch nichts über ihn, sie kannte ihn nur flüchtig. Aber drei Tage später schellte das Telefon.

»Hallo, hier ist Norbert. Gehst du auch im Winter joggen?«

»Wenn's warm genug ist, ja.«

»Morgen soll's ja noch wärmer werden als heute. Holst du mich ab und wir gehen im Englischen Garten laufen?«

»Okay.«

Ich kam zu ihm in der Annahme, wir würden gleich loslaufen, aber er musste erst noch seine Arbeitsmaterialien wegräumen und ließ mich einfach warten. Dabei sah die Wohnung jetzt schon perfekt aus: mit Sorgfalt und Geschmack eingerichtet und seeeehr aufgeräumt, fast schon unbewohnt – wie aus einem edlen Einrichtungskatalog. Ein paar Leitzordner und Papiere konnte die schon vertragen. Ich sagte, »das kannst du doch auch nachher machen, oder?« Immerhin wollten wir ja nur eine Stunde joggen gehen, danach wäre ich wieder weg, weil ich einen Termin hatte. Da blaffte er stirnrunzelnd und nicht ohne Schärfe: »Mach keinen Stress, du bist immer so hektisch!« Häh?, dachte ich. Ich bin also hektisch. Norbert findet mich nicht toll, weil ich hektisch bin. Also doch kein Verehrer. Scheiße. Aber Moment mal. Wieso eigentlich »immer«? Ich erwiderte: »Du kennst mich doch gar nicht. Wann war ich, bitte schön, hektisch?« »Äh«, stieß er hervor, »ah ja. Auf jeden Fall machst du *jetzt* Hektik.«

Beim Laufen machte *er* den Hektiker, raste, als ob er verfolgt würde, mit hochrotem Kopf, das Gesicht verzerrt vor lauter Anstrengung. Da ich nicht mithalten konnte, rannte er immer ein Stück voraus und kam dann zurück, umkreiste mich einmal und lief wieder weg. So hatte ich mir unser gemeinsames Joggen eigentlich nicht vorgestellt, aber er sagte, er müsse ein bestimmtes Level erreichen. Ich fand, er könnte ja eine Ausnahme machen, wenn er mit einer neuen Süßen laufen ging, aber das behielt ich für mich. Ich wollte mir nicht noch einen zweiten Rüffel einkassieren und ihn auch nicht zu etwas drängen, sondern ihn so nehmen, wie er war. Ansonsten war er ja reizend.

Nach vollbrachtem Lauf wischte er sich sorgfältig Gesicht und Hals ab und gab mir ein Küsschen mit spitzen Lippen. »Mehr gibt's nicht?«, fragte ich keck. Er zog den Mund zu einem Lächeln, die Augen lächelten nicht. »Ähm. Das nächste Mal. Ich ruf dich an.«

»Hallo, hier ist Norbert. Wollen wir was zusammen kochen?«

»Gern.«

»Magst du zu mir kommen? Da fühl ich mich heimischer.«

»Abgemacht.«

Was mich beeindruckte: Er legte Wert auf gesunde und wertvolle Lebensmittel. In seiner Küche gab es frisches Gemüse, verschiedene Salat- und Obstsorten, Vollkornbrot und -nudeln, feine Öle, diverse Essigsorten, frische Kräuter, Brotaufstrich mit Tofu ... Er kannte sich auch sehr genau aus mit Ernährung und Diäten, da hatte er mir beim Spazieren schon wahre Vorträge gehalten.

Wir machten Hühnerfilet mit Gemüse-Tomatensoße (»gesund und kalorienarm«), er war der Chef, ich die Assistentin. Beim Kochen räumte er immer gleich alles weg, was wir nicht mehr brauchten, spülte das Geschirr mit Wasser ab, stellte es fein säuberlich in die Spülmaschine. Als ich den Teller, auf dem wir die Tomaten geschnitten hatten, hineinstellte, holte er ihn wieder heraus, hielt ihn unter kaltes Wasser, stellte ihn wieder hinein – aber nicht einfach hinein, so wie ich, sondern exakt hinter den Teller, der da schon stand. Und dann wischte er mit einem Lappen die Spüle und die Armatur ab, sodass kein Tropfen mehr zu sehen war, wrang den Lappen gründlich aus und hängte ihn sorgfältig auf die dafür vorgesehene Leiste über der Spüle.

Unsere Teller durften nicht auf den Tisch, bevor da nicht Tischsets lagen, und während ich noch kaute, räumte er schon sein Geschirr weg und machte den Platz sauber, wo es gestanden hatte. Hm. Nicht gerade gemütlich. Nachdem ich mein Mahl beendet hatte, tat ich es ihm gleich und half ihm die Küche in ihren makellosen Ursprungszustand zurückzuversetzen. Kaum war dies erledigt, drückte er mich gegen den Kühlschrank, küsste mich heftig und schob fiebrige Finger unter mein Shirt. Ein wenig plötzlich das alles, doch sein Begehren entfachte meines ...

»Möchtest du noch ins Bad gehen?«, flüsterte er heiser. Ähm ... na klar, kein Problem. Ein dermaßen reinlicher Mensch erwartete sicherlich auch eine reinliche Gefährtin. Als ich ins Schlafzimmer kam, lag er schon ausgezogen im Bett, seine Kleider hatte er ordentlich über einen Stuhl gehängt. Irgendwie wie im Film. Aber ich ließ mich nicht beirren, denn da wartete im Halbdunkel ein äußerst appetitlicher junger Mann zwischen den schneeweißen Laken. Sein Körper war sehr schlank, fast schon dünn; feste glatte Haut spannte sich über definierte kleine Muskeln und einen harten Waschbrettbauch. Wow, da kriegte ich ja fast Komplexe.

Der Sex war mittelmäßig, zu wenig Leidenschaft, aber nach meiner langen Abstinenz ... besser als gar nichts. Norbert hatte sich ein Kondom zurechtgelegt und ging sehr gewissenhaft damit um, das fand ich gut. Was mir weniger gefiel: Ich suchte Augenkontakt, aber kriegte keinen, und vermisste einen Moment lang schmerzlich das innige Liebemachen mit Fred.

Stattdessen wanderte Norberts Blick mittendrin in Richtung meines Unterleibs und er bemerkte: »Du solltest dich da rasieren.« Wie bitte? Schon beim ersten Mal kritisierte er an meinem Körper herum? Meine Bikinizone war durchaus enthaart und der Rest gestutzt. Aber er meinte wohl eine Totalrasur oder Landebahn. Ich sagte nichts, weil das vielleicht einen Aktabbruch bewirkt hätte, und immerhin schlief er ja mit mir, also störte es ihn wohl nicht allzu sehr.

Danach – also nach seinem Höhepunkt, ich hatte keinen – sprang er prompt aus dem Bett und sagte mit Kinderstimme: »Das Norbertchen is smutzich, muss sich jetz duhßen gehn ...« Sollte das lustig sein? Mir lief's ein bisschen kalt den Rücken runter.

Da ich nicht wusste, was ich davon halten sollte, rief ich anderntags Daniela an. Sie lachte herzhaft über das »smutzich«, fand es jedoch genauso beunruhigend wie die Bad-Fixiertheit meines neuen Liebhabers: »Vielleicht hat der 'nen Waschzwang?«

Über seinen Schamhaar-Kommentar ereiferte sie sich: »Das ist ein ganz schön intimer Eingriff in deine Privatsphäre – selbst wenn du da Wildwuchs hättest. Aber hast du ja nicht mal.«

»Wie soll ich damit umgehen?«

»Falls es noch mal vorkommt, dann frag ihn, was das soll.«

Vor allem beim Telefonieren fiel mir auf, wie schnell und vernuschelt er redete, als müssten die Worte husch, husch heraus, bevor sie ihm entfielen ... Er redete so wie er guckte: nervös, flüchtig. Die Augäpfel huschten hin und her, blieben selten konzentriert auf einem Punkt hängen. Er hatte auch Probleme, anderen richtig in die Augen zu sehen. Mir zumindest.

Doch ich hinterfragte seine Eigenheiten nicht, weil Fred mir so eine Art Gehirnwäsche verpasst hatte: Wahre Liebe besteht in der totalen Akzeptanz des Partners und seiner Eigenheiten; nimm ihn, wie er ist, stell nichts in Frage, versuch nicht dauernd ihn zu analysieren.

Unser nächster Sonntagsspaziergang. Es war kühl, ich sagte: »Ich sollte besser eine Mütze aufsetzen.«

»Mützen stehen dir nicht«, konstatierte er, als sei es ein Naturgesetz. Ich zog sie trotzdem aus der Tasche und setzte sie auf. Er sagte: »Ich kann nicht hinschauen.« Ich dachte, es war ironisch gemeint, aber er sah mich die ganze Zeit nicht an, nein, er hatte den Blick fast zwanghaft zu Boden gerichtet, als ginge ein böser Zauber von mir aus oder als könnte ihn ein Schmerz durchfahren, wenn er einen Blick von mir mit der Mütze erhaschte.

An ihm war immer alles picobello: seine Kleidung (sehr modisch, sehr gepflegt, sehr sauber), seine Frisur (jedes Haar saß), sein Mini-Bärtchen am Kinn (mit dem Millimetermaß getrimmt), seine Wohnung. Die war ja wirklich schön, aber irgendwie auch ... *zu* sauber, *zu* ordentlich. Geradezu klinisch. Ich habe noch nie bei einem Mann ein solches Bad, eine solche Küche gesehen. Meister Proper. Überall glänzte und blitzte es, kein Stäubchen, und alles war an seinem Platz. Die Anordnung der Küchenwerkzeuge, der Badeinrichtung, der Bilder an den Wänden, der Sachen in der Vitrine, der Teppiche und Möbel: wie mit dem Maßband abgemessen – akkurat, symmetrisch.

Selbst sein Körper war von Kopf bis Fuß getrimmt: kein Gramm Fett zu viel, feste Muskeln, Behaarung nur an Beinen und Unterarmen. Dazu eine zarte Bräune (Solarium), nicht zu viel, nicht zu wenig. Er roch nie nach Schweiß oder anderen Körperausdünstungen. Eher zu stark nach Duftwässern.

Ich nahm zwei kleine Skulpturen aus seiner Vitrine in die Hand, stellte sie wieder hinein und bemerkte, wie er nervös herschaute.

Ich sah mir seine CDs an und dachte: Mal sehen, was passiert, wenn ich welche aus dem Rack nehme ... Ich suchte ein paar Scheiben heraus, betrachtete die Hülle, stellte sie wieder hinein. Wie erwartet sprang er auf und checkte, ob ich sie an den richtigen Fleck zurückgetan hatte – was er damit zu überspielen versuchte, dass er über seine Liebe zur Musik referierte.

Er besaß eine riesige CD-Sammlung, alphabetisch geordnet (»ich hatte sie auch schon nach dem Erscheinungsdatum und dann nach Stilrichtungen geordnet, aber das wurde zu kompliziert«). Er wollte mich unbedingt für seine Musik begeistern, nötigte mich still auf dem Sofa zu sitzen mit geschlossenen Augen und mir alles Mögliche anzuhören, was er in seinen Player warf. Fand ich zwar irgendwie rührend, dass er versuchte, mir seine Leidenschaft für bestimmte Stücke und eine klangvolle Anlage zu vermitteln, und spielte eine Dreiviertelstunde mit. Aber dann mochte ich nicht mehr stillsitzen, wir hatten ja eigentlich abgemacht spazieren und dann brunchen zu gehen.

Im Gegensatz zu ihm mit seiner Top-HiFi-Anlage war ich diesbezüglich ja einfacher ausgestattet; als er meine Anlage zum ersten Mal sah, entfuhr es ihm entsetzt: »Wie kann man auf so was Musik hören ...?!« Ich fühlte mich aber nicht angegriffen; er hatte eben verwöhnte Ohren. Daniela allerdings, der ich's am Telefon erzählte, regte sich drüber auf. »Ein Yuppie, der an dir rumkritisiert und dich zu Dingen nötigt, die du nicht willst: An wen erinnert uns das?«

»An Egon?«

»Sehr richtig. Und, willst du dir das Programm nochmal reinziehen?«

»Norbert ist anders. Er ist nicht so eine selbstherrliche Dampfwalze wie Egon. Ich spüre, dass er tief drinnen sehr sensibel ist.«

»Na denn, viel Vergnügen.«

Ich war lange nicht mehr aus der Stadt raus gewesen. Ich wollte weg, so bald wie möglich. Ein verlängertes Wochenende würde mir schon reichen. Das käme ihm entgegen, sagte Norbert, ihm gehe es genauso. Theoretisch könne er jederzeit, auch für länger. Er war ja Freiberufler und hatte gerade keinen Auftrag, auch keinen in Aussicht – wäre da nicht *der Berg* gewesen.

»Der Berg«, das war ein riesen Haufen an Belegen, Unterlagen und ungeöffneten Briefen, der sich seit knapp zwei (!) Jahren angesammelt hatte. Das Finanzamt saß ihm im Nacken, nicht nur wegen der Steuererklärung, sondern weil er noch nicht einmal die Umsatzsteuer-Voranmeldungen abgegeben hatte. Trotzdem sah's auf seinem Konto nicht allzu rosig aus: Er hatte nämlich diversen Kunden noch keine Spesenabrechnungen geschickt und einigen noch nicht mal eine Rechnung.

Er sagte ständig, »ich muss dringend meinen Berg in Angriff nehmen«. *Aber*: vorher galt es, ein Ordnungssystem für all die Belege, Briefe, Unterlagen zu erschaffen – sowohl in Leitzordnern als auch im Computer, wo alles aufgelistet und bearbeitet werden sollte. Und das kostete ihn so viel Planung, Zeit und Überwindung, dass er das Angreifen des Berges von Tag zu Tag vor sich herschob.

»Morgen«, wiederholte er mit schöner Regelmäßigkeit, »morgen ist es so weit.« Jedes Mal atmete ich auf. Aber wenn ich ihn am Abend des nächsten Tages anrief, hatte er entweder PC-Probleme gehabt oder musste ein Computerprogramm kaufen und einrichten (»funktioniert nicht!!!«) oder einen neuen Drucker kaufen und installieren (»funktioniert nicht!!!« – seine Stimme kippte dabei über und er wurde fast hysterisch). Oder die Leitz-Ordnung, die er sich ausgedacht hatte, war doch nicht so toll, weil: »Sie muss ja mit dem Ablagesystem im Rechner konform sein«, und das im Rechner, damit musste er ja auch seine Steuer bearbeiten können ...

Er war so besessen davon, das perfekte Ordnungssystem zu entwickeln, dass er das Wesentliche aus den Augen verlor. Ich bot ihm an vorbeizukommen und ihm zu helfen. *Nein!* Genau das wollte er ja nicht. Er sagte: »Ist lieb von dir, aber ich muss das allein machen, weil das System ja ziemlich kompliziert ist.«

Ich dachte tagelang drüber nach, was ich tun konnte, damit er mit seinem Berg fertig wurde, denn ich spürte, wie sehr es ihn belastete. »Mensch«, stöhnte er, »ich brauch wirklich einen kleinen Urlaub. Ich werde wenigstens das Gröbste wegarbeiten, da rechne ich mit ein paar Wochen Vollgas-Ackern, und dann kann ich absehen, ob ich's mir erlauben kann wegzufahren.«

Ich erwiderte: »Jetzt hast du's schon zwei Jahre vor dir hergeschoben, dann kann es doch sicher noch ein, zwei Wochen warten.« Ich hatte ein Spitzenangebot für einen klasse Ägyptenurlaub und hätte mich wirklich gefreut, wenn er wenigstens eine Woche mitgekommen wäre. Zumal es ihm gut getan hätte, etwas Abstand zu dem Stress zu gewinnen, den er sich selber machte. »Sieben oder zehn Tage«, sagte er, »könnte ich mir schon vorstellen.« Ich holte also feste Angebote ein, telefonierte mit der Surfstation in Ägypten, fragte nach Material und Preisen, kündigte uns schon mal an ...

Als ich ihm das alles mitteilte, wollte er doch nicht. Der Berg.

Überhaupt. Wo waren all seine und unsere Pläne für Ausflüge und Unternehmungen geblieben? Er traf sich zwar immerhin alle drei Tage mit mir, zum Laufen, zum Sonntagsspaziergang, zum Essen. Aber wir gingen zu den immergleichen Orten: Laufen im Englischen Garten, Spazieren im Nymphenburger Park, Essen bei diesem Japaner, wo wir zum ersten Date gewesen waren. Es waren nur kurze Treffen zwischendurch, denn er hatte wenig Zeit: der Berg. Kein Sex also, aber darauf war ich nun auch nicht übermäßig scharf, denn: der Busch. Der war immer noch dran.

Deshalb sagte ich ihm, als er eines Abends anrief und fragte, ob er vorbeikommen könne, ich sei schon ziemlich müde. Ich war tatsächlich sehr erschöpft wegen eines stressigen Projektes in der Agentur. »Ich möchte eigentlich so bald wie möglich ins Bett und einfach nur Kuscheln und mit dir zusammen einschlafen.« »Klingt gut«, meinte er, »ich bin halb zehn da«. Aber leider kam er erst um halb elf und schien noch nicht müde zu sein ...

Er hatte eine kleine Reisetasche dabei, mit frischen Klamotten, einem Schlafshirt, einem Kulturbeutel (»Kosmetikkoffer« wäre das treffendere Wort!), einem großen und einem kleinen Handtuch (befürchtete er, ich hätte keine sauberen da?) und ... zwei Büchern (?). Ich wunderte mich nur, dass er nicht auch noch Bettwäsche dabei hatte.

Die Sachen fürs Bad legte er gleich dort zurecht und verzog das Gesicht: »Die Dusche sollte mal renoviert werden. Uhhh, die ist ja echt oll.«

Die Bücher und sich selbst platzierte er auf dem Sofa, während ich Wein holte, obwohl ich eigentlich nichts als ins Bett wollte. »Meine Lieblingsbücher«, sagte er. Er hatte seine Lieblingsstellen mit Post-Its markiert und las sie mir vor und las und las ... Ich gab mir alle Mühe mich drauf einzulassen und auch auf das, was Norbert vielleicht damit ausdrücken wollte, aber es trat keinerlei Aha-Erlebnis ein. Stattdessen entwickelte ich einen kleinen Unmut, dass er mich nicht mit Zärtlichkeiten bombardierte, sondern mit seiner hektischen, nasalen, etwas eintönigen Stimme.

»Lass uns ins Bett gehen und dort weiterlesen«, schlug ich vor. Er war einverstanden, wollte sich aber vorher noch bettfertig machen. Zähne putzen und so. Okay. Ich fragte mich nur, was »und so« war: Er blieb ein halbes Jahrhundert im Bad.

Ich schmiegte mich an ihn und streichelte ihn. Er schien es zu genießen, aber erwiderte es nicht, sondern las tatsächlich noch weiter vor. »Ich bin todmüde«, sagte ich, »lass uns ein andermal weiterlesen.« Er klappte das Buch zu, küsste mich auf die Stirn und löschte das Lämpchen auf seiner Seite. Ich griff mir die Ringelblumensalbe auf dem Nachtkästchen und cremte mir die Hände ein. »Öh, was ist das für ein schrecklicher Geruch? Das halt ich ja gar nicht aus!«, blökte er mit so übertriebener Schärfe und Entsetzen (der Tonfall! die Stimme!), dass ich aufstand und sie mir wieder abwusch. Dieser Mensch hatte irgendwie einen Knall.

Morgens beim Frühstück holte er abgelaufene Fernsehzeitungen aus meinem Altpapier, blätterte hastig darin herum, las mir uninteressante Fragmente vor, kommentierte dies und das (»Ally McBeal, ja, die find ich klasse ... hat auch 'ne gute Figur«). Als wäre es ihm unangenehm, auch nur einen Moment dazusitzen und zu schweigen. Ich selbst habe nichts dagegen, wenn's morgens etwas ruhiger zugeht, ich fühle mich auch ohne ständiges Geplappere wohl. Ich ließ ihn plappern und redete nicht viel.

Mir fiel erneut auf, dass er vieles, was ich sagte, wiederholte: ein-, zwei-, sogar dreimal, als hätte er Angst, es könnte ihm entgleiten in dem Chaos, das er im Kopf hatte. Ich sagte: »Ich sehe sehr wenig fern.« Er: »Ah ... du siehst sehr wenig fern. Ah ja ... sehr wenig fern.«

Das hatte ich schon auf unserem letzten Spaziergang merkwürdig gefunden. Manchmal fragte er sogar noch nach, wenn es völlig belanglose Dinge waren. »Der Weg geht bis nach Garching? Aaah ja ... ... bis nach Garching, mhm«, und zwei Minuten später: »Der geht also bis Garching, ja?«

»Hey Daniela, ich bin's.«

»Hey, was macht das Leben jenseits des Weißwurscht-Äquators? Wie läuft's mit deinem Neuen?«

»Genau deswegen ruf ich an. Ich glaub, der hat 'ne Meise!«

»Sag ich doch schon lange.«

Ich erzählte ihr die neuesten Vorkommnisse, sie gluckste.

»Was ich auch komisch an ihm finde, ist, dass er ganz oft direkt nach dem Essen auf Toilette verschwindet.«

»Vor allem, wenn er zu viel oder was Fettiges oder was Verbotenes gegessen hat, häh?«

»Lass mal nachdenken ... ja ... kann schon sein. Und was Süßes oder etwas mit, wie er sagt, ›schlechten Kohlehydraten‹.«

»Oh je«, sagt sie, »der hat eine Essstörung. Klingt nach Bulimie. Riecht sein Bad oft nach WC-Frisch oder Raumspray, benutzt er Mundspray?«

»Ja.«

»Alles klar.«

»Er redet ja ziemlich viel übers Essen beziehungsweise Nicht-Essen. Und er ist stolz auf seinen Waschbrettbauch. Er sagt, er hat einen Körperfettanteil von zehneinhalb Prozent.«

»Junge, Junge, das ist wenig.«

»Und weißt du noch was? Ich hab in seinem Bad, als ich einen Waschlappen gesucht hab, ein Klistier gefunden.«

»Ein was?«

»Ein Klistier. Das ist ein Gerät mit einem Schlauch, mit dem man sich selbst Darmeinläufe verpassen kann.«

»Ach du Scheiße.«

Nach einer Schrecksekunde fragte sie mich, warum ich Norbert nicht abschoss. Ich erwiderte: »Jeder Mensch hat seine Macken. Die muss ich akzeptieren, sonst kriege ich nie was Längeres zustande.«

»Auch Macken haben ihre Grenzen. Eine Macke wie Bierdeckel-Sammeln oder Sackkratzen kann man vielleicht akzeptieren. Aber es gibt Macken, die beziehungsinkompatibel sind. Die dafür sorgen, dass du mit dem Kerl nie glücklich werden wirst. Und Norbert hat so eine.«

Mal wieder ein Abend bei ihm. Ich hing meine Jacke an den falschen Haken, legte den Rucksack an die falsche Stelle (»eine Stolperfalle«, monierte er), deckte den Tisch mit den falschen Tellern. Und außerdem saß er normalerweise an einem anderen Platz. Ich war brav und machte alles nach seiner Fasson. His home is his castle.

Während er beim Essen vor sich hin palaverte, grübelte ich.

Er verbesserte an mir herum, beziehungsweise wollte mir vorschreiben, wie ich was zu machen hatte. Meine Dusche. Die Mütze. Meine angebliche Hektik. Meine HiFi-Anlage. Mein Busch. Dass ich auch mal »Ungesundes« aß. Und so weiter. Seine Kritik entsprang weniger einer Arroganz wie bei Egon, der mich zu einem

Repräsentationsobjekt ummodeln wollte: Vielmehr machte es Norbert kirre, sobald ich seinen Vorstellungen und Eigenheiten nicht entsprach. Er war ein Gefangener seiner Gewohnheiten, seiner Ansprüche, seiner Ticks.

Wir lagen im Bett, hatten lauwarmen Sex. Mich irritierte, dass er mich nicht ansah dabei. Er hatte es ohnehin am liebsten dunkel. Damit er nicht so sehr mitbekam, was er da Schmutziges trieb?

Sofort danach das gleiche Spiel wie neulich: Er spurtete unter die Dusche. Oh Gott. Vor Fred hatte ich einen gehabt, dessen Mutter mit im Bett war, jetzt hatte ich einen, dem seine Mutter oder wer auch immer eingebläut hatte, dass Sex schmutzig ist.

Und schon wieder diese helle Quäkstimme: »Dass Norbertchen iss jetz müüde!«

»Sag mal ... warum redest du eigentlich in dieser Babysprache?«

»Babysprache?«

»Ja. ›Dass Norbertchen iss jetz müüde!‹ Warum redest du so?«

»Ähm. Nur so. Zum Spaß.« Er sah mich an, als wäre Babysprache absolut angesagt, nur mir erschlösse sich nicht deren Originalität. Deshalb sparte ich mir die Frage, warum er postkoital immer sofort duschen musste. Ich lächelte nur und kuschelte mich an ihn um zu schlafen.

Mitten in der Nacht erwachte ich, weil er mit einem ziemlich irren Gesichtsausdruck auf und ab marschierte. »Jesus, was ist los?«, fragte ich. »Du bist schwitzig«, stieß er hervor.

»Äh ... was?« Ich war sofort hellwach.

»Du schwitzt! Das ist eklig! Ich kann nicht schlafen!«

»Okay, ich gehe.«

Norbert hielt mich nicht auf. Während ich mich ankleidete, bezog er das Bett neu.

Vieles an Norbert wurde mir erst später klar. Ich weiß nicht, was er Schreckliches in seiner Kindheit erlebt hat. Er redete nicht darüber, genauso wenig wie über seine Eltern, zu denen er kaum noch Kontakt zu haben schien. Ich weiß nur, dass er alle möglichen Rituale hatte, die ihn viel Zeit kosteten. Deshalb kam er so oft zu spät und das war auch ein Grund, warum er seinen »Berg« nicht wegkriegte.

Eines seiner Rituale war eine Art Wasch- oder Sauberkeitszwang. Möglicherweise befürchtete er, dass etwas Schmutziges an oder in seinen Körper gelangte. Dazu passte auch der Tick mit dem gesunden Essen und dass er sich nichts »Schlechtes« einverleiben durfte. Sobald er sich doch einmal hatte hinreißen lassen, wurde er es auf dem Wege wieder los, wie es hineingekommen war, oder er benutzte das Klistier.

Die Ess-Kontrolle hatte noch einen weiteren Vorteil: dass er einen perfekt schlanken, fettfreien Körper besaß. »Perfekt« war überhaupt das Zauberwort. Sagte auch Daniela, nachdem ich ihr alles erzählt hatte. »Der hat riesige Ansprüche an sich selbst und andere. Und nicht nur das: Sein Perfektionismus ist auch noch verbunden mit verschiedenen Zwängen – das, was du Rituale oder Ticks nennst.«

»Wie kommt so was?«

»Ich glaube, Zwanghaften geht es oft darum, bei allen Leuten einen möglichst guten Eindruck zu erwecken, und zwar in den Punkten, die ihnen wichtig erscheinen: äußeres Erscheinungsbild, Geruch, Wohnung, Haushalt, Sauberkeit, Bildung, Umgangsformen ... Sie glauben, sie würden nicht akzeptiert beziehungsweise gemocht, wenn sie nicht die – vermeintlichen – Ansprüche der anderen erfüllen. Aber gerade dieser Übereifer führt oft dazu, dass sie andere vor den Kopf stoßen oder verärgern.«

»Ja, genau. Norbert wollte mir mit der Buchvorleserei zeigen, dass er mir intellektuell durchaus etwas zu bieten hat. Und hat dabei vergessen, dass ich eigentlich was ganz anderes wollte. Oder er hat sich arg verspätet, weil er sich und seine Wohnung noch stylen musste. Oder er ist nicht mit mir verreist, weil er das perfekte Ordnungssystem für seinen Berg entwickeln musste.«

»Das mit dem Berg hat auch mit Kontrolle zu tun. Bei Norbert dreht sich viel um Kontrolle. Er will alles hundertprozentig im Griff haben und wird nervös, wenn etwas seine Ordnung stört. Ich glaube, er hat Angst vor dem Leben, Angst, dass etwas Unerwartetes passiert. Und er hat etwas von einem Autisten: Der ist so in seinen Bahnen gefangen, dass er den anderen oft gar nicht richtig wahrnimmt.«

Eigentlich sollte man Mitleid mit Norbert haben; aber ich hatte keines, denn er vermittelte einem, dass man verbesserungsbedürftig war und er selber die Norm. Er wäre nie auf die Idee gekommen, dass er einer Therapie bedürfte. Vorher hätte er alle Menschen in seiner Umgebung für verrückt erklärt.

Und ich – ich war eher ein Störfaktor in seinem Leben. Nachdem ich seine Wohnungstür hinter mir geschlossen hatte, brach der Kontakt einfach ab.

DocBeatrice kommentiert:

Auf der einen Seite haben wir hier einen Neurotiker par excellence: Neben Narzissmus und Kontrollsucht zeigt Norbert vor allem die Merkmale einer »zwanghaften Persönlichkeitsstörung«: Pedanterie, Übervorsichtigkeit, Perfektionismus; das Festhalten an Prinzipien und Normen, die ihm wichtiger sind als zwischenmenschliche Beziehungen und Lebensgenuss; seine starre Haltung zu vielen Dingen, seine Angst vor Veränderung, die ihn konservativ, dogmatisch, systematisch werden lässt. Er unterliegt vielerlei Ängsten, die er durch Rituale und Kontrollmethoden zu binden versucht, zum Beispiel Wasch-, Erinnerungs-, Ordnungs- und Grübelzwang.

Gerade das, was ihn anfangs so attraktiv für Julia macht – die sorgfältig gestylte Oberfläche – entpuppt sich bald als Teil seiner Macke. Vermutlich hatten früher seine Eltern riesige Ansprüche an ihn, bestraften ihn für sämtliche Mängel, Schwächen, Fehler und vermittelten ihm: Nur wer perfekt ist, ist liebenswert. Das lebt er noch heute und überträgt es auch auf seine Partnerin. So lieblos und bewertend er sie behandelt hat, behandelt er sich wohl auch selbst. Und da niemand perfekt ist, kann er weder Julia noch sonst wen lieben. Deshalb ist ein solcher Mensch in der Tiefe immer allein und auf einer verzweifelten, endlosen Suche.

Auf der anderen Seite ist da Julia, die sich blenden lässt von Norberts hübscher Fassade und seinen verlockenden Ankündigungen. Denn mit unserer Menschenkenntnis ist es oft nicht weit her – das bestätigt auch der Hamburger Psychologe Oskar Holzberg: »Wir neigen dazu, das zu sehen, was wir sehen möchten, und das zu glauben, was wir glauben wollen ...«

Dominierend in unserer Einschätzung eines Menschen ist oft der erste Eindruck. Dabei sammeln wir vor allem die Informationen, die uns angenehm sind, und achten eher auf das, was wir an uns selbst schätzen oder gern hätten. »Das ist bequemer, als Menschen in ihren unterschiedlichen Nuancen wahrzunehmen.« Außerdem kann man auf diese Art jemanden besser zum Liebesobjekt stilisieren ...

Und als Julia Norberts Eigenarten nach und nach mitbekommt, tut sie nie ihr Befremden kund – selbst wenn er sie vor den Kopf stößt. »Es ist ein sehr verbreitetes Missverständnis bei Frauen, dass man sich aus Liebe zurückhalten muss und dem anderen etwas ersparen muss – damit meine ich vor allem Kritik, Ärger, Einwände, eigene Bedürfnisse oder einfach nur ihre ehrliche Meinung«, sagt der Berliner Familientherapeut Marc Rackelmann. »Die meisten Frauen nehmen die Defizite oder Warnsignale ja durchaus wahr, machen aber zweierlei Fehler: Entweder sie denken, ich sage lieber nicht allzu viel, sonst verärgere ich ihn, ich muss nur tolerant genug sein, ich werde schon damit klarkommen. Oder sie denken: Ich werde ihn schon noch ändern, beziehungsweise er wird sich mir zuliebe ändern. Ich muss nur genug Druck machen oder stark genug lieben, erraten, was er will, und geduldig sein, dann wird er sich schon in meine Richtung bewegen und wir werden (wieder) glücklich.«

Dass das fast nie funktioniert, wissen wir eigentlich alle.

7. SCHÖN UND BIESTIG – DER KOTZBROCKEN

Der Mann ist zu schön um wahr zu sein, dachte ich, als ich Kurt bei einem Essen mit Freunden kennen lernte. Ein großer Model-Typ mit blitzenden Augen, strahlendem Lachen, weichen geschwungenen Lippen, Zähnen wie Perlen ... Obacht!, sprach ich zu mir selbst, sieh zu, dass du nicht anfängst zu speicheln – das ist nicht sehr kleidsam. Als mein Hirn wieder halbwegs seine Tätigkeit aufnahm, erinnerte ich mich daran, dass ich mich nach Norbert nicht mehr von allzu attraktivem Äußeren blenden lassen wollte; andererseits ... Kurt war keineswegs gestylt und glatt, sondern wirkte natürlich und gesund, was seine positive Ausstrahlung noch verstärkte. Er war 35, sah jedoch viel jünger aus.

Da ich mir keinerlei Chancen ausrechnete, war ich überrascht, dass er sich fast ausschließlich mir widmete. Wir begeisterten uns beide für Sport, frühes Aufstehen, Reisen, Wochenend-Trips und lange Spaziergänge (ein Mann, der gern spazieren geht! unfassbar!). Ich war ganz hin und weg. Einen Haken gab es jedoch: Er wohnte in Berlin. Aber da ich ohnehin über kurz oder lang wieder dorthin wollte ...

Er verbrachte gerade ein paar Tage in München. Blöderweise hatte ich ausgerechnet jetzt einen Vier-Tage-Skiurlaub in Österreich vor mir – Abfahrt morgen früh. Ich fragte Kurt spontan, ob er nicht mitkommen wolle. Er meinte: »Würde ich sofort, wenn ich nicht übermorgen wieder arbeiten müsste.«

Wieder zurück, meldete ich mich bei ihm; ab da telefonierten wir häufig und beschlossen schließlich zusammen über Ostern Ski zu fahren. Ich buchte sofort eine Unterkunft in Ischgl (zwei Einzelzimmer, vorsichtshalber) und Kurt einen Flug nach München. Eine Woche später stand ich klopfenden Herzens auf dem Flughafen um ihn abzuholen.

Wir starteten gleich Richtung Österreich, plauderten, lachten und flirteten auf der ganzen Fahrt. Ich war aufgeregt wie ein Teenager.

Nachdem wir in Ischgl unsere schönen Zimmer bezogen hatten, erkundeten wir zu Fuß den Ort und die Umgebung, bis es dunkel wurde. Kurt ließ sich bereitwillig ausquetschen über seine letzte und längste Beziehung: fast sechs Jahre, beendet von beiden vor anderthalb Jahren; seine Ex hätte darunter gelitten, dass er sich kaum nach ihr richtete; sie habe sich immer untergeordnet, was ihm einerseits zupass kam, andererseits wurde sie ihm irgendwann langweilig. Das kann dir mit mir nicht passieren, dachte ich.

Die ersten zwei Tage war er bezaubernd, abgesehen von ein paar Kleinigkeiten: Ununterbrochen klagte und stöhnte er über seine unbequemen Skischuhe (was er alle zwei Minuten mit »Bchhhh« untermalte) und jammerte, wie schlapp er sei, weswegen ich nie richtig Gas geben konnte beim Skifahren; obendrein trank er schon mittags Bier auf der Hütte, war danach noch schlapper und jammerte noch mehr. Ich fragte: »Warum trinkst du Bier, wenn es dich noch müder macht?« Aber so weit schien er nicht zu denken, oder daran, dass es mir gegenüber rücksichtsvoller wäre, wenigstens das Bier wegzulassen, wo er mich schon *ohne* Bier so bremste. Kurt gab gern spontanen Impulsen nach, ohne zu bedenken, dass sie auch nachteilig sein könnten.

Spontan war er ebenso darin, Prollsprüche oder politische Statements abzulassen, die unüberlegt und undifferenziert waren. Viele seiner Sprüche bezogen sich aufs Trinken. »Jetzt setz ich mich auf die Hütte und geb's mir bis Unterkante Oberlippe ...!« Ächz! Er erzählte auch von Saufexzessen, als seien es Heldentaten. Mich störte nicht, dass er gern mal über die Stränge schlug, sondern dass er sich damit so aufblähte.

Nichtsdestotrotz, wir kamen uns näher. Schon am ersten Skitag rückten wir im Lift ganz dicht zusammen, am zweiten massierte ich seine Kopfhaut, als er über Schädelweh klagte; er ließ seinen Kopf auf meine Schulter sinken und sagte, er lasse sonst niemanden seine Haare berühren. Wie süß! Wir hatten etwas zu essen mitgenommen und suchten uns ein trockenes Plätzchen für ein Picknick. Hach! So romantisch!

Abends lagen wir auf meinem Bett und sahen fern. Ich musste mich sehr zurückhalten ihn nicht anzufallen. *Er* sollte den Anfang machen.

Am dritten Tag fand unser mittägliches Picknick auf einem Felsplateau in der Sonne statt. Das saß sich recht hart, sodass er mir anbot, mich auf seinen Schoß zu setzen. Ich tat's, er legte die Arme um mich, ich genoss seine Wärme und eine tiefe Freude durchströmte mich.

Nach dem Skifahren gingen wir wie immer essen, verbunden mit einem Spaziergang ins Nachbardorf – Romantik pur!

Später, in meinem Zimmer, massierten wir uns gegenseitig; als ich ihn bearbeitete, ergriff er plötzlich meine Hand, zog mich zu sich heran und küsste mich. Es war zwar nicht elektrisierend, aber angenehm, ebenso wie der Sex.

Es tat fast weh, ihn anzusehen. Egal was er machte, egal in welcher Lage – er war immer schön. Am schönsten war er, wenn er lachte. Da ging die Sonne auf. Und alles war schön an ihm. Ich wollte ihn ständig küssen und berühren. Was ich auch tat. Er ließ es gern geschehen, küsste und knuddelte auch seinerseits viel. Er sagte so süße Sachen wie »Verdammt, ich hab mich verliebt!« und »Was machst du mit mir?«

Trapsch! Da hing ich bereits mittendrin: ein Fuß in der Romantikfalle, der andere in der Schönheitsfalle. Folge: Verklärung. Folge: konsequentes Verdrängen schlechter Vorzeichen.

Zum Beispiel, dass er weiß Gott kein Gentleman war. Unter anderem ließ er mich die ganze Zeit den Rucksack tragen mit unserem Proviant drin. Sogar als wir mehrmals eine schwarze Piste abfuhren und ich ihn bat, wenigstens einmal den Rucksack zu übernehmen, weigerte er sich. Ich bretterte den langen Steilhang trotzdem in einem Stück durch; diesen Ehrgeiz hatte eigentlich *er* geäußert, schaffte es aber nicht – und schwieg mich unten am Lift muffig an.

Je näher wir uns kamen, desto öfter leistete er sich kleine Unfreundlichkeiten und Respektlosigkeiten. Das eine Mal »nervte« ich ihn, als ich zu lange für etwas brauchte, das andere Mal »stresste« ich ihn, weil ich wegen Liftschluss zur Eile anhielt. Er trat mir auf den Ski, ich fiel hin, und statt sich zu entschuldigen, grinste er. Solche Dinge versetzten mir zwar jedes Mal einen Stich, aber ich sagte erst nach einer Weile, »wir müssen aufpassen, dass wir nicht so schnodderig miteinander umgehen«, und das wohl nicht nachdrücklich genug, denn er machte damit weiter, und ich Schaf nahm es hin. Warum, wurde mir erst viel später klar ...

An unserem letzten Abend in Ischgl war er griesgrämig, weil wir nirgends ein gutes Lokal mit moderaten Preisen fanden. Als wir endlich wo saßen, war er doch wieder in Plauderlaune und erzählte, in München würde er immer bei einem bestimmten Imbiss eine Riesenportion Mett mit rohen Zwiebeln essen. Ich sagte, dass ich keinen Mundgeruch schlimmer fände als den von rohen Zwiebeln und mir davon regelrecht schlecht werde. Kurts Gesicht verfinsterte sich und er zischte: »Willst du mir jetzt verbieten Zwiebeln zu essen?!« Wegen dieser aggressiven Unterstellung schoss ich zurück, statt ihn darin zu beruhigen, worum's ihm wohl eigentlich ging: Angst, dass ich ihn deswegen abweisen würde. In dem Moment waren wir nicht Liebende, sondern Gegner. Ich also: »Du würdest mir eher zumuten, dass mir von deiner Zwiebelfahne übel wird, als dass du mir zuliebe darauf verzichtest?«

»Was denn?!«, kläffte er. »Soll ich etwa, wenn ich in München bin, die ganze Zeit peinlichst drauf achten, dass mir ja kein Zwiebelchen in den Mund kommt?!«

»Quatsch. Es geht nur um rohe Zwiebeln in größeren Mengen. Ich selber, wenn ich weiß, dass ich gleich meinen Schatz sehe, verzichte ja auch auf Sachen, die einen schlechten Atem machen, wie Zwiebeln und Knoblauch. Denn ich will ...«

Er unterbrach mich barsch: »Knoblauch also auch noch? Sonst noch was?! Verbiete mir doch gleich das Essen!!«

Ich hätte erwidern können, dass ich von mir gesprochen hatte und nicht von ihm. Aber ich konnte nichts mehr sagen, mir saß ein Kloß im Hals. Da saß ich, schwieg, sah in alle Richtungen, nur nicht in seine und wartete krampfhaft darauf, dass die Rechnung kam und wir gehen konnten, denn der Anblick dieses bösen Gesichts, aus dem alle Zuneigung zu mir verschwunden war, hätte mich sonst noch zum Heulen gebracht.

Schweigend gingen wir zurück, vor unserer Pension fasste er mich am Arm: »Was ist denn los.« Ich erwiderte: »Ich will dich doch nur einschätzen können. Du hast mir ja erzählt, dass du bei deiner Ex immer dein eigenes Ding durchgezogen hast, und ich frage mich, ob das vielleicht eine Eigenart von dir ist.« Da wurde er erst richtig wütend: »Das ist voll scheiße, dass du das, was ich dir anvertraut habe, gegen mich verwendest!« Ich hatte meine liebe Müh und Not, ihm zu erklären, dass ich gar nichts »gegen ihn verwende«, sondern nur versuchte, mir aus den paar Brocken, die ich von ihm wusste, ein Bild zu machen. Dass jeder Mensch sich von seinem Partner ein Bild machen möchte, um zu vermeiden, dass er verletzt wird. Nach etlichen eindringlichen Erklärungen drang die Botschaft endlich zu ihm durch und er war mir wieder gut.

Wir tranken Rotwein in meinem Zimmer, hatten ganz guten Sex, aber diesmal schlief er nicht bei mir, sondern wechselte in sein Zimmer.

Morgens kam er wieder zu mir ins Bett, klammerte sich wie ein verzweifeltes Kind an mich und sagte stockend: »Tut mir leid, dass ich gestern Abend so schlecht drauf war ... und dann konnte ich nicht einschlafen, weil ... ich hab mir Sorgen gemacht, dass du jetzt von mir abgetörnt wärst ...« Ich war zu gerührt um die mitschwingende Botschaft zu erkennen: dass ihm das wahrscheinlich schon öfter passiert war.

Auf der Rückfahrt nach München machten wir einen Zwischenstopp in Garmisch – wunderbar! Sonne, Frühling, ein blühender Ort und mittendrin wir, so verliebt! Arm in Arm durch die Straßen und alle zehn Meter ein Kuss.

Danach kamen wir in einen endlosen Stau. Wir waren beide etwas ermüdet und gereizt und hatten einen weiteren Disput. Eigentlich lächerlich. Wir hatten im Urlaub abgemacht, dass er eine Woche nach Samos mitkäme, wohin ich für Mai eine zweiwöchige Reise gebucht hatte. Ich kündigte leichthin und freudig an, dass wir im Hotel einen guten Koch haben würden, und Kurt ging in die Luft. Er hatte sich vorgestellt, dass wir jeden Abend in einer anderen Taverne äßen, und da er es voller Schärfe sagte, erwiderte ich in ähnlicher Manier: »Ich bin froh über einen anständigen Koch – ich finde, griechisches Essen ist ziemlich oft Mist.« Er ging noch mehr hoch: »Du behauptest also, dass ich gern Mist fresse?« Häh? Ich wusste nicht mal, dass er gern griechisch »frisst«. Leider fallen einem solche Antworten dann nie ein. Man ist viel zu sehr damit beschäftigt, den Angriff abzuwehren.

»Ich finde es oft ungenießbar. Es ist fettig und meistens nicht gerade raffiniert zubereitet.«

Er, verächtlich: »Das kannst du ja wohl kaum verallgemeinern. Du bist keine Einheimische!«

»Ich war schon 21 Mal in Griechenland und fahre immer auch ins Hinterland, aber habe sehr selten wirklich gut gespeist.«

Er maulte, dass er dann ja gar nicht mitzukommen brauche.

Mich erschreckte, dass wir schon am Anfang solche Dissonanzen hatten – und sein Ton mir gegenüber ...! Ich dachte: Ist gut, dass er heute fliegt.

Ich hatte meine Zweifel, ob das mit uns klappen konnte.

Andererseits vermisste ich ihn. Sein schönes Lachen, die Augen, die mich so anstrahlten, seine jungenhafte Art. Ich buchte seine Samos-Woche.

Ich hatte gehofft, dass er fürs nächste Wochenende nach München käme, aber er musste am Samstag arbeiten, und das Wochenende darauf konnte ich nicht. Ich rechnete, wie lang ich ihn jetzt nicht sehen würde. Über zwei Wochen! Wie sollte ich das aushalten?! Wir hatten herrliche Frühlingstage, mich interessierte, wie er so wohnte, ich bekam zwei Tage frei und ein günstiges Zugticket – Kurt, ich komme!

Freitagabend holte er mich vom Bahnhof ab, hatte leckere Sachen eingekauft, wir nahmen bei ihm einen Imbiss, unterbrochen von Küssen, und gingen gleich zum Sex über. Aber danach schlief ich nicht gut – eine Erkältung bahnte sich an.

Ich stand trotzdem morgens mit ihm auf um mit ihm in die City zu fahren und Sandra zu besuchen. Kurt traf ich später am Kudamm. Mir war nicht nach shoppen, aber ihm zuliebe kam ich mit. Er rannte im Affenzahn von Laden zu Laden, ich hielt kaum Schritt. Er schien nicht zu begreifen, dass es mir nicht gut ging. Obwohl ich's nicht nur einmal gesagt hatte.

Er wollte etwas trinken gehen, ich lieber nach Haus, mich hinlegen, aber er sagte, »wo wir schon mal da sind«, also steuerten wir sein Stammcafé an, und da saßen vier Kollegen von ihm.

Kurt setzte sich dazu ohne mich zu fragen, stellte mich nicht einmal vor, dann plapperten sie munter über ihre Arbeit und lauter Dinge, bei denen ich nicht mitreden konnte. Ich saß unbeachtet an die Ecke gequetscht, mein Kopf brummte, der Körper schmerzte, der Hals kratzte, und der Zigarettenrauch ...! Die vier räucherten mich ein.

Nach einer Stunde fragte ich Kurt leise, ob wir gehen könnten, er sagte »sofort« und redete weiter mit den anderen. Ich entschuldigte mich und ging hinaus um dort auf ihn zu warten. Er ließ mich auch ziemlich warten, rüffelte mich obendrein: »Was soll das?! Warum rennst du denn raus? Die müssen ja denken, sie wären das Letzte, weil du nicht mit ihnen am Tisch sitzen willst!« Nun musste ich mich noch dafür rechtfertigen, und zwar minutenlang, dass ich mich da drin schrecklich unwohl gefühlt hatte, bis es schließlich Eingang in seinen Schädel fand. Es fehlte ihm in zwischenmenschlichen Dingen an jeglichem Einfühlungsvermögen.

Wieder rannte er kreuz und quer mit mir, ich war erschöpft und hungrig. »Oh Mann, du willst jetzt schon essen?«, sagte er. »Was denn?« Ich sagte: »Weiß nicht ... schlag du was vor«, er meckerte: »Du weißt auch nie, was du willst!« Peng, schon wieder eine verbale Ohrfeige. Ich wehrte mich nicht: zu feige, zu müde und vielleicht immer noch unter Freds Einfluss: Akzeptier' alles an ihm, sonst klappt's nicht mit der Liebe.

Wir fanden ein nettes Lokal, machten es uns später vor dem Fernseher gemütlich und schoben im Bett noch eine schnelle Nummer.

Sonntagmorgen war meine Erkältung heftig in Gang. Mir war nach Bettruhe. Aber Kurt hatte einen kleinen Ausflug geplant.

Während ich Frühstück machte, setzte er sich vor den Fernseher.

Ausflug nach Sanssouci, Herumlatschen im Schlosspark. Schlechtes Wetter, ich fröstelte, sagte, dass ich zu dünn angezogen sei. Er schnauzte: »Warum nimmst du denn nichts Wärmeres mit?« Ich fror ja vor allem, weil ich krank war und mich elend fühlte. Aber das ignorierte er einfach. Und selbst wenn ich gesund gewesen wäre: Warum wärmte er mich nicht, statt mich anzuschnauzen?

Wieder zu Hause, hatte er Hunger, wollte mit mir zusammen

etwas kochen. Ich hätte lieber ins Bett gehen sollen. Denn in der Küche konnte ich ihm kaum etwas recht machen.

Bei Tisch maulte er ununterbrochen, das Essen sei »scheiße« – und ich fühlte mich schuldig, weil ich vorgeschlagen hatte, das Tiefkühlgemüse in die Pastasoße zu tun. Aber woher sollte ich wissen, dass es schon seit Jahrzehnten in seinem Gefrierfach lag? Oder war er einfach nicht gut drauf? Vorm Einschlafen nervte ihn bereits, dass er morgens zur Arbeit musste, und beim Aufwachen auch wieder.

Montagmorgen klingelte um halb sieben der Wecker. Ich war fürchterlich gerädert, hatte wegen der Erkältung kaum geschlafen. Kurt erdrückte mich fast mit seinem morgendlichen Kuscheldrang, ich sagte matt, ich sei noch so müde und müsse schlafen. Er reagierte verstört und beleidigt. Herrje, dachte ich, schafft er es nicht, sich mal in jemand anderen zu versetzen – oder will er nicht?

Er fuhr ins Büro, ich döste bis Mittag, dann ging's mir etwas besser, ich frühstückte, putzte die Küche blitzblank, ging einkaufen um ihm eine Freude zu machen und arbeitete ein paar Stunden an meinem Laptop. Als er nach Hause kam, bereitete ich gerade Pellkartoffeln im Dampfkochtopf. Er moserte ohne Unterlass: »Das ist doch scheiße, der Topf wird uns um die Ohren fliegen ... außerdem hasse ich zerkochte Kartoffeln ...« Deshalb nahm ich sie vom Herd, ließ kaltes Wasser über den Deckel laufen (»He, was soll denn das?!!«), öffnete ihn – die Kartoffeln waren noch zu fest, also setzte ich sie noch mal auf. Er wollte Kräuterquark, ich nicht. Ich holte für ihn die Zutaten aus dem Kühlschrank, aber nein, er setzte sich vor den Fernseher: »Mach du«. Ich sagte: »Du willst den Quark, du machst ihn.« Widerwillig stand er auf und rührte ihn an.

Die erste Kartoffel bemängelte er: zu hart. Ich ergriff seinen Teller, nahm seine (größere) Kartoffel und gab ihm meine zwei kleinen, die waren weicher. Rannte die ganze Zeit zwischen Küche und Esszimmer hin und her um jeweils die Kartoffeln aus dem Topf zu fischen, die gerade fertig waren. Alle prima, wie Kurt dann auch zugab.

Trotzdem: Sein Gesicht war unfreundlich, fast als ob er wünschte, ich wäre nicht da. Ich fühlte mich so unwohl, das Essen blieb mir fast im Halse stecken, tat aber, als ob nichts wäre. Warum eigentlich??!! Warum kam ich nicht mal auf die Idee zu gehen? Ich schätze, aus Angst, mit Kurt wäre es dann zu Ende gewesen. Na ja, wohin hätte ich auch gehen können. Daniela nahm für ein Jahr an einem Sozialprojekt in Guatemala teil, Sandra machte heftig in Familie, meine eigene wohnte nicht mehr in Berlin und anderen konnte ich meine Erkältung nicht zumuten. Ich sagte mir, hab dich nicht so, der wird sich schon wieder einkriegen. Was auch der Fall war.

Bis zum Schlafengehen. Da bemerkte ich: »Das Ruhen hat mir gut getan. Hätte ich eigentlich gleich machen sollen, statt in der Gegend rumzurennen.« Er wurde ganz starr, seine Augen traurig, verzagt wie bei einem kleinen Kind, als ob er gleich anfinge zu weinen ... ich nahm ihn in den Arm, tröstete: »Ich bin doch selber dran schuld, hätte ja entscheiden können im Bett zu bleiben. Du darfst nicht so empfindlich sein.« Er: »Da könntest du dir ruhig eine Scheibe davon abschneiden.« Oh Mann, dachte ich, wenn einer von uns unsensibel mit dem andern umgeht, bist ja wohl du das. Zum Glück erkannte er gleich, dass er ungerecht war: »Nein, das war blöd von mir.«

Wir schmusten und hatten Sex.

Dienstag hatte er frei, war jetzt auch ein wenig erkältet, und wie das bei Männern so ist, gab er sich sterbenskrank und röchelte: »Kannst du das Frühstück machen?«

Trotz Brummschädel stand ich auf, goss mir als erstes einen Tee auf, da kam er schon in die Küche, maulend: »Warum hast du denn noch keinen Kaffee aufgesetzt?«

»Ich wollte ihn aufsetzen kurz bevor ich mit dem Rest fertig bin, weil die Kanne nicht gut warm hält.«

Er, pampig: »Wozu hab ich 'ne Thermoskanne?«

Ich setzte flugs den Kaffee auf, er verschwand im Bad, kam wieder, schenkte sich eine Tasse ein: »Der ist ja viel zu dunkel!« Ich blieb ruhig: »Komm, ich mach dir Wasser heiß, dann kannst du ihn verdünnen.« Er nölte wieder vor sich hin, dass der Kaffee zu dunkel sei (er war genau richtig, was Kurt später sogar zugab), und fläzte sich aufs Sofa, Fernseher an. Frühstück machen ist ja Frauensache. Ich bat ihn mir zu helfen – vergebens. Ich sagte wie zu mir selber: »Was sind denn das für Macho-Allüren?«

Er, mürrisch: »Kann ich denn nicht mal in Ruhe fernsehen?« Dann half er aber doch ein wenig.

Ich war noch dabei, Obst für unseren Quark zu schnippeln, als er schon munter losfutterte. Ich sagte: »Siehst du, genau das wollte ich vermeiden. Dass ich noch am Ackern bin, wie meine Mutter immer, während alle andern schon essen. Und mein Vater sitzt auf der Couch und lässt sich bedienen. Aber wir beide sind nicht verheiratet, und du versorgst mich nicht.« Kurt schien zu verstehen.

Nach dem Frühstück war er übelster Laune, warf mir unverhohlen vor, dass ich ihn angesteckt hatte. Er machte sich einen Dampf, inhalierte. Ich umarmte ihn sanft von hinten, sagte: »Tut mir leid, ich kann ja auch nichts dafür ... wenn ich das vorher geahnt hätte, wär' ich nicht hergekommen!« Keine Reaktion von ihm.

Ich ging ins Wohnzimmer und arbeitete am Laptop. Wer wird sich von einem Miesepeter den Tag versauen lassen? Er legte sich aufs Sofa, stöhnte und murrte vor sich hin, tat immer noch, als sei ich Luft. Ich arbeitete ungerührt weiter. Nach einer Weile sah ich zu ihm hinüber, sein Gesicht wirkte schon weniger finster, ich fragte: »Soll ich zu dir kommen?« Er nickte und ich legte mich zu ihm.

Um vier ging mein Zug, vorher wollte er mit mir zu einem kleinen Asia-Lokal in der Nähe seines Büros gehen. Ich fragte ganz harmlos: »Chinese oder Thai?«, da platzte er schon wieder: »Ich hab keinen Bock, jetzt groß in der Gegend rumzufahren und nach einem Thai zu suchen!! Bist du denn nie zufrieden?!« Ich war völlig vor den Kopf gestoßen. Er unterstellte mir unzufrieden zu sein, weil er mich zu einem schlichten Chinesen schleppte statt zum Thai (ich hatte vorgestern erwähnt, dass ich Thai-Food liebe).

Dementsprechend die Stimmung beim Essen ... Da ich so nicht abreisen wollte, machte ich mal wieder gute Miene zum üblen Spiel.

Am Zug ein rascher Abschied, friedlich und zärtlich. Da stand er und schaute mich an: schon arg süß. Aber was half's. Auf der Fahrt dachte ich: Ist gut, dass ich hier wegkomme. Dieses häufige Nörgeln und An-mir-Herumzerren zieht mich runter. Und das schon am Anfang, wo eigentlich noch alles schön sein sollte. Wie soll das erst später werden? Ich will so was nicht. War es ein Fehler gewesen, so kurz vor dem gemeinsamen Samos-Urlaub zu ihm zu fahren? Wirkte ja, als liefe ich ihm hinterher. Überhaupt, ich hatte mich ihm an den Hals geworfen. Kein Wunder, dass er dachte, er könne mit mir umspringen, wie's ihn grade ankam. Ich zermarterte mir den Kopf, wie ich es ihm ein für alle Mal beibringen konnte mich respektvoll und lieb zu behandeln

Woher kam dieser unfreundliche Umgangston? Schätzungsweise war der in seiner Familie üblich. Mit jemandem eng verbunden sein hieß für ihn vielleicht automatisch: rau mit ihm umgehen. Andererseits nörgelte er ja nicht nur an mir herum, sondern an allem. Seine Arbeit kotzte ihn an, seine Kollegen auch. Alles Mögliche störte ihn dauernd, auch an sich selbst.

Er rief schon nach einer Stunde an um meine Stimme zu hören.

Und die nächsten Tage. Waren allerdings nicht so tolle Gespräche. Er redete nur von sich, alltägliches Blabla, sagte leider gar nichts in Richtung »ich vermisse dich« oder »war schön mit dir in Berlin« oder »ich freu mich auf den Urlaub mit dir«. Ich dachte, er ist halt nicht so der Gesprächskünstler.

Reisetagebuch Samos

8.5. Anreisetag:

»Scheiß Griechen! Lahmes Pack!« Das ist das erste, was ich von Kurt vernehme. Sein Gepäck brauchte ziemlich lange. Da wir verschiedene Flüge hatten, war ich früher da. Nette Begrüßung, aber nicht allzu herzlich. Er turtelt nicht gern vor anderen Leuten.

Unser Zimmer ist nicht gerade luxuriös; griechischer Standard eben. Kurt nölt und nölt, über die billige Einrichtung, das enge Bad, die schreckliche Dusche, den fiesen Duschvorhang, die winzigen Handtücher ... Fühle mich verantwortlich.

Will auf dem Zimmer mit ihm schmusen, er will in die Sonne. Okay. Hoffe auf Schmusen in der Sonne, aber er stellt nicht mal seinen Liegestuhl direkt neben meinen. Nach zehn Minuten springt er auf und motzt über den starken Wind.

Wir gehen ein Stück am Strand lang. Der ist voller Steine, das gefällt ihm nicht, ebenso, dass die Surfstation ein Stück vom Hotel entfernt ist, und überhaupt, diese karge Landschaft ...!

Abendessen: au weia. Der angekündigte Spitzenkoch ist doch nicht da, stattdessen gibt's ein »Vorspeisenbüffet«, bestehend aus drei Eimern mit fadem Billigsalat, und die grandiose Menü-Auswahl zwischen Bouletten mit Reis und Spaghetti mit Tomatensoße. Kurt mault in einem fort.

Nach dem Essen ein langer Spaziergang; Kurt mault: »560 Euro für so ein Hotel und so einen fiesen Fraß, schweinekalt ist's auch noch ...« usw. usf. Leider hat sich der Wind noch verstärkt; es ist so kühl, dass man sogar ein bisschen Nebel sehen kann, wenn man kräftig ausatmet. Ich suche nach positiven Aspekten (»wir nehmen nicht zu, wir lernen unser Zuhause wieder schätzen, wir schwitzen nicht ...«) und lache Tränen. Er nicht.

Als wir zurück sind, ist es stockdunkel. In unserem Zimmer geht das Licht nicht an. Hole ein Feuerzeug, Kurt fummelt am Sicherungskasten, erfolglos. Er flippt aus, schreit und flucht. Versuche ihn zu beruhigen, er rauscht wutentbrannt zur Rezeption.

Den Schalter muss man fünf Sekunden drücken. Im Nu haben wir Licht.

Beim Zubettgehen ist er endlich lieb und zärtlich, unser Sex auch, ich atme auf: Unser Urlaub kann losgehen.

Denkste.

Der Wind heult wie verrückt, es ist kalt, wir finden beide keinen Schlaf. Kurt flucht: »Auch noch frieren muss man in dieser Drecksbude, wo's durch alle Ritzen zieht!« Ich stehe wortlos auf, hole die Wolldecken aus dem Schrank und decke ihn fürsorglich zu. Er ist trotzdem schlecht drauf. Versuch eines Gesprächs mit ihm: Dass Schimpfen nichts ändert und wir einfach das Beste aus dem Urlaub machen sollten. Er macht nur »hm«.

Zwischen unseren zusammengeschobenen Betten ist ein fetter Graben. Da drückt er mich dauernd rein, weil er drauf besteht, eng aneinandergekuschelt zu schlafen. Ich kann so nicht schlafen, aber erdulde es ihm zuliebe. Sobald ich in mein eigenes Bett hinüber will, erwacht er halb und murrt.

Ich bin todunglücklich! Ich wünschte, ich könnte mich nach München zurückbeamen, schon weil Kurt alles mies macht und mir indirekt die Schuld gibt, dass ich ihn an diesen unwirtlichen Ort gelockt habe. Ich habe jetzt schon Angst vorm Frühstück – dass es schlecht ist und er wieder einen Anfall kriegt.

9.5. Zweiter Samos-Tag:

Erwachen erst um neun. Kurt will die übliche Kuschel-Arie abhalten, ich (gerädert) sage: »Lass uns aufstehen, wir haben um halb zehn Infotreff«, da springt er aus dem Bett wie von der Tarantel gestochen und schimpft: »Was für ein beschissener Urlaub!« Na, der Tag fängt ja gut an.

Zu meinem Glück gibt's ein ordentliches Frühstücksbüffet. Kurt hat nur einen Aussetzer, als der Kaffee dünn und kalt ist – das Personal kann den großen neuen Automaten noch nicht bedienen. Sie brühen welchen von Hand auf, ich hole ihm eine Tasse, er beruhigt sich.

Da zum Surfen zu viel Wind ist, vor allem für Kurt, kommt es uns gelegen, dass wir mit dem Hotelwirt zur Inselhauptstadt fahren können. Die ist sehr nett. Kurt mosert, weil ich im Supermarkt Wasser, Wein und Obst holen will (in unserem Dorf gibt's nicht viel), aber kauft sich dann auch alles Mögliche.

Zurück am Hotel. Dort sammelt sich gerade eine Gruppe zum Joggen, ich beschließe spontan mitzumachen. Kurt zieht einen Flunsch, hat aber keinen Gegenvorschlag. Schnell aufs Zimmer, umziehen, vorher schäle ich mir eine Orange, da ich völlig ausgehungert bin. Während ich mir die Füße wasche, futtert Kurt das ganze Ding. Er entschuldigt sich nicht mal, geschweige denn schält er eine neue. Und ich hab keine Zeit, die anderen warten schon. Also renne ich so los und habe gegen Ende einen regelrechten Kreislaufkollaps. Als ich wieder ins Zimmer komme, bin ich kreidebleich. Kurt juckt es nicht.

Abendessen: na ja. Die Hauptgänge ein wenig besser als gestern, aber wieder diese drei Salateimer. Kurt meckert. Ich frage ihn: »Wollen wir uns zu den anderen setzen?« Er atmet geräuschvoll ein und wieder aus, wie das genervte Menschen gern tun (er sowieso): »Ich dachte, du wolltest den Urlaub mit mir verbringen?!«

Früh zu Bett. Wir erwachen um eins: Drüben auf der Terrasse feiern sie eine spontane Party. Es ist so laut, dass wir nicht mehr einschlafen können. Kurt flucht wieder mal auf das »scheiß Hotel« und den »scheiß Urlaub«. Ich sage: »Aber wir haben doch wenigstens uns …« Und verführe ihn, damit er besser gelaunt wird. Hält aber nur eine Viertelstunde vor, dann gerät er wieder in Rage wegen der lauten Musik. Aber statt dass er mal rübergeht und Bescheid sagt, regt er sich lieber endlos auf.

10.5. Dritter Samos-Tag:

Morgens bin ich schon um halb sieben wach, weil Kurt aufs Klo geht – er schläft danach problemlos wieder ein, ich nicht. Um halb acht kann ich nicht mehr liegen: Mein Kreislauf fängt an zu spinnen, ich brauche Tee oder Kaffee um ihn zu stabilisieren. Stehe also ganz leise auf, da erwacht er und schimpft und schimpft. Was das soll, dass ich so früh aufstehe, warum ich ihn nicht schlafen lasse, wo er kaum geschlafen habe (dabei ist er trotz nächtlicher Störung auf mindestens sieben Stunden gekommen). »Ich habe Urlaub!! Ich will ausschlafen!!! Du nervst!!!!« Versuche mich zu erklären und ihn zu beruhigen, will ihm Oropax geben. Statt sie zu nehmen und einfach weiterzuschlafen, schimpft er in einem fort. Er *will* sich einfach aufregen.

Ich ziehe mich in Windeseile an und gehe zum Speiseraum in der Annahme, dass es ab halb acht wohl Frühstück geben wird. Von wegen. Also sitze ich da wie ein Idiot und starre vor mich hin, bin ganz betäubt und mir dreht sich der Kopf: Ich bin so unglücklich! Ich möchte weg hier! Ich kann es nicht fassen, wie schlecht Kurt drauf ist! Ich hatte gehofft, dass er sich freuen würde mit mir zweisame romantische Inselferien zu verbringen, aber bis jetzt hat er sich keine Minute gefreut, sondern macht mir im Gegenteil diesen Urlaub zur Hölle.

Gegen acht erscheint eine Küchenhilfe und stellt schon mal Tassen und Teebeutel aufs Büffet. Ich frage, ob ich heißes Wasser bekommen kann. Sie bejaht, lässt mich aber eine halbe Stunde warten. Ich fühle mich elend.

Um elf mit Kurt zur Surfstation, warte ewig, bis er Board, Segel, Trapez, Tampen usw. zusammen hat, gebe ihm Unterricht; er macht schnell schlapp, wir legen uns kurz an den Strand, dann will er, dass ich mit ihm in die Taverne gehe. Dort nölt er, dass er allein essen muss (weil ich keinen Hunger habe), und nölt, als ich nach einer Stunde gehe um endlich mal selber zu surfen ...

Beim Sonnenbaden nervt ihn wieder der Wind, alles nervt ihn.

Abends nach dem Essen nötigt er mich zum Spaziergang, obwohl ich halb tot bin.

Wir trinken Rotwein bei Kerzenlicht, haben's endlich mal richtig nett, Kurt massiert meinen schmerzenden Rücken, der Sex ist schön, abgesehen davon, dass er tierischen Mundgeruch hat. Er hat mittags genüsslich all die rohen Zwiebeln in seinem Salat verspeist. Ich sag nichts.

11.5. Vierter Samos-Tag:

Wieder dasselbe Spiel: Kurt geht frühmorgens aufs Klo, schnarcht sofort weiter, ich bin hellwach. Liege eine Stunde, bis ich mich traue mich an ihn zu schmiegen. Er ist auch schon wach, kriegt Lust. Wir vögeln, danach würde ich gern aufstehen, mein Kreislauf spinnt. Kurt knurrt schon wieder, weil ich nicht noch ewig mit ihm kuschle.

Vormittags bringe ich ihm Surfen bei, mittags muss ich wieder mit ihm in die Taverne, sonst wird er sauer; als ich nach einer Stunde aufstehe, beklagt er sich vor den anderen Gästen lauthals: »Die stresst vielleicht! Macht immer eine Hektik!« usw.

Heute morgen habe ich versucht ihm zu erklären, dass zwei Menschen eben unterschiedliche Bedürfnisse haben und man das akzeptieren muss ohne es persönlich zu nehmen. Und dass eine Beziehung unter anderem darin besteht, sich entweder zu einigen oder einfach auch mal unterschiedliche Wege zu gehen. In dem Moment, in dem ich's sage, scheint er's zu kapieren. Aber ein paar Stunden später hat er's schon wieder vergessen.

Nachmittags weht heftiger Wind. Als ich völlig ausgepumpt vom Wasser komme, sitzt er da auf einer der Liegen und scheint mich nicht zu sehen. Ich rufe: »Kurt – kannst du mir mal helfen?« Er kommt her mit Muffelmiene und weist mich zurecht: »Ruf nicht meinen Namen, das gehört sich nicht!!«

»Häh, wie bitte?«

»Du schreist hier quer durch den Raum und dann auch noch meinen Namen, das ist voll prollig, meine Freunde würden das nie tun!«

Ich schreie? Welcher Raum? Welche Freunde?

Ich bin schon wieder völlig vor den Kopf gestoßen. Gönnt er mir nicht, dass ich so viel Spaß am Surfen habe? Oder erwartet er, dass ich ihn den ganzen Tag betüddele? Meistens legt er sich am Strand sowieso nicht neben mich, sondern ein Stück weiter weg. Wenn ich mich zu ihm lege, unterhält er sich kaum mit mir, weil er seine Ohrhörer vom CD-Player auf hat. Und Schmusen oder Kuscheln ist schon gar nicht drin, weil ihm das ja peinlich ist in der Öffentlichkeit. Hätt' ich mir eigentlich anders vorgestellt.

Man sollte meinen, dass man irgendwann immun gegen so einen Motzki wird. Gelingt mir nicht so recht. Er zieht mich runter und verletzt mich.

Warum sage ich ihm nicht mal so richtig meine Meinung? Weil er ausfallend und noch verletzender werden könnte, und das gäbe einen Riss zwischen uns, der nicht mehr zu kitten wäre. Und weil ich ihn mit schönen Ankündigungen hierher gelockt habe (woher sollte ich wissen, dass alles anders ist, als es der Reisebüro-Typ gesagt hat?). Also versuche ich ständig ihn zu besänftigen, in dem verzweifelten Versuch, uns noch einen halbwegs netten Urlaub zu bescheren.

Trinke vor dem Essen mit ihm in seiner Taverne ein Bier, gehe danach mit ihm spazieren. Kurt setzt sich auf einen großen Stein, nimmt mich auf den Schoß und küsst mich zärtlich. Zwischendurch kann er ja noch durchaus nett sein. Wir haben einen aufregenden Quickie am Strand.

12.5. Fünfter Samos-Tag:

Wie immer warte ich morgens, dass Kurt ein Zeichen des Erwachens von sich gibt. Als er gegen acht blinzelt, streichle ich ihn. Er flippt immer schier aus vor Wohlbehagen, wenn er im Halbschlaf ist und ich mich eng an ihn schmiege. Komisch. Aber auch süß.

Was mir immer wieder an ihm gefällt: Ich brauche ihn nur intensiv zu küssen und schon kriegt er Lust auf mich.

Er mag heute nicht surfen. Gut. So komme ich mehr dazu und hab endlich ein paar Stunden richtig Spaß.

Er »brutzelt« wie immer in der Sonne und geht nachmittags in die Taverne. Gott sei Dank muss ich heute nicht mit. Kann surfen und pausieren, wie ich mag. Herrlich!

Später, als wir uns vor dem Essen im Zimmer aufhalten und ich »oben ohne« herumgehe, sagt er: »Lauf nicht nackt rum, das ist unappetitlich für die Leute da drüben.« Er meint die Gäste auf der Terrasse, aber die ist ziemlich weit weg, ich glaube kaum, dass die hier reingucken können, vor allem weil unsere Fenster ja zu sind. Außerdem ist da grade keiner. Er wollte mich bloß wieder demütigen.

Mir fällt auf, dass ich aufgehört habe voller Freude seine Schönheit zu betrachten, dass ich ihn nicht mal mehr richtig ansehe. Weil es sonst zu weh tut, wie schlimm er mit mir umgeht. Ich habe ihn einige Male gebeten freundlicher mit mir umzugehen, aber das scheint nicht hängen zu bleiben. Konnte er sich bei meinen Vorgängerinnen den motzenden Rüpel erlauben, weil er so schön ist?

Nun steht er (wie so oft) mindestens eine Viertelstunde vor dem Spiegel und redet mit sich selbst: »Ey, bin ick heut braun jeworden? Ey, eigentlich bin ick noch total blass. Is ja eklig. Voll blass. Oder? Vor allem der Arsch is noch voll blass. Voll eklig. Ick hasse det, so nen blassen Arsch. Ick muss morgen die kleene Badehose anziehn. Oder ist die peinlich? Nö, der Kutte muss ja braun werden. Morgen wird voll gebrutzelt.« Dann zu mir gewandt: »Bin ich braun geworden?«

»Eher rot, würde ich sagen.«

Er, zum Spiegel: »Geil, det wird morgen allet braun ... aber Moment ... wat is'n det? Is det jetz ne Sonnenallergie?« Klar ist es. Schon seit zwei Tagen hat er Ansätze dazu und jetzt ist sie voll ausgebrochen. Auf Schultern, Rücken, Brust, Beinen, sogar an den Händen. Er jammert und schwört morgen nicht in die Sonne zu gehen.

13.5. Flautentag, Brutzeltag:

Es nervt mich, dass ich jeden Morgen hellwach Zeit totliegen muss. Ich würde lieber mit den anderen laufen oder biken oder einfach nur an den Strand gehen. Selbst wenn ich mich erst um halb neun erhebe, sehr leise, erwacht Kurt und schimpft. Es ist, als lauere er im Halbschlaf nur darauf, dass ich vor ihm aufstehe, damit er mich anblöken kann.

Dann sitze ich seinetwegen viel länger beim Frühstück, als ich es sonst täte, und wofür? Für seine Morgenmuffeligkeit und seine Rüffel. Und das geht den ganzen Tag so weiter.

Wir radeln zu einer einsamen Badebucht. Leider gibt's da keinen Schatten, nach einer Stunde in der prallen Sonne hab ich genug, Kurt sagt, »dann fahr doch allein zurück«, was ich prompt mache.

Er kommt zwei Stunden später und hat Sonnenbrand und -allergie übelsten Ausmaßes. Nach zehn Minuten bei mir im Schatten springt er auf: »Ich muss noch mal in die Sonne, nachbrutzeln« (was anderes als »brutzeln« sagt er nie).

Ich bemerke: »Wenn jemand so mit seinem Körper umgeht, habe ich das Gefühl, ich habe einen Schwachkopf vor mir«, und Kurt erwidert: »Geil, ich bin ein Schwachkopf.« Das Üble ist, dass er's noch nicht mal ironisch meint. Ich auch nicht. Schon im Skiurlaub hat er sich »Erbsenhirn« genannt – da hab ich noch widersprochen ...

Ich versuche vergeblich ihm das »Nachbrutzeln« auszureden, damit er mir nicht später umso mehr die Ohren voll jammert.

»Der Kutte hat sich sein kleenen Arsch verbrannt!« Und zwar so sehr, dass er kaum sitzen kann. Ich zeige weder Mitleid noch Schadenfreude, ich sage einfach nichts.

Strandspaziergang bei Vollmond; es könnte so romantisch sein, aber wir gehen schweigend nebeneinander her. Mir ist nicht danach, auf ihn zuzugehen, ihn anzufassen, ihm offenbar auch nicht. Aber er ist ausnahmsweise friedlicher Stimmung, sodass ich ein

Grundsatzgespräch wagen kann: Ich sage ihm, es kränke mich, dass er mich so oft zurechtweist, sogar vor anderen Leuten. Ich frage ihn, ob der Umgangston, den er mit mir hat, in seiner Familie üblich ist. Er erwidert zögerlich: »Ja, kann schon sein.« Ich bitte ihn zum x-ten Male anders mit mir umzugehen. Nach einigem Grummeln und ein paar unfreundlichen Widerworten (Tenor: »Irgendwie hast du's ja verdient«) willigt er ein.

Küsse ihn. Das Küssen ist immer noch schön und es erregt ihn immer noch.

Im Bett stöhnt er beim Kuscheln genüsslich, sagt wie so oft: »Halt mich fest.« Er kriegt Lust, ich hab eigentlich keine, denke, na ja, kommt vielleicht noch. Aber als er eindringen will, tut's weh. Ich halte ihn auf, da sagt er doch tatsächlich: »Entspann dich.« Keinerlei Vorspiel und er will mir anweisen zu entspannen, damit er vögeln kann.

14.5. Inselausflug:

Zum ersten Mal geht er zeitig mit mir frühstücken. Aber auch nur, weil um neun der Autovermieter mit dem Leihwagen kommen soll. Soll. Er ist unpünktlich und Kurt fängt schon um zehn nach neun an zu zetern: »Typisch, hab ich mir doch gleich gedacht! Hier funktioniert doch gar nichts! Dieses Land hat mich zum letzten Mal gesehen!« usw. usf.

Dann rennt er plötzlich wortlos weg und lässt mich stehen. Ich warte eine Weile, dann fällt mir ein, dass ich dem Stationsleiter noch was sagen muss. Ich nehme Kurts Rucksack mit, meinen lasse ich da (mit Geld und Papieren drin), nur damit er nicht mit mir schimpfen kann, ich hätte seinen Rucksack mit der Kamera da stehen lassen. Schon pervers.

Meine Ansprache gestern hat nichts genützt, unsere Insel-Tour ist eine Tor-Tour. Kurt schreit mich an, nur weil ich in Karlovassi Proviant kaufen will (danach kommen nur noch Minidörfer), mault über die schlechten Straßen, motzt, weil ich mittags nichts essen möchte (da sitzen wir in einer kleinen Taverne; mir macht es nichts aus, dass nur er etwas isst – ihm schon). Ich hab keinen Hunger vor lauter Klößen im Hals, außerdem hat er gestern beim Abendessen gesagt: »Friss nicht so viel, du wirst fett.« Und ich bin sprachlos über so viel Unfreundlichkeit, muss mich zusammenreißen um nicht loszuflennen; er ignoriert es. Danach rennt er durch das Dorf auf der Suche nach Fotomotiven, beachtet mich gar nicht und ich trotte hinterdrein wie ein geprügelter Hund. Plötzlich habe ich vor Augen, wie ich als kleines Mädchen stets hinter meinem Vater herrenne, der nicht darauf achtet, ob ich Schritt halten kann.

An einem schönen Strand will Kurt baden und knipsen; er geht in die kleinere Bucht, direkt daneben ist eine größere, die ich schöner finde, ich laufe zu ihm hinüber um es ihm zu sagen, da herrscht er mich an: »Was soll dieses ständige Hin und Her?! Kannst du dich nicht gleich entscheiden?! Du kotzst mich an!« Er stiefelt davon auf den kleinen Hügel, der die beiden Buchten trennt, ohne sich einmal umzusehen.

Arschloch. Das eine Mal ist er sauer, wenn ich sage, »entscheide du«, das andere Mal ist er sauer, wenn ich entscheide (und zwar anders als er). Fällt mir gar nicht ein, ihm hinterherzudackeln beziehungsweise -rennen, denn er geht ja oft so schnell.

Ich stehe am Ufer und hacke mit dem Fuß in den Sand; ich möchte nichts als weg von diesem Menschen, der nur noch auf mir herumhackt. In mir legt sich ein Schalter um. Wie ferngesteuert gehe ich zur Straße und in Richtung unseres Dorfes, was bestimmt 25 Kilometer entfernt ist, aber irgendeiner wird mich schon mitnehmen. Dumm, dass mein Kotzbrocken den Autoschlüssel hat.

Leider hält keiner, bis Kurt mich eingeholt hat. Sehr grimmig verlangt er durchs offene Wagenfenster: »Steig ein!« Ich gehe weiter, er fährt neben mir her: »Steig sofort ein!« Ich mag nicht. Ich will kein Wort mehr mit ihm sprechen. Kurt bellt aus dem Fiat heraus: »Das ist ja wohl der Gipfel! Erst rennst du weg und lässt mich ohne ein Wort stehen, dann machst du auch noch einen auf eingeschnappt!! Was soll die verdammte Scheiße?! Knallst du jetzt komplett durch, oder was??!!«

Beherrscht ruhig erwidere ich: »In deiner Familie ist dieser Ton vielleicht üblich, aber ich dulde ihn nicht mehr.«

Er kreist total aus: dass ich seine Familie in den Dreck ziehen will, ob ich noch alle Tassen etc. pp. Sein Gesicht ist so hasserfüllt, dass ich Angst kriege, er könnte mir etwas antun. Ich schlage mich wortlos ins Gestrüpp, damit er mich nicht mit dem Wagen verfolgen kann. Er fährt weg und ich marschiere auf der Straße weiter. Meine Gedanken überschlagen sich. Kurt sucht sich von allen denkbaren Interpretationen meiner Worte und Handlungen immer die negativste aus. Mir wird klar: Er bekämpft mich wie einen Feind. Aber warum?

Kurt kommt wieder angefahren, langsam, und guckt nicht mehr ganz so grimmig. »Willst du den ganzen Weg laufen?« Da bis jetzt kein weiteres Auto vorbeigekommen ist, steige ich ein.

»Was sollte das vorhin?«, fragt er.

Ich sage: »Du bekämpfst mich wie einen Feind. Aber ich bin nicht dein Feind. Warum bekämpfst du mich und interpretierst so vieles an mir negativ, was gar nicht so gemeint ist?« Er scheint nicht zu verstehen, aber immerhin hält er die Klappe. Für den Rest der Fahrt schweigen wir uns an.

Beim Abendessen beschäftigt er sich mit seinem Handy, benimmt sich, als sei ich nicht da. Also gehe ich an die Bar, wo ein paar Gäste stehen, und sauge deren Freundlichkeit förmlich in mich auf, Balsam für meine getretene Seele. Kurt steht auf und geht weg.

Er kommt erst um elf ins Zimmer, zieht sich schweigend aus, legt sich schweigend ins Bett, Eiseskälte. Mir egal.

15.5. Endspurt:

Morgens liegen wir immer noch wie Fremde nebeneinander, nähern uns zögerlich, ich kuschle mich an ihn, er nimmt mich in die Arme, da überkommt es mich plötzlich, dass ich das verlieren werde. Tränen laufen mir leise übers Gesicht.

An dem Tag verhält er sich einigermaßen nett. Nur ein paar

kleine Aussetzer, etwa beim Frühstück. Sein Ei ist so weich, dass es ausläuft, als er es köpft. Ich merke an, »Eierbecher gibt's hier wohl nicht«, und er: »Mann, was erwartest du, wir sind hier in einem Zwei-Sterne-Hotel! Du zahlst hier für den Wind und nicht für den Komfort!« Der genaue Wortlaut dessen, was ein Gast gestern gesagt hat. Wie ein Papagei plappert Kurt nach. Und Hauptsache, er kann mir eine aufs Dach geben. Dabei habe ich das nur angemerkt um überhaupt was zu sagen, denn er schwieg mich wie so oft beharrlich an, sah mich nicht mal an, seine ganze Körpersprache wies von mir weg und ich fühlte mich unwohl.

Nachmittags reist er ab; wir verabschieden uns wie zwei Kumpels.

Ich bin erleichtert.

16.5. – 22.5. Urlaub!

Die letzten sechs Tage genieße ich sehr. Stehe früh auf, gehe walken oder laufen, frühstücke, surfe nach Lust und Laune, esse zu Abend mit freundlichen Menschen, mache einen großen Radausflug, kann abends in Ruhe Tagebuch schreiben oder einfach nur im Bett liegen und lesen ... Alles Dinge, die mir Kurt verübelt hätte.

Er meldet sich nicht, ich mich auch nicht. Schätze, für ihn ist es genauso vorbei wie für mich. Aber ich denke viel über ihn nach.

Vermutlich hat er als Kind gelernt, dass man durch Mauligkeit nicht nur bekommt, was man will, sondern auch, dass der andere schom im voraus versucht zu erraten, wie er das Gemaule abwenden kann. Das Schlimme ist: es funktioniert. Und zwar bei den Leuten, denen viel an ihm liegt. Auch ich fing an, im Voraus seinen möglichen Schimpfkanonaden auszuweichen, und das sogar bei Dingen, die nicht in meiner Verantwortung lagen.

Er scheint sich auch fast nie wohl zu fühlen; ständig tut ihm was weh oder es geht ihm nicht gut: Kopfschmerzen, Übelkeit, Sonnenbrand, Sonnenallergie, nicht zu vergessen der Heuschnupfen. Der passt zu ihm: er hat ständig »die Nase voll«, weil ihm alles »stinkt«. Wobei er sich die Hälfte seines Ungemachs selbst zufügt.

Das viele Jammern verschafft ihm nicht nur Aufmerksamkeit, sondern ist auch ein indirekter Appell: Man soll Rücksicht auf ihn nehmen, wo's ihm doch so schlecht geht, und ihn hätscheln. »Naaa, tun dir die Füßilein weh? Komm, ich streichel sie und kauf dir ein Eis, dann ist wieder gut.«

Mir scheint, er ist emotional auf der Stufe eines 10- oder 12-Jährigen stehen geblieben ist, eines nöligen verzogenen Kindes: »Bäh, das mag ich nicht! Das ist scheiße! Und du bist scheiße! Wegen dir geht's mir scheiße! Also sorg gefälligst dafür, dass es mir gut geht!«

Und er muss sich gegen die allmächtige Mutter wehren. Ihre Liebe abwehren. Sie klein kriegen (»du bist furchtbar und alles, was du machst, ist furchtbar«), damit sie nicht die Oberhand über ihn hat. Ihre Fürsorge abwehren, lieber das Gegenteil davon tun. Abstand schaffen durch Unfreundlichkeit. Und erwarten, dass sie ihn trotzdem liebt.

Mir fallen alle möglichen Situationen ein, in denen das Kind durchkam: in seinem »Kleener-Kutte«-Gebrabbel; im Zwangskuscheln (mit so einer kleinen, fast verzweifelten Stimme: »Halt mich fest! Lass mich nicht los!«); dieser Moment in Berlin, als ich sagte, ich hätte all die Tage lieber im Bett bleiben sollen, und er kurz vorm Heulen war ...

Nebenbei imitiert er noch seinen Vater, der auf dem Sofa fläzt, fern sieht, seine Frau herumkommandiert und sich aufspielt, indem er alles Mögliche kritisiert (natürlich auch sie). Sein vieles Jammern und übermäßiges Sich-Aufregen ist – unter anderem – eine Form von Wichtigtuerei. Ich weiß, wovon ich rede, denn mein Vater und meine Schwester sind auch so.

Dieses Dauerbombardement von Maulen, Beschimpfungen, Respekt- und Lieblosigkeiten: Leider ist das der Alltag vieler Frauen (und auch Männer). Manche mögen sagen: Was du erlebt hast, Julia, ist noch absolut harmlos gegen meine tagtägliche Hölle.

Aber erstens, Kurt und ich waren noch in der Anfangsphase, wo man sich normalerweise von der besten Seite zeigt (möchte nicht wissen, wie es später mit ihm wäre ...!); zweitens: Wer zwingt einen bei so einem Partner zu bleiben? Es gibt immer andere Möglichkeiten, auch mit Kindern und Finanzproblemen. Ich hab zum Glück den Absprung bald geschafft. *Und ich werde niemals wieder zulassen, dass ein Mann so mit mir umgeht.* Man verliert alle Lebensfreude und alles Selbstbewusstsein. Wo ist die Selbstachtung dieser Frauen, die jahrelang so mit sich umspringen lassen? Mama, wo war deine Selbstachtung?

Egon konnte auch ein Ekel sein, aber meist nur, wenn er sich angegriffen fühlte; zudem wahrte er dabei immer noch ein gewisses Niveau an Fassung und Benimm. Kurt fehlt das gänzlich. Ich habe sogar den Eindruck, als kränke er mich oft mit voller Absicht. Als gebe es ihm ein gutes Gefühl, mich niederzumachen. Damit er selbst daneben größer aussieht. Und damit ich kusche. Für manche Leute ist es erleichternd, ihre Unzufriedenheit und Aggression an anderen auslassen zu können. Ich kenne das gut aus meiner eigenen Familie: Ein paar teilen sämtliche Unarten Kurts unter sich auf, während der Rest eher nachgibt, besänftigt oder auf Durchzug schaltet.

Kurt hat auch mit vielen meiner Ex-Jungs etwas gemein: er ist ichbezogen wie Egon, narzisstisch und kritlerisch wie Norbert, sabotiert mich und sich selbst wie Paul, drückt mich weg und schiebt mir den schwarzen Peter zu wie Fred. Aber was bei Kurt dazukommt, ist Dummheit, gepaart mit Egozentrik, Aggression, negativem Denken und Komplexen – das ist die böse Mischung, aus der auch Haustyrannen und gewalttätige Männer sind ...

Ende des Reisetagebuchs.

Wieder zu Hause, musste ich blöderweise Kurt anrufen, da ich die Reisekosten für ihn ausgelegt hatte. Beim Telefonieren fiel mir auf, wie kalt und emotionslos seine Stimme ist. Das war sie eigentlich schon immer, nur wollte ich's nicht wahrhaben.

Wie so oft rechnete er mir vor, wie wenig er für Kos bezahlt hatte und wie viel für Samos. Das hatte er ja schon vor der Reise beklagt, mir aber gleichzeitig erzählt, dass seine Firma ihm ein Aktienpaket geschenkt hatte, für das er 8000 Euro bekam. Geschenkt! Und da jammerte er über 560 Euro für einen Urlaub! Zudem verdiente er wirklich gut.

Da verlor ich die Geduld: »Du nervst mich! Immer findest du was zum Nörgeln! Hauptsache, du hast was, woran du rummeckern kannst! Du hast mir den ganzen Urlaub verdorben mit deiner Nörgelei!« Er, erbost: »Du willst tatsächlich behaupten, ich hätte dir den Urlaub verdorben?!« – »Ja.« – »Ich habe keine Lust mehr zu telefonieren«, erwiderte er missmutig. »Tschüss«. Mir doch egal.

Seltsamerweise rief er zehn Minuten später wieder an: »Ich möchte mich entschuldigen« (Kurt entschuldigte sich!!), »hab ich dir wirklich den Urlaub verdorben?« »Ja«, sagte ich. »Irgendwann bin ich ja nur noch rumgelaufen mit eingezogenem Kopf, immer auf der Hut, den Herrn nicht zu verärgern und dann wieder eine aufs Dach zu bekommen.«

Er fragte mit trauriger Stimme: »Willst du mich dann überhaupt noch sehen?«

»Nein. Du hast alles kaputtgemacht. Tschüss Kurt.« Ich legte auf, er klingelte noch zig Mal durch, ich nahm nicht ab.

Ich fühlte mich gut.

Bis dahin hatte ich immer gedacht, dass sich Seele, Charakter und Einstellung eines Menschen in seinem Gesicht zeigen. Im Ausdruck, in den Augen, in den Fältchen (die sich ja vor allem durch die am häufigsten gebrauchte Mimik bilden). Meistens haut das hin. Aber eben nicht immer. Wenn man Kurt kennen lernt, sieht man nur heiter Sonnenschein, Arglosigkeit und ein faltenfreies Antlitz.

Kurt ist äußerlich der Schönste, mit dem ich je zusammen war, und innerlich der Hässlichste. Der Schöne und das Biest, Dr. Jekyll und Mr. Hyde, außen hui, innen pfui.

DocBeatrice kommentiert:

Dass wir es hier mit einem echten Kotzbrocken zu tun haben, steht außer Frage: Kurt ist ein Stoffel, Rüpel und Choleriker; er übt Terror aus durch Maulen, Meckern, Miesmachen, verschafft sich zusätzliche Macht durch seine Geheimwaffe »Schuldgefühle«. Dadurch bekommt er nicht nur, was er will, und hält die Partnerin klein, sondern spürt auch die eigenen Unzulänglichkeiten nicht so sehr. Viele Leute, die unzufrieden mit sich selbst oder ihrem Leben sind, finden ein Ventil darin, mit anderen unzufrieden zu sein – das scheint immer noch einfacher, als bei sich selbst etwas zu ändern. Ob er das je begreifen wird? Der Hellste scheint er ja nicht zu sein.

Und Julia – warum ändert sie nicht gleich etwas, als sich Kurts unschöne Charakterzüge schon sehr bald offenbaren? Zunächst einmal begeht sie einen sehr verbreiteten Fehler, nämlich sich in Schönheit zu vergucken, statt erst einmal dahinter zu schauen. Ein weiteres Manko ist, dass sie offenbar mit keiner Freundin über Kurt spricht – die hätte ihr wahrscheinlich sehr schnell abgeraten von dem schönen Fiesling.

Julias größter Fehler in dieser Geschichte ist allerdings, dass sie sein mieses Verhalten duldet, es zum Teil sogar belohnt (indem sie ihm alles recht zu machen sucht) und so stillschweigend ihr Einverständnis dazu gibt. Ihre gelegentlichen Appelle an ihn sind viel zu freundlich und zu lax. Reden hilft bei so jemandem ohnehin kaum etwas.

Warum schiebt sie Kurt nicht viel früher einen radikalen Riegel vor? Es liegt nicht nur daran, dass sie keine weiteren Verletzungen und keinen Bruch riskieren will. Sondern auch daran, dass seine Art sich irgendwie »normal« anfühlt, weil sie ihr im tiefsten Innern bekannt ist. Aus ihrer eigenen Familie.

Hierin ist auch einer der Schlüssel enthalten, warum Julia sich in ihren Beziehungen so viel gefallen lässt. Fast alle Menschen tendieren dazu, die Muster aus der Kindheit zu wiederholen. Oft kopieren wir unwillkürlich die Art, wie unsere Eltern miteinander oder mit uns umgegangen sind – denn wir lernen als Kinder ja das meiste durch Vorbild und Nachahmung. Oder wir begeben uns unbewusst in Beziehungen, die diese alten Muster spiegeln: erstens, weil sie vertraut sind (und alles Vertraute macht immer noch weniger Angst als das Unbekannte!), zweitens, um die Kindheitssituation nachzustellen in dem Versuch, die alten Verletzungen zu überwinden und ungeschehen zu machen. Ein dritter Faktor kann sein, dass der Partner das Selbstbild bestätigt. Wer zum Beispiel bei jemandem bleibt, der einen nicht achtet, achtet sich auch selbst nicht.

Übrigens ist die Angst vor dem Unbekannten allgemein ein sehr starker Faktor, warum viele Frauen bei einem Mann bleiben, obwohl er sie schlecht behandelt, anödet oder nervt!

Hier eine Liste mit Anhaltspunkten, wann Sie ernsthaft über Trennung oder Paarberatung nachdenken sollten:

- wenn Ihr Selbstwertgefühl vor der Beziehung viel besser war als jetzt,
- wenn Sie seitdem psychosomatische Störungen haben wie Schlaflosigkeit, Unwohlsein, Fressattacken oder Appetitlosigkeit, Magen-Darm-Probleme, Dauerkopfweh …,
- wenn Sie sich von Ihrem Partner weder geschätzt noch respektiert noch unterstützt fühlen,
- wenn die Beziehung nur läuft, indem Sie sich selbst verleugnen,
- wenn Sie so großen inneren Widerstand gegen ihn entwickelt haben, dass Sie ihn schon seit längerem nicht mehr achten,
- wenn er immer wieder Ihre negativsten Seiten zum Vorschein bringt,
- wenn Sie zu oft deprimiert oder unzufrieden über Ihre Partnerschaft sind. Das Verhältnis der unglücklichen Zeit zur glücklichen sollte bei höchstens 1 : 5 liegen. Wenn Sie also acht Stunden pro Woche mit Streit, Ärger, Frust oder dicker Luft zubringen, sollten dem mindestens 40 Stunden gegenüberstehen, in denen Sie sich mit Ihrem Partner wohl fühlen.

8. UNKLARE VERHÄLTNISSE – DER GEBUNDENE

Hey Daniela, ferne Freundin!

Allgemeiner Beschluss meine Person betreffend: keine Beziehungen mehr, jedenfalls nicht, bis der *absolut Richtige* kommt. Nichtsdestotrotz hat man ja gewisse Bedürfnisse körperlicher und auch seelischer Natur ... Wie's der Zufall so will, hat sich etwas ergeben. Ich habe jetzt ein Verhältnis mit einem verheirateten Mann. Hatte ich noch nie. Normalerweise pfusche ich nicht in eine Ehe, erstens weil ich darin altmodisch bin, zweitens weil die Geliebte meist ja doch den Kürzeren zieht, drittens aus Solidarität mit der Gattin. Aber die Ehe ist so ziemlich am Ende. Sagte er, als ich ihn neulich bei diesem Benefizabend traf. Obwohl ich ihn schon immer sehr anziehend fand, habe ich bis vorgestern fein säuberlich die Finger von ihm gelassen, weil ich dachte, seine Ehe sei noch einigermaßen intakt. Seit ich in München bin, treffe ich die beiden alle naselang auf irgendwelchen Events und ihn jede Woche auf der Afterwork-Party in der Yuppie-Bar.

Anscheinend sehen sie sich kaum noch. Die meiste Zeit des Sommers verbringt er in seinem Ferienhaus in der Toskana, wo sie fast nie ist, weil es ihr dort zu »primitiv« und zu »fad« sei. Und wenn sie mal hinkommt, nörgle und zicke sie den ganzen Tag herum. »Ich fände es herrlich, dort mit dir zu sein«, sagte ich, »und langweilig würde es uns ganz bestimmt nicht werden ...!« Seine Augen leuchteten, ich kriegte eine vorläufige Einladung dorthin und seine Visitenkarte.

Also mit seiner Ehefrau muss ich nicht solidarisch sein. Ich kann sie nicht leiden, diese exaltierte Zicke. Denkt, sie wäre was Besseres, dabei ist sie nur eine verhärmte, verbitterte Frau. Sie wirkt so streng, humorlos (hab sie noch nie lachen sehen!) und vertrocknet. Gebhard sagt, sie lasse ihn nur etwa einmal im Monat »gnädigerweise drüber«, und Zärtlichkeiten tauschten sie schon länger nicht mehr aus. Sie seien eigentlich nur noch der Kinder wegen zusammen. Allein wenn ich sehe, wie sie in der Öffentlichkeit mit ihm umgeht. Da ist so gar nichts Liebevolles. Die Hälfte seiner Aktionen und Worte quittiert sie mit so einem moralinsauren Gesicht (Oh Gott! jetzt sagt/tut er das schon wieder ...!). Bei manchen Frauen wundert es mich wirklich nicht, wenn deren Gatten fremdgehen.

Jedenfalls, zwei Tage nach dem Benefizabend rief er mich an, ob ich mit ihm essen gehen wolle. Ja, warum nicht. Er holte mich ab in einem Sportcabrio und wir machten erst einmal eine exorbitante Tour im offenen Wagen über die Autobahn, um dann in einem verträumten Waldschlösschen ein exquisites Dinner zu uns zu nehmen. Ist das schön, mal wieder verwöhnt zu werden!

Er ist wohlhabend und ich muss gestehen, das finde ich angenehm. Du weißt ja, normalerweise ist Geld kein Männer-Auswahl-Kriterium für mich ... Denn wenn einer welches für mich ausgibt, will er normalerweise auch etwas dafür haben. Zum Beispiel, dass ich ihn von vorn bis hinten betüddele und einen Mordsaufwand mit meinem Äußeren betreibe, um an seiner Seite eine standesgemäße Begleiterin zu sein – siehe Egon. Bei einem Verheirateten fällt das weg, denn diese Aufgaben hat seine Ehefrau. Ich als Geliebte genieße ein wenig von seinem Wohlstand, ohne dass er Ansprüche stellt. Er hofft ohnehin nur auf zweierlei: Sex und Selbstbestätigung. Sex will ich auch, und die Bestätigung gebe ich ihm gern noch mit obendrauf. Na ja, und ich denke, seine großzügigen Ausgaben für mich sind auch so eine Art Schweigegeld.

Findest du das schlimm? Zu meiner Ehrenrettung möchte ich anmerken, dass ich mich nie auf *irgendeinen* Geldsack einlassen würde. Gebhard ist ein bezaubernder Mann: liebevoll, aufmerksam, kommunikationsfähig und klug. Ein Traummann, wenn er nicht gebunden wäre.

Jedenfalls, das Essen war wunderbar, er ganz Gentleman, ich fühlte mich wie eine Königin; Spaziergang im Wald, erste Berührungen, noch kein Sex, nein! So schnell geht's dann doch nicht.

Ein paar Tage später fuhren wir zum See auf sein Boot. Wie im Film: An Deck gekühlter Schampus, Häppchen und später heiße Küsse. Ich dachte: Ich werde die Geliebte eines reichen Zausels. Aber es gefiel mir. Ich schlief nur deshalb immer noch nicht mit ihm, weil mir das alles denn doch zu klischeehaft vorgekommen wäre.

Hah! Aber es kommt noch dicker. Letzte Woche – wir waren im besten Sushi-Laden der Stadt – fragte er mich, ob ich ihn für zwei Tage auf eine Geschäftsreise nach Mailand begleiten wolle. Ich dachte, wenn schon Geliebte eines reichen Zausels, dann bitte das volle Programm!

Wir also im offenen Sportcabrio nach Italien. Herrlich. Und er fand es herrlich, dass ich sein Sportcabrio so herrlich fand. In Milano im besten Hotel abgestiegen, Gepäck ins Zimmer und ab zum Stadtbummel, wo er mir ein Paar Schuhe kaufte (ich wollte das gar nicht, ehrlich!), um dann in einem wirklich romantischen Lokal exzellent zu speisen. Teil des Vorspiels.

Der Sex war – nun ja, schnell. Man merkt, dass er selten was bekommt. Der Ärmste ist total ausgehungert nach körperlicher Zuwendung.

Am nächsten Tag sah ich mir die Stadt an, während er seine Geschäftsbesprechungen hatte. Wie ich so vor einem Dessousladen stand, fiel mir siedend heiß ein, dass ich wahrscheinlich meinen Slip im Bett vergessen hatte. Was, wenn das Hotel ihm den nach Hause schicken würde?! Ich kehrte um, zurück ins Hotel, trug mein Anliegen vor (peinlich, peinlich), die Rezeptionistin ging mit mir hoch und nach zwei Minuten verdrückte ich mich erleichtert mit dem Corpus Delicti.

Später gabelte Gebhard mich in der Innenstadt auf, wir gingen lecker essen, brausten bester Laune Richtung Heimat und schoben noch einen Feldweg-Quickie ein.

Ich bin die Geliebte eines verheirateten Mannes. Ich finde es aufregend. Mit einer gewissen Häme denke ich, während ich mich mit ihm vergnüge, an seine verbiesterte Frau. Das Heimlichtun macht mir nichts aus, es gehört mit dazu. Den Doppelbelegungszuschlag für seine Suite bezahlte er bar. Und wenn seine Frau anruft, legt er den Finger auf die Lippen als Zeichen, dass ich mucksmäuschenstill sein soll. Heute Mittag haben wir uns zum Lunch in einem Szenelokal getroffen. Oberhalb des Tisches benahm ich mich wie eine geschäftliche Verabredung, unterhalb hatte ich die Hand zwischen seinen Schenkeln. Es ist ein Spiel, das mir Spaß macht.

Geliebte zu sein hat durchaus seine Vorteile. Ich habe, wie erwähnt, keine Ehepflichten, sondern genieße nur seine Schokoladenseiten. Er hängt mir nicht dauernd auf der Pelle – ein, zwei leidenschaftliche Begegnungen pro Woche, und für die restliche Zeit hab ich meine Ruhe beziehungsweise die Freiheit, andere Männer zu treffen. Sprich, ich genieße derzeit das, was sonst die Männer so schätzen: regelmäßigen Sex ohne Verpflichtungen. Nur dass ich obendrein auch noch Einladungen und dergleichen bekomme. Gut, nicht?

Klare Verhältnisse und Spaß ohne Psychostress.

Von seiner Frau redet er wenig, Gott sei Dank, dafür umso mehr von seinen Kindern. Zwei Mädchen, sieben und fünf Jahre alt. Er ist verrückt nach ihnen, und die Hälfte der Zeit, die wir zusammen verbringen, erzählt er: »Carla hat dies gemacht, Melanie hat jenes gesagt« usw. usf. Ich wünschte, er würde mich damit verschonen. Ich will diese Familiengeschichten nicht hören. Mit mir soll er seinen Alltag abstreifen und in eine andere Welt eintauchen. Na ja, und natürlich will ich kein schlechtes Gewissen haben. Aber ich sage es ihm nicht. Er sieht so glücklich aus, wenn er von ihnen schwärmt, und ich habe ihn zu gern um es ihm madig zu machen.

Ich bin eine gute Geliebte. Ich rufe ihn nie an, wenn ich vermute, dass er mit seiner Frau zusammen ist, bin dann sogar zurückhaltend mit SMS. Und mahne ihn diese immer gleich zu löschen.

Ich benutze kein Parfüm oder Make-up, wenn wir uns sehen. Ich suche seine Klamotten und den Beifahrersitz nach meinen Haaren ab. Wir treffen uns nur an Orten, wo wir sicher sein können, niemandem aus seinem Bekanntenkreis zu begegnen. Niemals Zärtlichkeiten in der Öffentlichkeit.

Ich habe volles Verständnis, wenn er oft nur ein, zwei Stunden Zeit hat und nie übernachtet. Dass er Letzteres nie tut, finde ich sogar ganz angenehm. Dann muss ich mir keine Gedanken machen, was dieser verwöhnte Herr wohl gern frühstücken möchte oder wie ich es hinkriege, dass er im Bad alle Annehmlichkeiten vorfindet, die er von zu Hause gewohnt ist. Sein Haus muss phantastisch sein. Er und Ellen haben es in jahrelanger Arbeit zu ihrem privaten Paradies gemacht, sagt er. Wie schön für sie.

Was hältst du davon? Oh Mann, schade, dass wir nicht telefonieren können. Wie kannst du mir das antun, ein ganzes (!!) Jahr nach Guatemala zu gehen!

Julia

Hey Julchen!

Einerseits freu ich mich für dich, dass du einen netten Kerl gefunden hast, der dich besser behandelt als deine vorigen Blödmänner. Andererseits mach ich mir ein bisschen Sorgen.

Dieser Gebhard hat dir anfangs einfach das Gleiche erzählt, was alle Männer den Frauen erzählen, mit denen sie fremdgehen wollen. Vielleicht stimmt es zum Teil sogar, aber sie bleiben trotzdem im heimischen Hafen kleben. Wenn ich das schon höre, dass er und seine Frau ihr Haus »in jahrelanger Arbeit zu ihrem privaten Paradies gemacht« haben! Und dann noch die Kinder! Das alles wird er wohl nie für dich sausen lassen. Deshalb beschwöre ich dich, verlieb dich nicht in ihn! Sonst erwartet dich nur das Gleiche wie bei Fred: Unbotmäßig viel Sehnsucht, Frust, Wut und obendrein noch Eifersucht.

Erzähl Sandra lieber gar nichts davon, sie schwelgt im Familienglück mit ihrem Stefan und dem Baby. Aber ich schätze, du hörst genauso wenig von ihr wie ich, ist klar, sie hat alle Hände voll zu tun mit dem Kleinen.

Noch mal: Verlieb dich nicht!!!

Deine besorgte Daniela

Hey Daniela,

mach dir keine Sorgen ... Ich vermeide es mit aller Kraft, mich in ihn zu verlieben. Ich könnte, aber ich lass es nicht zu.

Jetzt, nach acht Wochen Affäre, ist sowieso eine kleine Wende eingetreten. Er sagt, er müsse sich wieder mehr um Ellen und die Kinder kümmern, denn in letzter Zeit hätte er wirklich zu wenig Zeit für sie gehabt. Es sei ihr schon aufgefallen.

Seine Frau hat doch viel mehr mit ihm zu tun, als es anfangs schien. Er cancelt Verabredungen mit mir, weil sie für beide eine Einladung angenommen hat. Neuerdings scheint sie seine Gegenwart plötzlich doch zu schätzen. Überhaupt verplant sie ihn ständig. »Ellen will am Wochenende mit mir und den Kindern an den See«, »Ellen hat uns für die Vernissage angemeldet«, Ellen hier, Ellen dort. Zum Glück bin ich nicht richtig verliebt, sonst würde ich jedes Mal fürchterlich leiden.

Dazu seine Affenliebe zu den Kindern. Er steckt viel tiefer in seiner Familie drin, als ich dachte. Erst kommt die Familie. Dann seine Arbeit. Und ganz weit hinten ich. Es schmerzt mich nicht unbedingt, dass er mich immer mal so eben in seine Lücken schiebt, es verärgert mich eher, kratzt an meinem Ego, und jedes Mal rücke ich ein Stückchen weiter von ihm ab. Eigentlich will ich nicht die zweite Geige spielen.

Jetzt wollen sie die Hälfte der Terrasse zum Wintergarten umfunktionieren. Klingt mir nicht gerade, als ob die Ehe am Ende ist …

Wahrscheinlich ist man doch in den allermeisten Fällen angeschmiert mit einem gebundenen Mann. Und manchmal weiß man davon anfangs nicht einmal etwas. Meine Kollegin Hanna hat erst nach einem halben Jahr per Zufall herausbekommen, dass ihr »dauergestresster« Schatz eine andere hat. Sie wollte ihn überraschend von einer Reise abholen und da kam er aus dem Terminal mit dieser schönen Frau. Hanna wandte sich gleich ab, damit er sie nicht sehen würde, und stellte ihn später zur Rede: »Hast du eine Zweitfreundin?« Es stellte sich heraus, dass jene die Erstfreundin ist und Hanna die Numero zwo. Sie machte Schluss, und er flehte sie unter Tränen an bei ihm zu bleiben – er würde sich auch in Bälde von der anderen trennen. Hanna ließ sich erweichen. Er hat sich immer noch nicht getrennt, obwohl das jetzt schon zwei Jahre hin und her geht. Hanna droht in regelmäßigen Abständen ihn zu verlassen, dann wieder Tränen und Beschwörungen seinerseits – das alte Spiel. Ich frage mich: Warum gibt sie ihm nicht endlich den Laufpass? Nach so langer Zeit müsste ihr doch klar sein, dass ihre Chancen, ihn jemals ganz für sich zu gewinnen, ziemlich gering sind.

Überhaupt frage ich mich, warum sich eine kluge Frau wie Hanna das Leid einer Nebenfreundin antut. Wenn du als Geliebte wirklich liebst, bist du ganz arm dran. Nicht allein, dass es ekelhaft schmerzt, den Liebsten mit einer anderen zu teilen; zu wissen, jetzt ist er bei der Gattin oder Dauerfreundin, vielleicht haben sie es gerade nett, teilen den Alltag, schmusen, schlafen miteinander. Zudem muss die Geliebte immer auf Abruf bereit sein, denn oft ruft er erst eine halbe Stunde vorher an, dass er jetzt ein bisschen Zeit hat. Da es ihr wirklich ein Herzensbedürfnis ist, ihn zu sehen, hält sie sich dauernd frei und trifft keine Verabredungen. Denn es könnte ja sein, dass er just dann endlich mal ein paar Stündchen Zeit für sie hat. Infolgedessen vereinsamt sie, und der Liebhaber wird immer gewichtiger in ihrem Leben. Harhar! Das erinnert mich jetzt direkt an meine verwirrte Geistesverfassung bei Fred dem Freiheitsfreak!

Da ich selber ein reges Sozialleben habe, mich durchaus verabrede und diese Verabredungen auch einhalte, sehen Gebhard und ich uns kaum noch. Ich will nicht denselben Fehler machen wie bei Fred und Egon: mich ständig bereithalten, weil die Herren mich nicht in ihre Planung integrieren. Mit einer Mischung aus Trotz und Bedauern sage ich Gebhard oft, »ich hab schon was vor«, wenn er anfragt, ob ich abends Zeit hätte. Wir können ja ohnehin nicht mal etwas Richtiges unternehmen. Ich würde gern mit ihm ausgehen, in Szenelokale und auf Partys, aber da könnte ihn ja jemand kennen. In zwei Wochen fährt er in die Toskana und ich hoffe inbrünstig, dass er mich mitnimmt – wenigstens ein paar Tage. Er hat schon so etwas anklingen lassen.

Bis bald

Julia

Hey Julia, du Geliebte!

Ich kann dir sagen, warum Hanna dabeibleibt. Wir beide kennen Frauen, die so lange dranblieben, bis sie schier daran zerbrochen sind. Kannst du dich an Conny erinnern? Die hat das über drei Jahre mitgemacht. Oder Babs, die Fitness-Trainerin: Sie hängt jetzt fast sechs Jahre drin. Prinzip Hoffnung. Sie hoffen, dass er irgendwann den Absprung schafft. Aber natürlich müssen erst mal die Kinder aus dem Gröbsten raus sein oder die finanziellen Verhältnisse geklärt, na ja, und außerdem weiß er nicht, wie er's seiner Ehefrau beibringen soll, denn sie hängt so an ihm, sie könnte sich am Ende was antun, oder ausrasten und ihm alles wegnehmen, er muss erst mal Wege finden, sie drauf vorzubereiten ...

»Da ist kein Funken Liebe mehr«, untermauern die Mädels ihre törichte Zuversicht, »der schläft nicht mal mehr mit seiner Frau.« Bloß komisch, dass die Frau von Babs' Lover wieder schwanger wurde. Babs hat trotzdem mit ihm weitergemacht, schön blöd. Und bei Conny ging's nur deswegen zu Ende, weil sie aus lauter Verzweiflung auf die doofe Idee kam, der Ehefrau Hinweise zu geben. Damit tat sie sich keinen Gefallen! Männer schätzen es nicht, wenn man ihnen die Entscheidung aus der Hand nimmt – und hintenrum schon gar nicht.

Überhaupt: Mach bloß nicht den Fehler, deine besten Jahre damit zu verschwenden, auf seine Trennung und eure offizielle Vereinigung zu setzen. Denn was kommt am Ende dabei heraus? Er versucht's noch mal mit seiner Frau.

Übrigens, trotz der Armut ist Guatemala ein wunderschönes Land. Und die Weite macht mir den Kopf herrlich frei. Würde dir auch gut tun. Kommst du her?

Deine Daniela

Hey Reisende!

Kann nicht weg hier, die Agentur hat mich fest im Klammergriff.

Den Teufel werd' ich tun, mir ernsthaft Hoffnungen auf ihn zu machen. Und sag mal, bist du Hellseherin?

Der Gipfel. Gestern war er auf ein Schäferstündchen bei mir, und als er sich danach wieder anzog und ich ihn fragte, was denn nun wäre mit der Toskana, sagte er: »Hör zu. Ellen fährt mit in die Toskana. Es tut mir Leid. Wir werden uns jetzt mindestens drei Wochen nicht sehen.«

Wie bitte?? »Wollt ihr euch wieder zusammenraufen?«, fragte ich, er gab's nicht zu, stellte es als eine plötzliche Grille von ihr hin.

Ich sagte ihm, dass ich das Gefühl hätte, seine Ehe sei wieder am Aufleben, und dass ich mich da nicht in den Weg stellen wolle.

Ich habe ohnehin keine Lust mehr, Lückenbüßer zu spielen, und der Sex mit ihm war auch nicht so das Wahre. Ganz nett, ja, aber man merkt, dass er schon ein Jahrzehnt mit derselben schläft. Da gibt's kein ausgiebiges Erkunden, keine Schmuse- und Massage-Orgien, keine sinnlichen Spielchen – nur zielgerichtete Griffe, die bei mir nicht so recht funktionieren. Tun sie das etwa bei seiner Frau? Wahrscheinlich nicht, denn sonst würde sie sicher öfter mit ihm schlafen. Vielleicht haben sie früher mal bei ihr funktioniert, und er hat sie in sein Standardrepertoire aufgenommen.

Jedenfalls spielte ich ihm öfter den Höhepunkt vor. Er sollte schon ein bisschen was kriegen für seine Ausgaben! Scherz beiseite, irgendwie war immer zu wenig Zeit, um ihm meine Anatomie und meine Vorlieben zu erklären. Kaum waren wir ein bisschen warm miteinander geworden (»Wie war dein Tag?« »Was macht der Job?« »Ich hab' dich vermisst« etc.), ging's schon zur Sache und danach musste er gleich gehen. (»Ellen wird stutzig, wenn ich erst um Mitternacht von einer Besprechung komme.«) Nein, das muss ich mir nicht mehr antun.

Ich sagte also: »Gut, dann sehen wir uns heute das letzte Mal.« Sein Gesicht bekam für einen Moment etwas Wehmütig-Schmerzliches, dann straffte er sich und lächelte: »Schade. Es war schön mit dir.« Ja. Eine schöne Episode. Zum Glück nur eine Episode.

Ich muss mich jetzt beeilen. Gehe gleich aus mit Hanna – ihr Geliebter ist mit der Erstfreundin verreist. Autsch!

Bis bald

Julia

DocBeatrice kommentiert:

Sie glauben, Ihr Liebster sei treu? Die Wahrscheinlichkeit spricht nicht sehr dafür. Der Drang nach einer »anderen« scheint Männern im Blut zu liegen: Sieben von zehn gingen schon mal fremd (Frauen: fünf von zehn), viele davon mehrfach. Knapp die Hälfte hatte dabei überhaupt kein schlechtes Gewissen. Sage und schreibe 83 Prozent aller Männer würden's sofort tun, wenn absolut sicher wäre, dass die Partnerin nichts erfährt. Wobei die Mehrheit gar nicht so sehr auf schnelle Abenteuer aus ist, sondern eher auf längere Liebschaften: Nur jeder fünfte Seitensprung geht eine

Nacht bis einen Monat, 29 Prozent dauern bis zu sechs Monaten, 18 Prozent gehen etwa ein Jahr lang und jede dritte Affäre hält Jahre.

Die Wahrscheinlichkeit, dass der Geliebte sich wegen seiner Zweitbeziehung trennt, ist umso geringer, je mehr einen Mann mit seiner Partnerin verbindet: Gemeinsame Jahre, Erlebnisse, Kinder, Geld, Güter, Wohnung, Freundeskreis, Hobbys, Geschäft, Gewohnheiten, gegenseitige Abhängigkeiten ... nicht zu vergessen die Macht der Bequemlichkeit. Bei vielen wiegen diese Dinge letztendlich mehr als die Liebe. Und wer garantiert, dass die neue Liebe von Dauer wäre? Die alte war's ja auch nicht.

Eigentlich ist die tragische Figur in dieser Geschichte Hanna. Sie setzt zwar darauf, dass die Zeit für sie arbeitet und dass ihr Geliebter sie irgendwann genug lieben würde um zu ihr überzuwechseln, aber die Chancen der Langzeitgeliebten sinken paradoxerweise mit der Dauer des Verhältnisses. Meiner Erfahrung nach trennen sich die Gebundenen entweder innerhalb des ersten Jahres (maximal anderthalb) oder eher gar nicht mehr.

Und außerdem, da doch Hanna die heimliche Liebschaft schon so lange mitspielt – wozu die offizielle Beziehung beenden? Wozu alles riskieren, wenn man zwei Frauen haben kann: eine fürs gemütliche Nest und die Sicherheit, eine für den erotischen Kitzel, die Abwechslung, die Selbstbestätigung.

Trotzdem setzen sowohl Liebhaber als auch Geliebte aufs »Prinzip Hoffnung«, wie Daniela es nennt. Fast alle Männer, die ein längeres Verhältnis haben, machen ihrer Geliebten Hoffnungen, dass ihr Warten irgendwann belohnt würde. »Hab ein bisschen Geduld«, sagen sie, oder »Jetzt ist ein schlechter Zeitpunkt« oder »Ich brauch' noch Zeit«. Nicht einmal ein Viertel dieser Männer schafft tatsächlich irgendwann den Absprung. Und nur ein Teil davon kommt dann mit der geduldigen Geliebten zusammen. Und auch diese Neuverknüpfungen sind nur zum Teil von Dauer – etliche halten dem Alltag nicht stand, denn die kurzen Momente innerhalb der Affäre waren natürlich viel intensiver und weit weg vom

Alltagskram; zudem belastet es die junge Beziehung, dass ihn noch so vieles mit der Exfrau verbindet. Summa summarum ist die Chance auf ein Happy End verdammt gering.

9. BITTE LASS MICH NICHT ALLEIN – DER BEZIEHUNGSSÜCHTIGE

Reisetagebuch Ägypten

»Julia …«, hat Ben mir heute zugeflüstert, »ich liebe dich!«

Das freut mich ja, aber was soll ich mit einem Holländer? Da hab ich eine Urlaubsaffäre mit ihm, reise wieder heim, man telefoniert ein wenig, und puff! das war's. Das ist letztendlich so banal …

Er ist sowieso zu hoch für mich. Ben sieht aus wie Ken (der von Barbie): groß, durchtrainiert, perfekter Körper von Kopf bis Fuß, männlich-kantiges Gesicht, ganz kurzes Haar, strahlend blaue Augen. Und sie strahlen immer. Ein richtiger Strahlemann. Aufrechte Haltung, Präsenz und Selbstbewusstsein. Er ist 42, intelligent, gebildet, aus gutem Hause, hat Benimm. Arbeitet im Topmanagement eines Weltkonzerns.

Und der flirtet mich an, was das Zeug hält, schon seit dem zweiten Tag. Am dritten sagte er: »Kann ich dir etwas anvertrauen, was mich momentan quält?« Eigentlich wollte ich nach all dem Stress mit Jobsuche, Kündigung und meinem Umzug nach Berlin diese drei Wochen hier nur surfen und abschalten. Aber es interessierte mich durchaus, was so ein Mann für Probleme haben mag.

Es ging um eine Ex, die er einfach nicht vergessen kann, und um seine aktuelle Beziehung, die ihm nichts (mehr?) gibt, aber die er »aus Pflichtgefühl« beibehält, denn er hat ein Kind mit ihr. Die letzten zwei Jahre war er nicht glücklich, sagte er. Ach herrje.

Seitdem sitzt er jeden Tag bei mir unter meiner Palme. Seine feste Freundin und das Baby sind auch da, deswegen hatte ich ihm wenig Beachtung geschenkt, bis er mich ansprach. Klar verbringt er die meiste Zeit bei ihnen, aber bei jeder Gelegenheit kommt er zu mir um zu flirten, zu reden und mir Nettigkeiten zuzuflüstern. Ich frage mich und ihn: Merkt sie nichts? Er meint, nein, sie sei ohnehin eine Frau »ohne Gefühle«.

»Das einzige, was uns verbindet, ist das Kind«, sagt er. »Wir leben seit anderthalb Jahren wie Bruder und Schwester.« Im Klartext: kein Sex, keine Zärtlichkeiten, kein Kuscheln. Du meine Güte. Am Strand kann man es tagtäglich beobachten: Sie gehen nicht wie ein Paar miteinander um, sondern wie gute Bekannte.

Gestern raunte er mir zu, er habe die ganze Nacht an mich denken müssen, habe sich danach gesehnt, mich im Arm zu halten, zu streicheln, neben mir einzuschlafen ...

Ich lag auf der Matte, war erotisiert und stellte mir schöne Sachen mit ihm vor. Aber dann kam er zwischendurch kurz her, ließ mich wie so oft nicht ausreden und sprach nur von sich. Ich dachte plötzlich, nein, das lässt du mal lieber mit diesem Kerl, das bringt sowieso nichts außer Komplikationen; auch seiner Freundin gegenüber wäre es nicht fair.

Wir kennen uns erst sechs Tage und nun heute morgen dieses Liebesgeständnis. Oh, dachte ich, typischer Fall von Übertragung: Klient glaubt sich in seine Seelenklempnerin verliebt zu haben.

Zuerst fühlte ich mich unwohl dabei, überrollt, denn ich vermutete, wer so etwas sagt, erwartet auch etwas. Aber dann dachte ich, wenn er nicht darauf achtet, was ich erwidere, brauche ich mich auch nicht verpflichtet zu fühlen. Er hat noch kein einziges Mal gefragt, wie ich zu ihm stehe.

Später, als er mich umgarnte, war ich ihm doch wieder sehr zugeneigt.

Während seine Marie sich am Strand wie immer mit dem Kind beschäftigte, tummelten er und ich uns im Pool. Eine Runde Alibi-

Schwimmen, dann klebten wir am Rand, und unter Wasser strich seine Hand über meinen Körper; er strahlte mich unaufhörlich an, tauchte unter, wohl in der Absicht, dass ich auch tauche um endlich einen Kuss zu tauschen, aber ich zog ihn nach oben. Seine Haut ist sehr glatt und fest, mit all den Muskeln, die sich darunter abzeichnen. Gefühl und Kopf sagten nein, mein Körper sagte ja. Was für ein Mann!

Aus Neugier ließ ich mich doch drauf ein; es wurde ein kurzer, viel zu harter Kuss daraus und er schob mir seine Zunge sofort in den Mund. Ich schob sie zurück und tauchte auf. Später ein zweiter Versuch, wieder seine aufdringliche Zunge, die gar nicht mehr rauswollte aus meinem Mund, dazu packte er meinen Unterleib und presste ihn gegen seinen, sodass ich seine Erektion spürte, ach herrje, der Mann hat eine Not, kein Wunder nach so langer Abstinenz.

Ich löste mich von ihm, war peinlich berührt und sagte, wir sollten besser damit aufhören. Ich verzog mich unter meine Palme, er blieb noch im Becken.

Ich werde die Sache mit ihm unterbinden. Wenn ich schon das Risiko einer Affäre eingehe, soll sie wenigstens durchweg Spaß machen. Dieser Mann achtet zu wenig auf mich, körperlich wie auch seelisch.

Ein paar Tage später hab ich mich schon wieder einwickeln lassen, weil mir seine Verehrung, seine nette und galante Art einfach so gut tut. Was für ein Gegensatz zu Kotzbrocken-Kurt! Ben findet mich toll, sexy, hübsch, mag meinen Körper, mein Haar, meine Bewegungen, meine Art ..., er beschenkt mich täglich mit Obst, bringt mir Kaffee, Wasser, Eis. Und er beschießt mich mit Liebes-SMS:

»Schlaf gut, mein Engel, du bist in meinen Träumen und in meinem Herzen.«

»Süße, deine Haut ist wie Seide. Ich spüre sie immer noch an meinen Händen.«

»Ich liege im Bett und stelle mir vor, wie du bei mir liegst. Ich liebe dich!« So was lässt einen nicht kalt.

Vorgestern schlug er per SMS vor, dass wir uns nachts um halb eins am Strand treffen, aber erstens war ich zu müde, zweitens liefe das doch nur auf eines hinaus: hastiger Sex im feuchten Sand. Und dann würde ich den ganzen Tag mit einem schlechten Gewissen seiner Freundin gegenüber herumlaufen.

Gestern konnte er sich einen halben Abend freischaufeln – wir trafen uns gegen neun auf der Straße und fuhren nach Hurghada, schlenderten durch die Stadt, landeten ziemlich schnell am Strand. Ben wollte alle drei Minuten knutschen, ich hatte alle Hände voll zu tun, ihn zu bremsen. Ich sagte ihm, er solle nicht so gierig sein, und dass mir gerade nicht so nach Küssen sei.

Ich erfuhr, dass er schon mal verheiratet war. Während der Scheidung kam er mit Marie (seiner Jetzigen) zusammen, dann traf er Jeanette, seine »große Liebe«, die ihn vor knapp zwei Jahren verließ, nachdem Marie von ihm schwanger geworden war und er sich für das Baby entschied statt für Jeanette. Das könne er sich einfach nicht verzeihen. Er habe ihr E-Mails und SMS geschickt, aber sie antworte nicht.

Ich bin müde, doch er redet und redet. Über Marie und wie sie ihn nervt, über Jeanette, über seine Gefühle zu mir.

Danach liege ich im Bett und nehme mir vor die Sache abzubrechen. Er überschüttet mich mit seinen Liebesbekundungen. »Jeden Morgen beim Aufwachen sehe ich dein Lächeln vor mir«, »Ich möchte dich berühren und überall küssen«, »Ich möchte an dich gekuschelt einschlafen und genauso wieder erwachen«. Klar schmeichelt mir das und freut mich, aber gleichzeitig stört mich etwas daran. Es ist, als schütte er einen Eimer mit seinen Gefühlen und Wünschen über mir aus; er wartet nicht ab, was von mir zurückkommt oder ob es überhaupt erwidert wird. Ich lächle oder lache immer nur dazu. Oft fühle ich mich dabei sogar unwohl und er merkt es nicht.

Es ist mir unheimlich, wenn mir ein Mann seine Liebe offeriert oder gar aufdrängt, obwohl er mich gar nicht kennt. Das kann nur zweierlei heißen: Entweder es ist seine Masche, mit der er mich rumkriegen will; oder er hat sich in sein Wunschbild von mir verliebt und nicht wirklich in mich. Ich glaube, dass Ben alles in mich hineinprojiziert, was er in den letzten zwei Jahren missen musste: Sex, Zärtlichkeit, Erotik, Verliebtheit, Geborgenheit, eine interessierte Zuhörerin, Verständnis ...

Es kommt mir vor, als ob er und ich »verliebt spielen«, einfach um wieder einmal all die schönen, aufregenden Empfindungen zu haben, die damit verbunden sind. Wir haben ohnehin keine gemeinsame Zukunft. Er ist nicht der Mann, nach dem ich suche, und das mache ich ihm diplomatisch klar. Seine hohe Position, sein Geld, sein männliches Aussehen, sein Upperclass-Habitus: das mag auf sehr viele Frauen überaus anziehend wirken, mich schreckt es eher ab. Ich will einen Partner, der Zeit für mich hat und sie mit mir verbringt; der an meiner Seite ist; der in meiner Nähe wohnt. Ben war zwei Jahre nicht mehr verreist und er würde nie aus Amsterdam weggehen: Er hat ein großes Haus dort, eine Mutter, an der er sehr hängt, er hat sich seine Position hart erarbeitet und er fährt jedes Wochenende an die See: zu Freundin, Kind und bestem Freund, mit dem er ein festes Sportprogramm hat, das er nicht missen will.

Aber ich spiele allmählich mit. Ist ja bloß ein Spiel. Nur manchmal ragt es deutlich in die Realität hinein. Wenn er fragt, ob ich nicht mal nach Amsterdam komme oder er mich in Berlin besuchen kann. Als ich sage, ich will im September nach Fuerteventura und er spontan ankündigt, er komme auch hin. Ich hab mich mit einem Surfkumpel dort verabredet und sage es Ben mit vorsichtigen Worten. Er nimmt's fast unbewegt zur Kenntnis und geht surfen, kommt aber bald wieder und teilt mir harsch mit: »Fahr ruhig mit deinem Freund da hin. Aber ich komme nicht. Ich habe keine Lust, zuzusehen, wie du dich mit ihm beschäftigst.«

»Moment mal, ich bin doch gar nicht mit ihm zusammen! Außerdem kann ich es so legen, dass es sich nicht überschneidet.«

Ich muss mich trotzdem schwer ins Zeug legen ihn zu beruhigen. Er ist sehr aufgebracht – ein Vorgeschmack auf seine »possessive Ader«, die er schon angekündigt hat. Bin danach teils bestürzt und abgeschreckt, aber auch gerührt. Es liegt ihm ja wirklich etwas an mir!

Heute morgen machte er einen auf superverzweifelt und hochdramatisch. »Ich muss aus meinem Leben raus, ich muss Marie verlassen, ich werde mich ins Ausland versetzen lassen, ganz weit weg von allem, und ein neues Leben beginnen ...«

»Beruhige dich. Du kannst sie auch verlassen und trotzdem in Amsterdam bleiben. Erstens wohnt sie nicht da, zweitens gibt es Hunderttausende von Vätern, die sich von der Mutter ihres Kindes trennen und trotzdem nicht von ihrer Umgebung verstoßen werden.« Er nickte.

Er sah zu Boden und sagte: »Ich habe jeden Morgen beim Aufwachen dieses schwarze Loch, in das ich hineinfalle. Aber es geht weg, wenn ich aufstehe und mich rasiere. Das ist mein Morgenritual. Andere Männer nervt das Rasieren, mir tut es gut.

Heute früh habe ich intensiv nachgedacht, was das schwarze Loch eigentlich ist. Es ist vor allem Einsamkeit, und die ist auch da, wenn ich neben Marie liege. Im Innern meines Herzens bin ich einsam.«

»Aber du hast doch zum Beispiel deine Mutter, die du oft siehst und die dich liebt ...«

»Sie ist 80. Meine größte Angst ist, dass sie stirbt.«

Ach herrje, denke ich, zeige aber Verständnis, und das hab ich in dem Moment auch.

Am Abend vor seiner Abreise treffen wir uns heimlich am Strand, ein Stück vom Hotel weg, damit uns keiner sieht. Ich gehe auf ihn zu, er rennt, reißt mich in seine Arme und bedeckt mich mit Küssen. Wir setzen uns in den Sand, schmusen, reden. Beides gefällt mir, wir stellen uns allmählich aufeinander ein. Aber ich bin nicht verliebt. Nur angenehm angetan, ein wenig verknallt vielleicht. Und ich fühle mich sexuell immer mehr zu ihm hingezogen. Er hält sich ja nicht zurück mir zu sagen, was er gern mit mir machen würde. Zum Beispiel heute Mittag am Strand: Er würde jetzt gern bei meinen Füßen anfangen mich zu küssen, und sich dann langsam hocharbeiten, unter das Kleid. Das machte mich an, genauso wie die Berührungen, die wir uns zukommen ließen, klein und versteckt, damit die anderen es nicht mitkriegten auf ihren Liegen um uns herum – die meisten wissen ja, dass eigentlich er und Marie zusammengehören.

Nach einer guten halben Stunde reißt er sich sichtlich mühsam los und trabt zurück zu seiner Pseudofamilie. Dreht sich noch ein paarmal um, um mir die verliebtesten Blicke zuzuwerfen.

Sie reisen erst am frühen Abend ab; ich klopfe kurz an ihrem Zimmer, mich verabschieden. Ben und ich benehmen uns, als hätten wir nur eine nette Surf-Kumpanei, und ich plaudere mit beiden. Ich verziehe mich mit der Anmerkung, dass der Stationsleiter Ben noch mal kurz sprechen wolle.

Er kommt gleich mit und wir verdrücken uns in ein verstecktes Plätzchen hinter dem Hotel auf eine viertelstündige Abschiedsknutscherei. Es ist aufregend, Bens Hände und Lippen sind überall, und ich bin mir nicht sicher, was mich mehr erregt: seine dreisten Liebkosungen oder das Versteckspiel.

Wir verabreden, dass er mich in einer Woche besuchen kommt.

Noch am selben Abend Austausch sehnsüchtiger SMS. Sehnsucht und Nicht-Erfüllung schüren die Leidenschaft. Schlafe nicht gut, weil ich mir fast zwanghaft vorstelle, wie's im Bett mit ihm wäre. Male mir unser erstes Mal in allen Einzelheiten aus.

Ich bin wieder in Berlin und werde das Tagebuch weiterführen. Ich hätte schon früher bei jedem neuen Kerl mitschreiben sollen. Das hilft, schneller und besser zu erkennen, wo's hakt.

Ben ruft täglich an und simst wie ein Verrückter.

Ben reist an! Nachmittags hole ich ihn am Flughafen ab. Wie er da so durchs Gate kommt: Was für ein Mann ...!

Wir nehmen ein Taxi, auf der Fahrt küsst er mich so, wie ich's gern hab: zart, weich, vorsichtig, wenig Zunge. Ich kriege gleich Lust auf ihn.

Er geht durch meine Wohnung und sagt: »Jetzt verstehe ich, warum du hier nicht weg willst.«

Wir trinken kurz etwas in der Küche, dabei packt er seine Mitbringsel aus: Champagner, alten Rotwein und – ein versilbertes Halskettchen mit einem »J« dran. Das ist wirklich süß von ihm, nur leider passt es nicht zu mir (eher zu einer, die »Jeanette« heißt), aber das behalte ich natürlich für mich.

Ich frage ihn, ob er duschen will, was er gern wahrnimmt. Er lässt die Tür einen Spalt offen – soll das eine Aufforderung für mich sein, hineinzugehen? Schleiche um die Tür herum, höre schließlich, dass er fertig geduscht hat, und frage von außen, ob ich seinen Rücken abtrocknen soll. Er bejaht. Hätte erwartet, dass er da steht mit dem Handtuch um seine Hüften, aber er ist nackt und völlig unbefangen. Sehe, dass *alles* an seinem Körper perfekt ist. Ich nehme das Handtuch und umarme ihn leicht um seinen Rücken abzutrocknen, wir küssen uns und es wird ziemlich erotisch. Er steigt aus der Wanne um mich ins Schlafzimmer zu tragen und dort aufs Bett. Wir fallen übereinander her. Es ist klasse. Danach machen wir's gleich noch mal. Weder mit Worten noch Gesten deutet er an, dass wir Kondome integrieren sollten. Hab ich mir schon gedacht. Wen wundert's, dass er versehentlich Marie geschwängert hat.

Leider ist er nur zweieinhalb Tage da, aber die sind traumhaft. Er verwöhnt mich, ich verwöhne ihn. Wir fühlen uns verliebt. Er hat großen Nachholbedarf in körperlicher und seelischer Nähe. Wir reden viel. Er deutet an, er könne sich vorstellen ein neues Leben in Berlin anzufangen. Ich mir auch.

Ich begleite ihn zum Flughafen. Küsse, Umarmungen. Ich warte, ob er nach einem Wiedersehen fragt. Nein. Also frage ich. Er erwidert: »Ich muss erst meine Termine abchecken. Ich will ja auch Zeit für dich haben.« Ich versichere ihm, dass es kein Problem ist, wenn er tagsüber arbeitet. Ich könnte mir Amsterdam auch allein ansehen oder mir Arbeit mitbringen – bin ja jetzt Freiberuflerin.

Fahre nach Hause, euphorisch. Falls er mich fragt, ob ich schon nächste Woche zu ihm komme: Ich tu es. Oder vielleicht überlegt er sich am Wochenende mit dem Wagen herzukommen. Sind ja nur gut 600 Kilometer. Und ich könnte dann eventuell mit ihm nach Amsterdam zurück. Ich hab Lust, seine Stadt kennen zu lernen. So verliebt, wie er ist, opfert er mir bestimmt ein paar Wochenenden. Marie kann er ja erzählen, er müsse dienstlich weg. Oder noch besser, er könnte endlich Schluss mit ihr machen.

Ich visioniere uns in Amsterdam, in schönen Lokalen oder bei ihm im Garten, einen leckeren Wein trinkend, in seiner Küche zusammen kochend; wir in Berlin, Picknicks am See, Abende im Biergarten, lange Nächte in meinem großen Bett ... Wir könnten einen tollen Sommer zusammen verbringen. Und dann im September zusammen nach Fuerte. Und so weiter ...

Er ruft spät nachmittags an, dankt mir nochmals für »diese beiden wunderschönen Tage«. Er wolle mir morgen Bescheid geben, wann ich kommen könne. Ich sage, ich hätte schon einen günstigen Flug ausgemacht.

Ein klein wenig auf Wolken gehe ich abends in die Bar, treffe Daniela und eine Kollegin von ihr, Gesine, die von ihren zwei Beziehungen mit gebundenen Männern erzählt. Beide Männer hatten versprochen sich zu trennen und es dann doch nicht getan.

Könnte mir mit Ben auch passieren. Ich bin ein wenig ernüchtert.

Nachts noch eine Liebes-SMS von ihm.

Ben ruft mittags an und sagt, ich könne Mitte Juni nach Amsterdam kommen. »Mitte Juni?! Das ist in sechs Wochen! Ich hätte gehofft, dass ich schon nächste Woche ...«

»Tut mir Leid, mein Engel, ich habe zur Zeit zu viele Termine.«

»Na ja, am Flughafen hab ich versucht dir zu sagen, dass es nichts macht, wenn du tagsüber arbeiten musst – ich kann mich beschäftigen.«

»Ich hab sehr oft auch abends Geschäftsessen und andere Verpflichtungen.«

Ich wünsche ihm ein schönes Wochenende.

Ent-Täuschung. Weniger darüber, dass er nicht früher Zeit für mich freischaufeln kann. Sondern dass er offenbar keinen Moment erwägt eines seiner Wochenenden mit mir zu verbringen. Immerhin muss er da nicht arbeiten. Lieber verbringt er jedes Wochenende mit dieser Frau, der er kein Fitzelchen mehr abgewinnen kann, statt mit mir, in die er angeblich so verliebt ist.

Ben schickt mir per SMS den üblichen Gute-Nacht-Kuss und dass er Tag und Nacht von mir träume. Soll er doch. Antworte nicht.

Er ruft mich Samstagvormittag an, als er beim Brötchenholen ist. Bin während des Telefonats ruhig und gelassen. Bei ihm regnet's in Strömen, bei uns scheint die Sonne. Sag ich ihm natürlich, ätsch. »Ach, wenn du nur dieses herrliche Wochenende hier erleben könntest ...«

»Ja, das wär' schön«, seufzt er.

»Wann genau hättest du im Juni Zeit für mich?«

Er sieht in seinem Timer nach: »Ab dem Fünfzehnten.«

»Das ist noch so verdammt lang bis dahin. Kannst du mir nicht wenigstens ein Wochenende widmen?«

»Du weißt ja, das ist schwierig. Ich muss meiner Verantwortung als Vater nachkommen.«

»So? Du hast deinen Sohn noch nie gewickelt. Du verbringst ja kaum Zeit mit ihm, sondern die meiste mit deinem Freund Frans.«

»Na ja, trotzdem kann ich nicht so einfach wegbleiben.«

»Das passt für mich nicht dazu, dass du behauptest, du liebst mich.«

»Das tut mir weh, dass du an meiner Liebe zweifelst.«

»Was meinst du, wie Jeanette sich gefühlt hat, wenn du jedes Wochenende mit einer anderen Frau verbracht hast, die du angeblich überhaupt nicht liebst.«

Er murmelt etwas wie, ich würde in seinen Wunden herumrühren ...

Ich wünsche ihm noch einen schönen Sonntag.

Zwei Stunden später eine SMS von ihm: »Jetzt bin ich deprimiert. Ich geh zum Sport. Großer Kuss.«

Ich schreibe zurück: »Warum bist du deprimiert? *Ich* sollte deprimiert sein. Du hast deine Beziehung, deine Familie ... Ich nicht, aber ich scheine glücklicher zu sein.«

Das Telefon klingelt. Er ist dran. »Okay, du hast ja Recht. Aber ich habe eben ein kompliziertes Chaos im Kopf. Schwarze Gedanken. Das geht vorbei.«

»Das ist schon das zweite Mal, dass du von ›schwarzen Gedanken‹ redest. Was meinst du damit?«

»Die dunkle Seite meines Wesens. Ich will jetzt nicht darüber reden. Ich ruf dich an.«

Ich denke die ganze Zeit über Ben nach und bin erstaunt, wie weit ich mich schon nach zwei Tagen von ihm entfernt habe. Finde mich damit ab, dass es vielleicht keine Fortsetzung unseres Techtelmechtels gibt.

Treffe mich abends mit Daniela, erzähle von Ben. Sie sagt: »Das hast du doch bei Gebhard schon erfahren: Ein gebundener Mann trennt sich nicht so schnell – vor allem wenn Kinder da sind.« Stimmt.

Finde nachts eine SMS von ihm vor: »Ich denke an dich.«

Antworte erst am nächsten Abend: »Hey, immer noch deprimiert?«

Ein paar Sekunden später ruft er an. Ist gerade auf dem Heimweg von Marie. Frage ihn, worum sich seine »schwarzen Gedanken« drehen. Er sagt: »Mein Leben kotzt mich an.« Die Sache mit Marie und Jeanette, und sein Job. Er hatte mir schon öfter gesagt, dass er seit langem mit seinem Beruf unzufrieden sei und dass er sogar ein paar verlockende Angebote hätte. Ich sage, »warum sattelst du dann nicht um?«

»Nein, ich zögere ... Es ist ein schlechter Zeitpunkt, und außerdem hab ich mich immerhin 15 Jahre lang dorthin gearbeitet, wo ich jetzt bin.«

»Ben, was nützt dir die Karriere, wenn sie dich nicht glücklich macht?«

»Ach«, macht er halb resignierend, halb wegwerfend, »ich bin ja auch auf das Geld angewiesen: für mein Kind, für mein Haus, für Marie, für die Ferienwohnung, die ich meiner Mutter bezahle ...«

Ich sage: »Das geht alles auch mit weniger Geld. Je länger du mit einem Wechsel zögerst, desto schwerer wird es, rauszukommen und was Neues anzufangen. Aber irgendwann – mit 50 oder 60 – schaut man dann voller Bitterkeit zurück und muss sich eingestehen, dass man das falsche Leben gelebt hat. Wie lange willst du noch dein Leben, deine besten Jahre im falschen Leben verschwenden?«

Das gilt ja auch für seine Beziehungen. Von seiner Exfrau erzählte er, dass das erste Jahr mit ihr glücklich war und der Rest die Hölle (sechseinhalb Jahre war er insgesamt mit ihr zusammen!). Und wenn sie sich nicht getrennt hätte, wäre er noch länger in dieser Ehe verharrt. Jetzt klebt er schon wieder seit Jahren in einer Beziehung, die ihn nicht glücklich macht.

»Warum bleibst du so lang da drin?«

»Ich versuche eine funktionierende Beziehung zustande zu kriegen.«

»Mehrere Jahre lang? Und glaubst du, dass du eines Tages aufwachst und Marie plötzlich liebst?«

Er stutzt. »Nein ... das glaube ich eigentlich auch nicht.« Er schweigt zwei Sekunden. »Ich hasse diese schwarzen Gedanken ... Ich muss einen Weg finden, sie loszuwerden.«

»Sie sind die Stimme deines Innern und signalisieren dir, dass etwas in deinem Leben gehörig schief läuft. Los wirst du sie nur auf einem Weg: Du musst dein Leben ändern«.

»Das sagst du so ... das geht nicht einfach so.«

»Natürlich geht das. Wovor hast du Angst?«

»Dass ich mit dem neuen Leben auch nicht glücklicher werde ... Dass ich's dann bitter bereue, wieder die falschen Entscheidungen getroffen zu haben ... wie mit Jeanette, mit dem Kind, mit meinem Job.«

»Ich glaube nicht, dass du zum Beispiel mit Jeanette die falsche Entscheidung getroffen hast. Darüber habe ich nämlich auch nachgedacht. Keine Frau, die zu einer echten Beziehung fähig ist und diese auch anstrebt, hätte sich so verhalten wie sie. Sie ließ sich auf dich ein im Bewusstsein, dass du gebunden bist, und sie wohnte ein Jahr bei dir, obwohl du weiterhin eine offizielle Beziehung mit Marie geführt hast und jedes Wochenende zu ihr gefahren bist. Tut sich eine Frau so ein Programm an, die eine richtige Beziehung will?«

Ben versteht, aber sagt gleichzeitig: »Dann hat nicht mal *sie* mich geliebt. Wahrscheinlich hat mich nie jemand wirklich geliebt. Ich werde nur geliebt aufgrund dessen, was ich vorstelle.«

»Was für ein Unsinn.«

»Meinst du nicht, dass mich Marie liebt für das, was ich vorstelle?«

»Ich weiß nicht. Ich glaube nicht, dass sie dich liebt. Sie hat dich nur gern.«

»Aber vielleicht liebt sie mich doch. Das kann ich doch nicht einfach wegwerfen.«

»Ben, hör zu. Es kommt weniger drauf an, was sie vielleicht für dich empfindet, sondern darauf, was *du* empfindest. Geht dir das Herz auf, wenn du sie ansiehst, bei ihr bist, sie berührst? Fühlst du dich bei ihr geborgen? Nein. Sie ist nicht in der Lage die Einsamkeit in deinem Innern zu vertreiben. Aber solange du mit ihr zusammen bist, wirst du die Frau nicht kriegen, die die Einsamkeit in deinem Innern vertreibt.«

Er bejaht, aber lenkt jetzt ab – offenbar wird es ihm zu viel.

Wir wünschen uns eine gute Nacht, und hinterher fühle ich mich ein wenig ausgelaugt. Warum tu ich mir diesen Problemkloß an?

Trotzdem denke ich noch die halbe Nacht über ihn nach. Mir kommt ganz deutlich zu Bewusstsein, was ich gestern schon angedacht hatte:

Er steckt in einer Karriere, die er sich nie gewünscht hat, aber zieht sie durch, weil er glaubt, er würde nur dann geliebt, wenn er »was darstellt«. Gleichzeitig befürchtet er, dass man ihn nur deswegen liebt und nicht um seiner selbst willen. Paradox.

Und es ist lebenswichtig für ihn, geliebt zu werden, weil er eine blinde Panik vor dem Alleinsein hat. Seit seinem 18. Lebensjahr war er fast ununterbrochen in Beziehungen, die letzten zwölf Jahre wenig glücklich. Vor seiner Exfrau war er mit einer zusammen, die durch seine Exfrau abgelöst wurde, und nach dem Zusammenbruch der Ehe kam ganz schnell Marie, in die er nie richtig verliebt war, aber die eben »für ihn da war«. Und sie ist weiterhin für ihn da, ohne Fragen, ohne Klagen. Sehr praktisch – auch dass er sie nur am Wochenende sieht, denn mehr könnte er sicherlich nicht ertragen. Aber gegen die Einsamkeit während der Woche hatte er anderthalb Jahre lang Nebenfrau Jeanette, die das sicher noch länger mitgemacht hätte, wäre nicht Marie schwanger geworden. Jeanette sagte: »Wenn du ein Kind willst: mach mir eins!«, aber er entschied sich für Maries Baby. Das war dann doch zu viel für Jeanette. Sie verließ ihn und fand schnell einen anderen Mann. Schätzungsweise hat sie eine ganz ähnliche Struktur wie Ben.

Jedenfalls: In ihm steckt immer noch der kleine Junge, der wimmert, »Lass mich nicht allein!«, was er gleichsetzt mit Einsamkeit. Aber gerade weil er nicht allein sein kann und sich an die falsche Frau bindet, ist er im Grunde seines Herzens einsam – was seine allmorgendlichen schwarzen Löcher zeigen. Ich hingegen bin zwar allein, aber nicht einsam. So etwas wie diese Löcher morgens ist mir vollkommen fremd.

Abends kommt Daniela zu mir, ich beklage, dass Ben erst im Juni Zeit für mich hat. Sie sagt: »Du hättest ihn fragen sollen, was eigentlich dahinter steckt. Denn wenn er dich wirklich sehen will, fände er schon einen Weg.«

Ich erläutere, warum Ben am Wochenende nicht kann, erzähle von seinem Festklammern an Beziehungen, die ihn nicht erfüllen, von der Einsamkeit in seinem Innern, von seiner Panik, seine Mutter zu verlieren, von seiner besitzergreifenden Art.

»Ganz klarer Fall«, sagt Daniela, »er ist beziehungssüchtig. Und die schwarzen Löcher morgens sind eine versteckte Depression.«

»Er befürchtet, wenn er sein Leben radikal ändert, wird er genauso wenig sein Glück finden.«

»Erst mal nicht. Anfangs wird er sogar noch unglücklicher sein. Aber er muss eine Zeitlang allein leben, sich der Einsamkeit stellen. Er muss sich mit sich selbst auseinandersetzen, mit den Leichen in seinem Keller – etwas, was er bis jetzt tunlichst vermieden hat.«

»Dazu passt, was Ben gestern gesagt hat: Er hetzt tagsüber von Termin zu Termin, und wenn er nach Hause kommt, ist es schon so spät, dass er gleich schlafen geht. Am Wochenende powert er mit Frans und macht mit Marie einen auf Familie. Keine Zeit für sich selbst. In Ägypten sagte er ständig, er müsse aus seiner Beziehung und seinem Leben raus, und jetzt: keine Rede mehr davon.«

»Süße, du sollst Jeanettes Platz einnehmen. Er will eine feste Beziehung für die Sicherheit, eine lockere für die Leidenschaft. Wenn du dein Herz da raushalten kannst, dann triff ihn weiterhin, wenn nicht, lass lieber die Finger von ihm.«

Eigentlich habe ich keine Lust Zweitfrau zu sein. Andererseits: Wenn ich es weiterhin als Spiel betrachte ... Ich würde ihn schon gern in Amsterdam besuchen. Dann noch eine schöne Urlaubswoche mit ihm auf Fuerte, und Leb wohl.

»Ich vermisse deine Berührungen, deinen Geruch, deine Nähe. Viele gierige Küsse ...«

Er denkt wohl, solche SMS reichen um mich warm zu halten.

Was soll der Quatsch ...?! Er behauptet mich zu vermissen. Dabei könnte er meine Berührung, meinen Geruch, meine Nähe ja haben, wenn er nicht jedes verdammte Wochenende seinem verlogenen Doppelleben nachgehen müsste. Und ich soll noch dazu beitragen, seine Lüge aufrechtzuerhalten, indem ich mich schön füge.

Erwidere seine SMS und Anrufe nicht mehr, bin sowieso ziemlich beschäftigt – mit Freunden, Sport, Arbeit. Nach ein paar Tagen gehe ich doch ran. Samstagnachmittag, er ist grade mit dem Baby allein am Strand. Er erwähnt, dass er nur noch von mir träumt, von den schönen Momenten mit mir usw. Ich sage: »Du könntest das jedes Wochenende haben, aber du scheinst das Träumen zu bevorzugen.«

»Wir könnten uns in neun Tagen sehen ... Kommst du? Bitte!«

»Es gäbe einen günstigen Flug. Aber da muss ein Sonntag dazwischen liegen.«

»Das kann ich arrangieren.«

Hört, hört. Da ich diesen Flug eine Woche vorher buchen muss, beschließe ich spontan, dies zu tun. In einer Woche um diese Zeit werde ich schon in Amsterdam sein.

Schon wieder Mittwoch. Gestern Abend eine SMS von ihm:

»Ich habe alles, was du brauchst, mein Engel. Wenn nicht, kaufen wir's, außer Sex. Den kriegst du nur von mir!«

Häh? Ziemlich doofe Ansage. Antwortete nicht. Noch etwas später eine SMS von ihm, ob er mich jetzt anrufen könnte. Ging aber nicht, weil ich Besuch hatte.

Ich schrieb auch heute Morgen keinen Gruß. Dieses ständige Gesimse mit den immer gleichen Sprüchen – Guten-Morgen-Kuss, Gute-Nacht-Kuss, ich vermisse dich, wie geht's dir – was soll das?

Vormittags ein Anruf von ihm, sehr besorgt. Er dachte wirklich, ich wäre abgeturnt von ihm wegen des etwas verunglückten Spruches. Hatte sich wohl über Nacht richtig reingesteigert. Hm. Scheint ihm ja doch einiges an mir zu liegen.

Erster Tag bei ihm

Frühmorgens Flug nach Amsterdam. Ben wartet schon, sieht gut aus, wie immer. Leider hat er höllischen Mundgeruch. Hat wohl weder gefrühstückt noch was getrunken, vielleicht nicht mal die Zähne geputzt. Und natürlich will er mich die ganze Zeit küssen. Ich küsse ihn nur leicht und halte die Lippen geschlossen, obwohl er mehrmals versucht, mir seine Zungenspitze dazwischen zu schieben.

Auf der Rückfahrt legt er besitzergreifend und ein wenig zu aufdringlich seine Hand auf meinen Schenkel, und zwar so, dass die Fingerspitzen schon recht nah am Heiligtum sind. Ich ergreife sie mehrmals und nehme sie in meine beiden Hände, aber sobald er schaltet, kann er seine Hand ja neu platzieren, und das tut er auch. Beides, das Küssen und das Grapschen, ist mir schon wieder viel zu viel; er hat sich bestimmt schon ausgemalt, dass wir als erstes, sobald wir in seinem Haus sind, übereinander herfallen (später macht er dazu auch noch eine Anspielung), aber mir ist gerade gar nicht danach. Schon wegen des Mundgeruchs ...

Bei ihm zu Hause wäre mir ein sofortiges Frühstück am liebsten, damit er den schlechten Atem los wird, aber ich muss vorher noch die Hausbesichtigung über mich ergehen lassen. Er hat ein schmales Stück von einem Reihenhaus, außen unauffällig, innen sehr nüchtern, typisch Mann: nur weiß, schwarz, Chrom und Glas. Auch das Schlafzimmer. Ich möchte wetten, er spekuliert darauf, dass ich ihn dort aufs Bett zerre, aber nö danke.

Dann macht er uns endlich Frühstück. Hat sogar frische Sachen vom Bäcker geholt. Wir sitzen lange und plaudern. Dann muss er zwei Stunden arbeiten, ich lese im Garten. Nachmittags lustwandeln wir in einem schönen Park in der Nähe. Jetzt fällt es mir schon leichter, ihn zu küssen, wiewohl er immer noch etwas Mundgeruch hat. Oh Gott, ich bin immer öfter damit konfrontiert, seit ich Männer ab Mitte 30 treffe: Jeder zweite hat welchen (manche oft, manche sehr oft). Ist es schon der Altersverfall? Ein Bekannter von mir, der Internist ist, sagt: »Wenn jemand häufig Mundgeruch hat, der nicht von äußeren Auslösern wie Zwiebeln, Knoblauch, ungeputzten Zähnen kommt, sondern mehr aus dem Inneren, ist das ein Hinweis darauf, dass etwas im Körper nicht im Gleichgewicht ist – und auch in der Seele.«

Aber sonst fühle ich mich gut mit ihm. Er ist lieb, aufmerksam, charmant.

Wieder bei ihm, kredenzt er erst mal Schampus, dazu Erdbeeren. Landen im Bett. Sinnliche Küsse mit Erdbeeren. Ich lege ihm auch ein paar davon auf den Bauch, zerquetsche sie mit dem meinen, lutsche sie ihm von der Haut. Es gefällt ihm.

Der Sex fällt für meinen Geschmack ein wenig zu hastig aus, ist aber okay, da ich angetütert bin.

Danach duschen. Schmusen noch ein Weilchen, kriegen wieder Lust, haben noch mal Sex, einen Quickie.

Wir bereiten ein Barbecue im Garten zu, lecker und gemütlich. Nach dem Essen entspinnt sich ein intensives Gespräch. Irgendwie kommen wir auf Jeanette, und ich sage ihm freundlich, aber offen, was ich dazu denke. »Du behauptest sie geliebt zu haben ... Warum hast du dich nicht für sie entschieden und bist stattdessen bei Marie geblieben, für die du nie viel empfunden hast?«

Er sagt, er hätte wohl zu viel Angst vor zu großen Gefühlen gehabt.

Kein Sex vorm Einschlafen; Ben würde schon wollen, aber ich bin einfach zu voll gefressen und zu müde.

Ich erwache um drei, weil er wach ist. Ich bin todmüde, aber merke, dass er was auf dem Herzen hat. In seinem Gesicht stehen Verwirrung, Verzweiflung, auch ein wenig wütende Verbitterung. Also rede ich mit ihm. Er sagt, er frage sich, warum ich nicht mit ihm schlafen wollte, und dass es ja schon losginge wie mit Marie. Ich sage, »Hey, wie kannst du mich mit ihr vergleichen? Sie hatte anderthalb Jahre keinen Sex mehr mit dir – wir hatten heute schon zweimal! Und ich hab spät gegessen, Alkohol getrunken, die Nacht davor viel zu wenig geschlafen, ich war einfach zu müde!«

»Na ja ... ich hab halt wieder mal diese schwarzen Gedanken.« Dann geht die Leier wieder los: Niemand liebt ihn, niemand hat ihn je geliebt, niemand wird ihn je lieben. Auch Jeanette hat ihn nicht geliebt.

Oh je.

Ich bleibe liebevoll und geduldig, obwohl ich dieses Jeanette-Hinterhergeplärre nicht mehr hören kann. Außerdem kränkt es mich, denn was denkt er sich dabei, mit mir einen auf verliebt zu machen und mir dauernd diese Frau unter die Nase zu reiben?

Also: Ich widerspreche (»du wirst doch geliebt«), ich tröste, ich rücke gerade, zum Beispiel: »Wenn du willst, dass eine Frau dir all ihre Liebe schenkt, musst auch du voll und ganz zu ihr stehen und nicht so halbe Sachen machen.«

Aber irgendwie dringt das nicht durch. Er wälzt sich gerade in seinem selbstmitleidigen Schmerz – und in seiner Reue: Dass er alles falsch gemacht habe, sich in der Babyfrage falsch entschieden habe etc. pp.

Es kommt auch zum Vorschein, dass Jeanette und er ziemlich viel gestritten haben. Ich sage: »Dann wäre es früher oder später ohnehin auseinander gegangen.«

»Wahrscheinlich. Sie ist ein Dickkopf. Sie hat genauso einen starken Willen wie du. Sie ist dir in vielem ähnlich.«

»Worüber habt ihr denn gestritten?«

»Oh, ich war bei ihr schrecklich besitzergreifend. Wie noch nie zuvor bei einer Frau. Ständig eifersüchtig, in Angst, dass sie andere Männer treffen könnte.«

»Wenn das Vertrauen so sehr fehlte, war es keine Beziehung für die Zukunft. Bei der richtigen Frau musst du diese Obsessionen nicht haben. Da wird sich alles gut anfühlen.«

Er entspannt sich allmählich, ich nehme ihn in meine Arme und komme mir vor wie eine Mutter, die ihr verzweifeltes Kind tröstet. So liegen wir ein Weilchen, bis wir einschlafen.

Zweiter Tag bei ihm

Auch ich habe schlecht geschlafen. Ben ist still, aber freundlich. Nach einem ausgiebigen Frühstück geht's uns besser. Er muss ein wenig arbeiten, ich fahre in die Stadt.

Nachmittags zeigt er mir seinen Vorort. Dabei wieder ein Jeanette-Gespräch; Ben erwähnt, dass das stärkste Band zwischen ihnen der Sex gewesen sei.

Mir wird gerade klar: »Für mich drückt sich Liebe stark über Zärtlichkeit aus, die ist mir viel wichtiger als Sex. Für dich drückt sich Liebe vor allem über Sex aus, deshalb diese Szene letzte Nacht. Und deshalb hat es auch so gut mit Jeanette gepasst.«

Er nickt und macht ein jammervolles Gesicht. »Ich kann sie einfach nicht loslassen!«

»Das musst du aber, denn sie hat einen anderen.«

»Wie soll ich das schaffen?«

»Du musst einen ganz klaren Schnitt machen. Keine SMS, keine E-Mails, keine Anrufe mehr. Und du musst alles loswerden, was dich an sie erinnert.«

Ben erwidert mit unangemessener Schärfe, dass ich ja auch »überall« Bilder von meinem Ex hängen hätte (de facto sind es nur zwei, inmitten meiner riesigen Fotowand im Flur). Ich sage:

»Diese Beziehung ist ein abgeschlossenes Kapitel meines Lebens. Wenn dem nicht so wäre, hingen da keine Bilder.«

Übrigens hängen und stehen in seiner Wohnung ganz schön viele Fotos von Marie. Mit Baby und ohne. Im Wohnzimmer, im Arbeitszimmer, sogar auf dem Schreibtisch. Ehrlich gesagt hätte ich es dezent von ihm gefunden, wenn er die Bilder für die Zeit meines Besuchs hätte verschwinden lassen. Meine Ex-Fotos haben ihn zwar offenbar geärgert, aber das brachte ihn nicht auf die Idee, mich mit dem Anblick seiner Aktuellen zu verschonen, der mich ganz klar auf den mir gebührenden Platz verweist.

Ich sage, ich hätte ein Zauberwort für ihn: »Lockerlassen.« Daran sollte er sich öfter mal erinnern, denn es würde ihm gut tun. Er versteht nicht. Ich erkläre ihm, es beziehe sich auf vielerlei: dass er ein paar Menschen loslassen müsse, vor allem Jeanette, vielleicht auch Marie. Dass er in mancher Hinsicht lockerer werden müsse, etwa in der Tendenz, besitzergreifend zu sein, und seinem Hang, zu vieles auf sich zu beziehen. Dass er zu hohe Ansprüche an sich selber habe, beruflich und privat. Was ich ihm nicht sage: Dass er unbedingt auch beim Sex lockerer werden muss und beim Zärtlichsein. Zunge und Lippen sind ständig angespannt, die Berührungen zu hart. Da ist viel zu wenig Weiches, Entspanntes.

Abends zeigt er mir »seinen« See (bezaubernd!). Wir machen Picknick mit den Resten von gestern und leckerem Schampus, der bei mir fast immer seine Wirkung tut. Nach dem Essen knutschen wir aufs Allerfeinste und beschließen recht zügig heimzufahren ...

Dritter Tag bei ihm

Tolle Stadttour. Wir sind sehr harmonisch zusammen, trotz teilweisem Regen. Dann stehen wir unter Vordächern und Markisen und küssen uns oder gehen eng umschlungen unter seinem Schirm.

Nach dem Bummel kurz nach Hause, umziehen, entspannen, dann zu seinem Lieblings-Thai. Ich habe eine Platte mit vier »Köstlichkeiten«, superlecker, aber nicht gerade viel, und da Ben sehr schnell isst und (wie so oft) schon fertig ist, als ich noch nicht mal ein Drittel gegessen habe, füttere ich ihn und bin hinterher alles andere als satt. Warum erwähne ich das eigentlich? Irgendwie kommt es mir so typisch vor: er ist gierig und »konsumiert« in vielerlei Hinsicht, und ich nähre das auch noch, bleibe selber aber hungrig und unbefriedigt.

Vierter Tag bei ihm

Spätes Frühstück und mit Ben noch einiges in der Stadt ansehen, was wir gestern nicht geschafft haben. Das Wetter ist scheußlich, immer wieder Regen, wir sind trotzdem guter Dinge. Zum Abschluss gehen wir essen, wir haben's nett, danach heim. Auf der Fahrt sagt er: »Marie hat endlich aufgehört zu stillen. Das hat mich so angeekelt, dass ich überhaupt keine Lust mehr auf sie hatte. Jetzt wo sie's nicht mehr tut, geht vielleicht wieder was.«

Er verbringt vier intensive Tage mit mir und hat die Stirn, mir das zu sagen! Allerdings wird mir das nicht gleich bewusst, sondern ich reagiere automatisch und gebe ihm auch eins vor den Bug: »Du lebst doch in einer riesengroßen Seifenblase. Meinst du, jetzt wo sie nicht mehr stillt, kommt sie prompt auf dich zu und will Sex? Und du, der du mir gesagt hast, du findest nichts mehr an ihr anziehend oder erotisch ... bildest du dir ein, ihr könntet jetzt plötzlich den tollen Sex haben, den ihr nie hattet?« Er stammelt: »Aber vor ihrer Schwangerschaft hatten wir ja Sex, und es war nicht schlecht ...« Ich erwidere: »In Ägypten hast du mir noch erzählt, der Sex mit ihr sei noch nie besonders gut gewesen. Du schiebst dir doch die Dinge zurecht, wie du's gerade brauchst, nur um nichts an deinem Leben ändern zu müssen. Aber so wirst du deine schwarzen Gedanken nie los.«

Er meint: »Du hast ein gutes Gespür dafür, genau meine wunden Punkte zu treffen.«

Ich frage ihn, ob er jemals längere Zeit Single war. Wie erwartet, gibt er zu: »Nein, höchstens ein paar Wochen.«

Zu Hause packe ich schon mal, er erledigt noch ein paar Mails, dann allmählich ins Bett. Habe eigentlich gar keine Lust auf Sex, erstens voller Bauch, zweitens seine blöde Marie-Bemerkung, drittens die letzten Tage genug Verkehr. Andererseits ist's unser letzter Abend, sicher ist er enttäuscht, wenn ich jetzt nicht ... und dann reagiert er vielleicht wie in unserer ersten Nacht.

Obwohl er sagt, seine Liebe drücke sich stark über Sex aus, kümmert er sich nicht besonders darum, was ich im Bett gern habe oder brauche. Ich schlafe trotzdem mit ihm und denke an den Spruch meiner Oma: »Der Appetit kommt beim Essen.« Aber na ja ... Zum Glück kommt Ben rasch.

Seltsam: Die meisten Männer, die betonen, wie sensibel sie seien, sind in Wahrheit nur überempfindlich in Bezug auf sich selbst. Ben ist es so wichtig, geliebt zu werden, dass er darüber vergisst, selbst zu lieben.

Wieder zu Hause

Die Geschichte schläft langsam ein. In den acht Tagen, seit ich zurück bin, hat er erst einmal angerufen. Nur Blabla. Kein Wort, ob und wann wir uns wiedersehen und ob er nach Fuerte kommt, obwohl ich beides bei meinem Besuch angesprochen hatte – aber nur vage Antworten kriegte. Gleichzeitig versucht er mich mit den üblichen SMS warm zu halten. Ich antworte kaum, weil ich finde, er könnte ruhig mal was anderes von sich geben als dieses unverbindliche Geschwafel.

Er braucht nur das Gefühl, dass da eine tolle Frau ist, die auf ihn wartet, für ihn da ist, ihn gern hat und so was.

Nachdem ich mich nicht mehr gemeldet hatte, rief er gestern an. Er sagte (ohne dass ich nachgefragt hatte), er wisse weder, wann er nach Berlin kommen könne, noch ob er überhaupt nach Fuerte käme, denn beruflich sei er nur noch voll gepackt. Er könne das höchstens spontan entscheiden. Ich sagte nichts weiter als »okay«.

Ich antworte nicht mehr auf seine SMS und gehe auch nicht mehr ans Telefon.

Ein Dreivierteljahr später

Bin wieder in Ägypten. Ben ist auch hier – mit Marie und Kind! Hab ich mir gedacht, dass er nichts geändert hat. Man kann täglich am Strand beobachten, dass die beiden herzlich wenig miteinander haben außer dem Kind. Und bei der erstbesten Gelegenheit heult er mir die Ohren voll. Exakt dieselben Klagen wie letztes Jahr. Genau das sage ich ihm dann auch und dass ich meine Meinung dazu bereits geäußert habe. Und gehe weg.

Er macht immer wieder Anläufe, nett zu mir zu sein und ein Gespräch anzuknüpfen, aber ich lasse ihn abblitzen. Seine stets gleichen Sprüche! Merkt er nicht an meinem unverhohlenen Desinteresse, dass die mich nerven? Anscheinend nicht, es klebt ihm immer das selbe Grinsen im Gesicht.

Ich bin enttäuscht von ihm, verachte ihn sogar ein wenig. Hat er mich letztes Jahr dauernd angelogen oder ist er einfach zu schwach? Sein »ich liebe dich« bedeutete nichts anderes als »bitte liebe mich«.

DocBeatrice kommentiert:

Beziehungshoppern wie Ben, die von einer Geschichte in die nächste hüpfen, geht es vor allem darum, nicht allein zu sein, und nicht so sehr um diesen einen speziellen Partner. Ben scheint nicht drüber nachzudenken, was er seiner Dauerfreundin Marie antut, indem er ihr eine Beziehung vorgaukelt und sie hintenherum betrügt. Oder was er seiner »Geliebten« Jeanette angetan hat.

Er wünscht sich echte und tiefe Liebe. Aber wie will er die kriegen, wenn er keiner Frau seine ungeteilte Liebe gibt? Er behauptet Jeanette geliebt zu haben, aber er hat sie sich anderthalb Jahre als Nebenfrau gehalten und schließlich die andere bevorzugt. Er denkt, dass Marie ihn vielleicht doch irgendwie liebt, aber geht fremd und ist auch nicht liebevoll zu ihr. Er glaubt zwar Julia zu lieben, aber »Liebe« kann man das eigentlich nicht nennen. Er hat sie von Anfang an als Seelentrösterin benutzt und sieht in ihr einen perfekten Ersatz für seine Geliebte Jeanette. Julia soll zur praktischen Long-Distance-Nebenaffäre werden. Das Gefühl, dass da eine tolle Frau ist, die auf ihn wartet, reicht ihm – klar, denn er hat ja genug andere Beziehungen: zu Marie, zu seinem Sohn, zu seiner Mutter. Alles nur halbe, keine richtige, erfüllte, aber das würde er wahrscheinlich auch gar nicht aushalten. Denn der Beziehungssüchtige ist oft ein versteckter Bindungsunfähiger. Doch während der klassische Bindungsunfähige das Alleinsein braucht wie die Luft zum Atmen, hat der Beziehungssüchtige rasende Angst vorm Alleinsein. Deswegen hält er sich eine ständige Partnerin, die er zwar nicht richtig liebt beziehungsweise mit der er nicht wirklich glücklich ist, aber die bei ihm bleibt, egal, wie er sie behandelt. Und wegen seiner versteckten Angst vor der Liebe ist gerade die Offizielle eine, mit der keine tiefe Beziehung möglich ist. Begegnet ihm dann eine Frau, die er wirklich lieben könnte, tut er alles um sie nicht wirklich in sein Leben zu lassen. Und entscheidet sich dann, wenn's hart auf hart kommt, für die ungefährlichere Variante.

Und Julia? Schon wieder lässt sie sich auf etwas ein, was direkt vor ihrer Nase steht und sich ihr aufdrängt. Gelegenheit macht Liebe, heißt es – aber die bietet vielleicht nicht das, was wir im Grunde unseres Herzens suchen. Oder vielleicht doch? »Man verliebt sich unter anderem in jemanden, weil er einem zum gegebenen Zeitpunkt entspricht«, sagt der Berliner Therapeut Marc Rackelmann. Eine Frau, die behauptet, sie wolle Ehe und Familie, sich aber mit einem Abenteurer zusammentut, ist noch nicht so weit. Eine Frau, die sich mit einem besitzergreifenden Partner liiert, hat wahrscheinlich große Angst davor, verlassen zu werden. Eine Frau, die von vornherein weiß, dass eine Liaison nicht die richtige für sie ist, und trotzdem drauf eingeht, kann sich wohl gerade nicht tiefer einlassen.

10. LIEBE DURCHS HINTERTÜRCHEN – DER SEXBESESSENE

„Hast du morgen Zeit für mich? Ich würde dich gern verwöhnen, streicheln, massieren ...« Eigentlich ja sehr schön, aber ich fühle mich jetzt schon unwohl bei der Vorstellung, dass ich ständig seine vorwitzigen Hände abwehren muss, besonders an einer Stelle ...

Komisch, ich hatte zuerst gedacht, er wäre so ein lieber, harmloser Typ, von dem ich nichts befürchten muss, weder gebunden noch reich noch schön, weder neurotisch noch sonst wie verkorkst durch böse Erfahrungen oder so, denn er ist erst 25 und kommt vom Lande, aus dem Schwarzwald, ist erst seit vier Wochen in Berlin. Na gut, vor zehn Tagen in der Shopping-Galerie war er gar nicht schüchtern gewesen, hatte mich offen angeguckt und angesprochen. Aber mir gefiel die freche Art, wie er mir Komplimente machte und wie er mich dringlich um ein Wiedersehen bat. Okay, er sagte geradeheraus, dass er gerne mit mir herumknutschen würde (was ich lachend ablehnte), und küsste mich zum Abschied herzhaft auf den Mund, das fand ich alles ein bisschen dreist, doch ich schrieb's seinem jugendlichen Überschwang und den Bieren zu.

Schon am nächsten Vormittag rief er an, wir verabredeten uns für Sonntag. Er schlug vor mich abzuholen und irgendwo etwas essen zu gehen.

Am Sonntag war dann das Wetter so scheußlich, dass man überhaupt nicht nach draußen gehen wollte. Wir tranken erst einmal Kaffee bei mir. »Du hast ja 'ne große Wohnung«, bemerkte er, »da könnte man ja locker zu zweit wohnen.« Er selbst hatte nur ein kleines Zimmer in einer WG. Wir plauderten nett, mir fiel nur auf, dass er mich sehr oft unterbrach, wieder dachte ich: jugendlicher Überschwang. Bei Tageslicht betrachtet, gefiel er mir doch nicht so gut, ich dachte: sein Gesicht hat etwas von einer Ratte, gleichwohl, er ist ein netter Typ, mal sehen, was der Nachmittag so bringt ...

Er sagte, er habe Hunger, es regnete weiter in Strömen, also schlug ich vor bei mir zu kochen. Er assistierte ein wenig, die Atmosphäre war locker und entspannt und mein Menü ganz nach seinem Gusto. Ich fragte ihn, woran seine letzte Beziehung gescheitert sei, er sagte, dass das Mädel total daneben gewesen sei, versucht hätte ihn fertig zu machen, auch im Bett: dort habe sie geschimpft: »Du machst ja Sex wie im Porno!« Dabei sei sie selbst unheimlich verklemmt gewesen. »Ich mag Frauen, die jederzeit offen sind für Sex – und für alles. Sex ist mir sehr wichtig, und eine, der das nicht so geht, ist nichts für mich!«

Nach dem Essen pflanzten wir uns mit Prosecco aufs Sofa und guckten Sex & the City-Videos. Mr. Big betrog seine Natasha, Anton kommentierte: »Wenn ein Mann fremdgeht, dann immer, weil ihm sexuell was fehlt.« Ich fragte mich, ob er aus eigener Erfahrung sprach.

Er bot an meinen Nacken zu massieren, ein Angebot, das ich fast nie abschlage, und nach dem Nacken massierte er auch gleich noch Rücken und Kopfhaut, hmmmm ... Irgendwann fing er auch an mich hier und da zu berühren, fuhr zum Beispiel mit den Fingernägeln auf meinen behosten Schenkeln lang, was mich durchaus erotisiert. Ich streichelte seine Arme und fand es schön, dass er sagte, er fände das schön.

Anton war nicht gerade maulfaul, seufzte, stöhnte, sagte, »das ist guuut«. Und er war forsch. Flugs hatte er mich ausgezogen und sich auch ... um dann zu behaupten, es gehöre zu seinen Prinzipien, nicht schon beim ersten Date mit einer Frau zu schlafen. Ich sagte: »Ja, ist gut, das gehört auch zu meinen Prinzipien, dann lass uns jetzt lieber aufhören.« Aber er hörte nicht auf, sondern legte noch einen Zahn zu, mich mit Händen und Mund heiß zu machen – etwas zu viel des Guten zwar (zu hart, zu grob), aber dank unseres regen Bettgeflüsters hatte ich keine Scheu ihm kleine Korrekturen mitzuteilen. Er brachte mich recht zügig zum Orgasmus, worauf ich nicht mehr an mich halten konnte und ihn in mich hinein bugsierte. Er wehrte sich keineswegs.

Was mich nun aber etwas irritierte, war, dass Anton nach seinem furiosen Start ein paar Zwischenhänger hatte und ich wiederholt Hand an seinen schwächelnden Freund legen musste. Außerdem hatte er stets seinen Finger an meiner rückwärtigen Öffnung und versuchte ihn hineinzustecken, was ihm einige Male gelang, er wurde von mir jedoch unverzüglich wieder hinausbefördert. »Magst du das nicht?«, fragte er.

»Ich bin da ziemlich empfindlich.«

»Stehst du denn auf Analverkehr?«

»In meinen Phantasien macht's mich schon an ... in der Realität tut's mir weh.«

»Dann hat's wohl noch keiner bei dir richtig gemacht.«

»Oh doch, bestimmt, ich hab's schon mehrmals probiert. Aber es war immer zu schmerzhaft.«

»Wenn ich das mache, tut's nicht weh, ich hab schon mehrere Frauen auf den Geschmack gebracht.«

Ich war zu erregt und zu alkoholisiert um weiter drüber nachzudenken.

Was mich bei unserem wilden Treiben auch wunderte, war, dass er ewig nicht kam – erst als ich sein Teil ziemlich hart manuell bearbeitete und er dabei seinen Finger heftig in meinem Hintereingang auf und ab bewegte. Es war unangenehm, aber ich nahm's hin, weil er sonst vielleicht noch länger gebraucht hätte.

Danach kuschelten wir noch ein wenig. Er sah auf die Uhr und sagte, er müsse los um noch die U-Bahn nach Hause zu erwischen. Er zog sich an, verabschiedete sich auf sehr liebe Art, es fühlte sich so an, als ob wir, wenn's nach ihm ginge, jetzt zusammen wären.

Und dann lag ich schlaflos im Bett und grübelte, ob ich das wollte. Eine richtige Beziehung eher nicht, er war zu jung und ich (noch?) nicht verliebt. Fand ihn nett und war recht angetan, dass es bei unserer Sexpremiere schon so abging und er mich mehrfach zum Kommen gebracht hatte – was beim ersten Mal eher sehr selten vorkommt. Mein Liebhaber könnte er sein. Hatte in letzter Zeit ohnehin oft gedacht, ich müsste mir einen zulegen, bevor ich völlig vertrockne – wenn's schon mit den Beziehungen nicht klappt.

Andererseits stieß es mir auf, dass er es nicht einfach hinnahm, als ich sagte, dass es mir wehtut, sondern mir im Gegenteil zu verstehen gab, ich solle mich nicht so haben und ihn einfach machen lassen – er wüsste schon, was gut für mich ist. Verdammt, ich bin keine 18-Jährige mehr, der man einige Praktiken erst noch nahe bringen muss oder die man einfach überrumpeln kann. Außerdem geht's hier ja nicht um was Harmloses wie Oralverkehr oder eine Nummer im Park, sondern um etwas, was mir Schmerzen bereitet. Überhaupt finde ich es daneben, das Thema schon beim ersten Mal aufzubringen. Nach ein paar Monaten wäre das eher angebracht. Oder hab ich da irgendwas nicht mitgekriegt? Machen das jetzt alle außer mir? Quatsch. Eine, die jung und unerfahren ist, fällt vielleicht drauf rein, was manche Männer einem weismachen wollen: »Analverkehr und Schlucken, das macht doch heute jede«, »*Alle* Frauen sind da rasiert«, »Keine meiner Exen brauchte so ein langes Vorspiel und sie sind trotzdem jedes Mal gekommen« ... Die Porno-Industrie verbreitet natürlich ganz ähnlichen Blödsinn, aber wenn ich meine weiblichen Bekannten frage, höre ich was ganz anderes.

Schon am nächsten Morgen rief er mich aus seinem Büro an: »Wie geht's dir?«

»Ich konnte nicht schlafen, ich war aufgewühlt.«

»Wieso?«

»Normalerweise hat man ja beim ersten Mal eher Blümchensex, und bei uns ging's gleich so ab ...«

»Wieso, was war da anders als beim Blümchensex?«

Ich fragte mich: Wenn diese turbulente Zweieinhalb-Stunden-Nummer für ihn Blümchensex war, was ist dann für ihn heißer Sex? Orgien, Spermasauereien, SM-Spielchen? Ich fühlte mich jetzt schon etwas unter Leistungsdruck.

Er fragte, ob er direkt nach der Arbeit vorbeikommen könne. Das war mir zwar nicht so recht, ich hatte nämlich um sechs einen großen Zahnarzttermin, erfahrungsgemäß würde ich nachher lädiert sein; aber da er Dienstag verabredet war und ich Mittwoch, sagte ich ja.

Anton kam um acht, bat mich, seinen Nacken und Rücken zu massieren – okay. Er genoss es hörbar, nahm mich danach aber nicht in den Arm oder streichelte mich, sondern grapschte mir am Busen und am Unterbauch herum. Mir stand der Sinn gar nicht nach sexuellen Handlungen, zumal ich noch Zahn- und Kopfschmerzen hatte und mich überhaupt wegen der schlaflosen Nacht lasch fühlte. Ich wedelte seine Hände immer wieder weg, er bewegte sie immer wieder dorthin, ich drückte sie weg, er fragte: »Was ist?«, und ich sagte: »Ich möchte gern erst woanders angefasst werden, bevor ich dort angefasst werde«, und erwähnte nochmals, dass es mir nicht so gut ging. Er sagte, es sei ohnehin schon zehn und er sehr müde, er gehe jetzt besser. Ich stand auf, er auch, ich küsste ihn, woraufhin er mir mit einem Ruck das Shirt und den BH hochriss und sich an meinen Brüsten zu schaffen machte. Bei anderer Gelegenheit hätte mich das vielleicht angemacht – jetzt nicht. Ich verstaute sie grinsend wieder und begleitete ihn zur Tür. Er umarmte mich, was ich als nette Abschiedsgeste deutete, aber nur eine Sekunde lang, denn schon hatte er seine Hand in meiner Hose und grabbelte an meinem Po herum. Ich zog sie energisch heraus und schob ihn zur Tür hinaus.

Ich war fast ein bisschen froh jetzt allein ins Bett zu gehen.

Er meldete sich am nächsten Tag kurz von der Arbeit, und am übernächsten fragte er mich, wann wir uns wiedersehen würden. Normalerweise hätte ich ihm – wegen unseres letzten doofen Treffens – einen Korb gegeben. Aber ich befand mich gerade kurz vorm Eisprung, was mir mehr Lust als sonst beschert, zudem hatte ich so ein ... ähm ... seltsames, verlangendes Jucken zwischen den Beinen, deshalb bestellte ich ihn auf den morgigen Tag.

Donnerstagabend kam er also wieder vorbei, ich fragte: »Was machen wir? Wollen wir was trinken gehen?« Er sagte, es wäre ihm lieber, gemütlich Videos zu schauen. Wir suchten eins aus. Er sagte: »Ich hab Hunger ... Hast du was da?«

Ich machte ihm Sandwiches und Salat, zur Belohnung massierte er mich, ging aber ziemlich schnell zum verlängerten Rücken über ...

Dann wieder das Gleiche wie beim ersten Mal: Beim normalen Verkehr wurde er nicht richtig steif, tendierte immer wieder in Richtung hinten, mit Fingern und Glied, ich war nur noch am Ausweichen und konnte den Sex gar nicht mehr genießen. Mir fiel auf, dass sein Penis nur dann wirklich hart war, wenn Anton sich an meinem Anus zu schaffen machte. Ich sagte: »Was ist los? Törnt dich der Beischlaf in der Hauptverkehrsstraße nicht an?«

Er: »Ähm ... du bist da zu weit.«

Ich weiß genau, dass ich da nicht zu weit bin, denn meine Scheidenmuskeln sind gut trainiert und können einen Mann ordentlich in die Kneifzange nehmen. Hah! Daniela hatte auch mal einen, der das als Vorwand benutzen wollte um freie Fahrt in den engeren Eingang zu bekommen. »Ich spüre beim Vögeln zu wenig von dir«, sagte mir mal einer, der immer nur scharf auf Blowjobs war. Das war einer von den Rüpeln, die Frauen auch ungefragt ins Gesicht ejakulieren, ganz furchtbar.

Ich erwiderte: »Ich denk zwar nicht, dass ich zu weit bin, aber vielleicht hast du ja eine Idee, was wir da machen könnten?«

»Überlass das mir ... hast du Öl oder Vaseline da?«

Ich stellte mich blöd: »Ich glaub nicht, dass Öl oder Vaseline mich enger machen.«

»Ich will's ja auch nicht für deine Dose, sondern für die Rose ... harhar, reimt sich!«

Ich stand auf, zog mir etwas über und sagte: »Sorry, mir ist die Lust vergangen. Mir wäre lieber, du gehst jetzt.«

»Äh, was jetzt ...? Soll ich dich massieren? Oder was soll ich tun?«

»Geh einfach. Ich möchte allein sein.«

Er guckte verdutzt und enttäuscht, aber gehorchte.

Und dann lag ich wieder einmal wach und grübelte. Das ist ein schlechtes Zeichen. Nämlich dass Anton nicht der Richtige für mich ist. Nicht mal als Liebhaber.

Mein Hintern tat weh. Und meine Scheide juckte höllisch, gegen Morgen immer stärker. Ich kenne das schon. Wenn ein Mann dauernd mit den Fingern zwischen Po und Scheide hin und her wandert, machen es sich die ganzen Coli-Bakterien in der Scheide gemütlich und entfachen dort eine nette kleine Infektion. Da ist wohl ein Frauenarztbesuch fällig, so sehr ich es auch hasse.

Ich dachte: Wahrscheinlich war's das jetzt auch für ihn, nach diesem verunglückten Abend. Aber nein, er bombardierte mich mit SMS und Anrufen und eben vor einer Stunde kam sein eingangs erwähntes Angebot, ob er mich »verwöhnen« dürfe. Bloß hab ich eher ein ungutes Gefühl, statt mich zu freuen. Tue ich ihm unrecht, wenn ich befürchte, dass ihm der Sex, wie ich ihn gern habe, nicht viel gibt? Dass er auch an *mir* nicht allzu sehr interessiert ist, sondern in erster Linie an meinem Po?

Ich rufe Daniela an und erzähle von Anton. Sie sagt, das erinnere sie an Olaf, einen Typen, der sie ständig dazu nötigen wollte, bis zum Ende zu blasen, sprich, ihn in ihren Mund kommen zu lassen. Aber dazu muss sie einen Mann schon verdammt gern haben, und das war bei ihm noch nicht der Fall – sie kannten sich noch nicht so lange und er hielt sie auch ein bisschen auf Abstand. Übel genug, dass Olaf sie immer wieder drängte und ihr Nein nicht akzeptierte – doch er setzte noch eins drauf, indem er androhte: »Es gibt genug Frauen, von denen ich das kriegen kann ...«

Und als sie ihn das nächste Mal oral stimulierte, kam er einfach in ihrem Mund, sodass sie das Zeug im Reflex quer durch sein ganzes Bett prustete. Wutentbrannt motzte er: »Wenn ich mich nicht so gut im Griff hätte, würde ich dich jetzt an den Haaren packen und aus dem Bett werfen!«

Sie rief genauso wütend: »Wir hatten abgemacht, dass du dein Kommen vorher ankündigst!«

Er: »Das hat mich sowieso schon die ganze Zeit genervt! So 'ne Scheiße, warum soll man das vorher ankündigen?!«

Jetzt kann Daniela drüber lachen: »So schnell hast du noch nie eine Frau sich anziehen und eine Wohnung verlassen sehen. So ein ätzender Drecksack. Und das mit 38. Der Sex mit Olaf war ja nicht mal besonders toll, obwohl er sich natürlich für einen begnadeten Liebhaber hielt. Zum Beispiel unser vorletzter Akt: Da streichelte er mal wieder ziemlich zielstrebig, dass ich teils schon seine Hände wegdrücken musste, und ich wurde nicht feucht, weswegen sich sein Fingerspiel unten gar nicht gut anfühlte. Ich klemme also die Beine zusammen und streichle seinen Hintern, er verlangt: ›Vorne bitte!‹ Okay, mach ich. Er scheint's zu genießen, und nach einer Weile sagt er, mit dem Mund würde es sich noch besser anfühlen. Ich sage: ›Dann bist du total erregt und ich überhaupt nicht – das passt nicht so gut!‹ Er fragt: ›Du bist nicht erregt?‹ Herrje, denk ich, merkt der denn gar nichts? Ich verneine und sage, ich bräuchte mehr Zärtlichkeit, worauf er abgetörnt ist, auch mental. Was 'ne Mimose. Er liegt ganz steif da und nölt: ›Das ist doch unnatürlich, dass du immer sagst, tu dies, tu das ... ‹ Aha. Unnatürlich, wenn man seine Wünsche im Bett äußert. Der Spruch kommt ausgerechnet von einem, der einen eklatanten Mangel an Feingefühl für seine Partnerin hat. Ich musste ihm wirklich *alles* sagen, und das meistens mehrfach. Selbst Dinge, die ein Mann seines Alters wissen müsste, zum Beispiel dass man einer Frau nicht gleich an den Busen und zwischen die Beine greift und dass es noch viele andere erogene Zonen gibt.

Ich erwidere nur: ›DU warst doch gerade derjenige, der gesagt hat: mach dies, mach das.‹ Ich küsse und streichle ihn, aber er wehrt mich ab. Oh Mann. Beleidigte Leberwurst. Er behauptet, ich hätte ihn als egoistisch hingestellt. Ich protestiere: ›Nein, hab ich nicht! Ich finde es nur ungünstig, wenn der eine total erregt ist und der andere nicht – Sex ist doch viel schöner, wenn beide ungefähr gleich erregt sind.‹ Aber das brachte sowieso nix mehr, meine Lust war genauso im Eimer.«

Mir fällt ein, dass auch Anton mich die meiste Zeit zu grob anfasste und ich ziemlich oft flüsterte, »zarter bitte« und er dann einmal sagte, seine Ex wollte immer recht fest angefasst werden, worauf ich erwiderte, ich sei nicht seine Ex. Das schien er nicht wirklich begriffen zu haben, denn er übertrug ja auch ihre Analvorliebe auf mich. Beziehungsweise auf alle Frauen. Anton neigt überhaupt zu Pauschalisierungen. Er sagt ständig, »Frauen tun dies und hassen das«, »Frauen nörgeln immer«, »Frauen mögen eine harte Hand« und so weiter.

Er küsst auch zu hart, hat dabei harte Lippen und eine harte Zunge, die viel zu stark in meinen Mund vorstößt, was ich aber nicht so schlimm finde, denn den meisten Männern kann man zärtlicheres Küssen beibringen – siehe Ben.

»Ach, na ja«, meint Daniela, »was nützt dir das, wenn dann der Rest vom Sex nicht stimmt? Dieser Olaf ging übrigens beim Kennenlernen genauso schnell auf Frontalkurs wie dein Anton: Arm um die Taille, ›ich will dich jetzt sofort küssen‹. Ein Mann, der schon bei der ersten Begegnung körperlich so vorprescht, wird dich im Bett total platt machen. Da fehlt's an Zurückhaltung und Respekt.«

Sie fand noch mehr Gemeinsamkeiten: »Wie Anton hatte Olaf auch nur eine Übergangsbehausung, und zwar so ein möbliertes Wohnklo. Er meinte: ›Was soll ich jetzt groß in 'ne Wohnung investieren? Ich will sowieso irgendwann mit 'ner Frau zusammenziehen.‹ Sprich, Männern wie Anton und Olaf geht es weniger um dich als Person, sondern dass du bestimmte Zwecke erfüllst – in dem Fall gewisse Sexpraktiken mitmachst und ein behagliches Nestchen baust.«

Ich muss lachen. Anton hat schon zweimal erwähnt, dass seine WG bald aufgelöst wird und er nicht weiß, wo er dann hin soll.

»Entsprichst du diesen Zwecken nicht«, fährt Daniela fort, »wirst du entsorgt. Oder sie erpressen dich: Wenn du mir das nicht gibst, muss ich's mir wohl woanders holen. Hundsgemein.«

»Ja. ›Liebe‹ kann man das nicht grade nennen.«

»Stell dir vor, Olaf sagte: ›Wenn ich mir von allen Sexpraktiken, die's gibt, eine aussuchen und auf den Rest für immer verzichten müsste, würde ich *Blasen mit Schlucken* nehmen.‹ Für mich gäbe es da keine Frage, was ich wählen würde: Miteinander schlafen; obwohl ich dabei nicht kommen kann. Ist es nicht ziemlich bezeichnend, dass Olaf sich so was Einseitiges aussucht, wo nur er bedient wird?«

»Wie lange warst du mit dem zusammen?«

»Sechs oder sieben Wochen, mehr nicht. Trotzdem, da muss ich ganz schön verzweifelt gewesen sein.«

»Jetzt weiß ich immer noch nicht, ob ich Anton morgen treffen soll. Vielleicht würde er mich tatsächlich schön verwöhnen und wir hätten einen tollen Abend? Andererseits will ich auf keinen Fall, dass es Richtung Sex geht.«

»Sag doch, du hast 'ne Scheidenentzündung. Oder deine Tage.«

»Das wird ihn kaum abhalten. Er bevorzugt ja den anderen Eingang. Oder vielleicht doch nicht? Vielleicht sollte ich das vorher rausfinden. Auf neutralem Terrain.«

Als Anton vormittags anruft, schlägt er vor, dass »wir« (!) im Supermarkt etwas einkaufen und bei mir kochen, worauf ich sage: »Mir ist nicht nach Kochen.« Er schlägt »Tiefkühlpizza« vor. Ich sage, »Ich hasse Tiefkühlpizza«, worauf er wortreich versucht, mir »seine« Tiefkühlpizza schmackhaft zu machen, worauf ich die Diskussion beende: »Erstens, ich mag Pizza generell nicht, zweitens, willst du mich im Ernst mit Tiefkühlpizza abspeisen, nachdem ich dich die letzten beiden Male bewirtet habe? Mein Vorschlag wäre das Programm, das wir beim ersten Date übersprungen haben, nämlich ganz klassisch Essengehen mit Beschnuppern und so.«

Anton schluckt einen Moment. »Na gut.«

Aus Rücksicht auf seine Sparsamkeit führe ich ihn zu zwei Billig-Asiaten. Er wählt den billigeren. Okay.

Der Abend mit ihm gestaltet sich mühsam, weil er entweder frozzelt (»Ich dachte, du bist so'ne Emanze«) oder provokative Plattheiten von sich gibt (»Frauen mögen es, wenn man sie schlecht behandelt«) oder an mir herumzerrt (»Warum redest du denn so wenig? Ich komm mir schon vor wie auf dem Friedhof«). Als ich erwähne, dass ich letzte Nacht wieder sehr schlecht geschlafen habe, fragt er: »Meinetwegen?« Und ich sage: »Ach, nur teils, vor allem wegen beruflicher Sorgen.« Da bohrt er so lange nach, warum ich »teils« seinetwegen wachgelegen habe, bis ich vorsichtig darlege, dass es ihm möglicherweise manchmal etwas an Respekt mangle. Da er das nicht findet, will er gleich Beispiele hören. Ich mag keine nennen, weil das die Stimmung komplett verdürbe, aber er gibt nicht nach, bis ich ein paar Dinge aufzähle: dass er mich beim Reden sehr oft unterbricht; dass er mir Montag am Busen herumgegrapscht hat, obwohl ich deutlich gemacht hatte, dass ich das nicht möchte; dass er meine Wohnung kritisiert hat (»dieser ganze olle Trödel hier«). Er bezeichnet mich als überempfindlich. Ich erkläre wiederholt, es ginge nicht darum, dass ich angepiekt sei, sondern dass die *Summe* der Vorkommnisse einen Mangel an Respekt nahe lege. Da er das als lächerlich abtut, sage ich, dass das ja nicht die einzigen Zeichen waren, aber ich ihm den Rest jetzt nicht aufzählen will. Er will wissen, was, ich sage, »nein, nicht hier«. Sein Gesicht hat sich inzwischen total verfinstert, nun sieht er tatsächlich aus wie eine Ratte und er zischt: »Da du mich ja total unmöglich findest, passen wir wohl nicht zusammen und es ist besser, wenn wir den Abend beenden.«

Ich widerspreche heftig, aber freundlich, dass es mir nur darum geht, von vornherein hellhörig zu sein für kleine Respektlosigkeiten (immerhin zeigt Anton schon ähnliche Vorzeichen wie Kurt!). »Du bauschst da Nichtigkeiten auf und willst mich zum Arschloch stempeln.« »Nein«, widerspreche ich, »viele Kleinigkeiten machen in der Summe auch wieder was Größeres, und außerdem, wie gesagt, *das eine* hab ich ja noch nicht aufgeführt.« Er will es wissen, hier und sofort, also sage ich: »Du solltest es einfach akzeptieren, wenn ich sage, dass mir Analverkehr wehtut, und nicht lang hin und her reden, als ob ich mich bloß blöd anstelle und verklemmt bin.«

Aber er kann es einfach nicht lassen, auch jetzt nicht. Wieder kommt er mir damit, dass die Frauen, mit denen er zuletzt im Bett war, es *alle* gemacht haben. Ich frage: »Wie viele?« »Drei, äh, äh, nee, vier.« Wer's glaubt, wird selig. Eine war sicher die, die ihn nach ein paar Nächten rauswarf. Ich schätze, ich kenne den Grund. Und auch den, warum seine längste Freundin das letzte halbe Jahr nicht mehr mit ihm schlafen mochte. »Ah, dann hast du wohl Glück gehabt. Ich hab mich umgehört und im Internet ausgiebig nach Umfragen gestöbert. Die Mehrzahl der Frauen ist davon gar nicht zu begeistern.«

Das glaubt er nicht. »Was gibt's denn noch groß außer Blümchensex, Fesseln, SM? Über kurz oder lang landet man sowieso beim Analverkehr.«

»Wieso? Es gibt doch noch viel mehr als das! Allein Vaginalverkehr hat viele aufregende Varianten.«

»Ich oben, sie unten, sie oben, ich unten, oder von hinten. Das wird doch schnell langweilig.«

»Na hör mal«, widerspreche ich, »du kannst dabei ja schon mal viel mehr Stellungen machen als beim Analverkehr.«

»Ach Quatsch, welche denn bitte?«

»Beim Analsex muss der Penis immer grade rein, sonst geht die Frau an die Decke. Vaginal kannst du auch all die schönen Stellungen machen, wo du schräg reingehst beziehungsweise stark von oben oder unten, weil die Scheide eben größer und dehnbarer ist und auch nicht so viel Vorsicht erfordert. Außerdem ist in diesem wunderbaren Gerät das Gleitmittel schon enthalten.«

»Ich hab immer eine Flasche Babyöl zur Hand.«

»Ach, wenn du's mit deiner Freundin mal spontan in der Sommerwiese oder in der Umkleide machen willst, hast du immer dein Öl dabei?«

»So was interessiert mich nicht.« (Auf gut deutsch: Da hat er's noch nie gemacht, der große Sexkenner und Blümchensex-Verächter.)

Ich (schwärmerisch): »Wenn ich an all die wunderbaren Orte denke, wo ich's schon getan hab – die möcht' ich nicht missen!«

»Phh, so was reizt mich nicht. Ich bevorzuge da den klassischen Ort. Für die Po-Liebe brauchst du sowieso viel mehr Zeit und Ruhe. Man muss ja erst mal dehnen.«

Oh Gott, denke ich, stell dir vor, du hast einen Freund, für den toller Sex immer nur darin besteht, einen riesen Act um deinen Hintern zu machen. Da wird erst mal eine Dreiviertelstunde geölt und gedehnt ...

Ich erinnere mich an unser Telefonat nach der ersten Nacht, wo ich mich gefragt hatte, wie er wohl »Blümchensex« und »heiße Nummern« definiert. Jetzt weiß ich es. Jeglicher Vaginalverkehr ist für ihn Blümchensex (jedenfalls der, den er bis jetzt hatte!), nur das Blümchen hinten ist heiß. Und wer weiß, sicher hat er noch ein paar andere Quälereien in petto, die kleine Ratte.

Ich sage: »Allein dass du dehnen musst, zeigt ja schon, dass die Natur diese Öffnung nicht für Sex vorgesehen hat. Sie ist dafür gemacht, dass was rausgeht, nicht rein.«

Er gibt zu: »Kann ja sein, dass ein Schwanz für manche Frauen zu groß ist. Aber ein Finger geht bei jeder.«

»Nein, selbst ein Finger kann weh tun.«

»Ich hatte nicht den Eindruck, als ob dir mein Finger wehgetan hätte.«

»Am Schluss schon, aber sonst wärst du ja nie gekommen.«

»Entschuldige, dass ich so lang gebraucht habe!!«, ätzt er ironisch.

»Gehe ich recht in der Annahme, dass du ohne den Finger da nicht gekommen wärst?«

»Ich muss zugeben, das macht mich schon an.«

Na prost Mahlzeit. Ein Kerl, der ohne Einbeziehung des Hintertürchens Orgasmusprobleme hat.

»Also meine Ex jedenfalls hatte durch Analverkehr die stärksten Orgasmen.«

»Deine Ex, aha. Welch glücklicher Zufall. Die wenigsten Frauen kommen überhaupt dabei.«

Er glaubt mir nicht, denn nachdem er mit seiner Ex offenbar regelmäßig diese Praktik ausübte (bis auf das letzte halbe Jahr!), hält er sich für den AV-Spezialisten persönlich und meint, er müsse jeder Frau diesen Quell der Seligkeit erschließen. Wer sich ziert, wird bearbeitet nach dem Motto »Manche Leute muss man zu ihrem Glück zwingen« oder auch »Steter Tropfen höhlt den Steiß«. Nun verkündet er: »Wenn eine Frau dabei nicht kommen kann, ist sie prüde und analfeindlich.« Ich erläutere, dass die meisten Leute da eher Schmerzen als Orgasmen kriegen, weil im Anus jede Menge hochempfindlicher Nerven sitzen. Und dass Frauen obendrein noch flugs eine Scheidenentzündung haben, wenn der Partner von einer Öffnung zur anderen wechselt, wie ich jetzt auch. Das veranlasst ihn keineswegs dazu, sein Bedauern auszudrücken, sondern mich anzugiften, ich würde ihn jetzt vollends zum Oberarsch abstempeln.

Er verabschiedet sich grimmig: »Das war's dann ja wohl.« Ich lächle: »Danke für das Essen.« Er hat's nach langem Warten, ob ich das wohl übernähme, zähneknirschend bezahlt und ruft mir hinterher: »Kannst es ja als Entschädigung für die zugefügten Leiden betrachten!« Ich wünsche ihm noch freundlich: »Viel Erfolg bei der Suche nach einer Analfixierten!«

DocBeatrice kommentiert:

In meiner Internet-Liebesberatung bekomme ich erschütternd viele Briefe von Frauen, die sich zum Sex oder zu bestimmten sexuellen Handlungen nötigen lassen – von ihren Partnern, Lovern, sogar von flüchtigen Abenteuern.

Den größten Anteil machen die Frauen aus, die in einer Beziehung oder beziehungsähnlichen Verbindung stecken. Ich sage extra »beziehungsähnliche Verbindung«, denn wie so oft haben wir es hier mit einem Tauschhandel zu tun: Er bietet ihr die Illusion einer Beziehung, wenn sie ihm bestimmte Wünsche (sexuelle und nicht-sexuelle) erfüllt. Das Gemeine ist: Er nutzt ihre Verliebtheit und ihre Angst vor dem Verlassen-Werden, um seine Spezialwünsche durchzusetzen. Die Mittel dazu sind vielfältig: Er stellt sie als prüde und unnormal dar, überrollt sie einfach, setzt sie unter Druck, droht, erpresst sie ... Weigert sie sich trotzdem noch, geht er fremd oder macht Schluss.

Andere Sexfreaks schaffen mit ihrer Art von Sexualität eine Barriere zwischen sich und der Partnerin. Zum Beispiel durch Porno- und Onaniersucht: Da lebt sich einer mit unpersönlichen »Objekten« aus, das gemeinsame Liebesleben hingegen klappt nicht so recht: Entweder er hat keine Lust oder Probleme mit Orgasmus oder Erektion, oder er geht nicht auf die Frau ein, sodass sie den Spaß dran verliert und ihrerseits den Sex vermeidet, zum Beispiel durch Lustlosigkeit, Ausreden, chronische Scheidenprobleme.

Wozu diese Barriere? Weil er mit echter Intimität (also großer körperlicher und emotionaler Nähe) nicht klarkommt.

Auch sein Faible für eine bestimmte Praktik oder einen Fetisch kann sich zwischen das Paar schieben, insofern die Frau es nicht teilt. Für die reinen Fetischisten ist der Fetisch wichtiger als die Partnerin. Insofern sind die Vorlieben von Anton, dem Analfixierten, und Olaf, dem Oralen, auch eine Art Fetisch. Nicht zu unrecht befürchtet Julia, dass ihr neuer Lover vor allem an ihrem Po interessiert ist.

Das Problem bei einem Sexbesessenen ist weniger der Sex selbst oder dass er etwas Ausgefallenes will. Sondern dass er so fixiert auf seinen Trieb ist, dass die Partnerin in den Hintergrund tritt oder sogar missbraucht und gedemütigt wird. Sie wird zum Objekt und nicht wirklich wahrgenommen als ein Mensch mit Gefühlen und Bedürfnissen und Empfindlichkeiten.

Ich kann nur immer allen Frauen raten: Lassen Sie sich nicht nötigen. Ein Mann, der Sie liebt, respektiert Ihre sexuellen Grenzen. Wenn er sie nicht respektiert, wird er Ihnen mit Sicherheit auch in anderen Bereichen zu wenig Respekt erweisen. Riskieren Sie ruhig die Trennung, denn bei so jemandem haben Sie ohnehin nicht viel zu verlieren.

Und für alle Frauen, denen ihr Schatz erzählen will, was im Bett »normal« sei, habe ich meine Archive durchkämmt und folgende Zahlen gefunden ...

Analverkehr: 54 Prozent der deutschen Frauen lehnen ihn rigoros ab, ein Drittel hat's schon mal ausprobiert, nur 6 Prozent haben es als lustvoll empfunden, nicht einmal 5 Prozent haben ihn regelmäßig.

Blasen bis zum Ende: Für 30 Prozent ein Unding. Der Rest hat es zwar schon mal gemacht, aber bloß jede Zehnte praktiziert es oft.

Schlucken: Knapp 80 Prozent finden es eklig, nur 4 Prozent tun es gern und regelmäßig.

Flotter Dreier: 73 Prozent wären niemals bereit dazu.

SM-Praktiken: Für 65 Prozent käme so etwas nie in Frage, 27 Prozent haben schon mal etwas davon ausprobiert, nur 3–4 Prozent beschert es große Lust.

Lesben-Sex: 61 Prozent sagen: Nicht für mich!

11. EIN WAHRER FRAUENFREUND – DER CASANOVA

Hallo Carl!

Da du meine Anrufe nicht annimmst, schreibe ich eben eine E-Mail.

Sag mal, ist das nicht ziemlich blöd, wenn man weder ans Telefon noch ans Handy gehen kann, nur weil die Exfreundin dran sein könnte und du zu feige bist dich ihr zu stellen? Pinkelst du dir damit nicht selber ans Bein? Jetzt musst du all die Leute zurückrufen, die dir auf den Anrufbeantworter oder die Mailbox sprechen; läuft ganz schön ins Geld! Jemandem wie dir muss das doch ganz schön wehtun, oder? Und du kannst auch nicht mehr in unser Fitness-Studio und in unsere Clubs gehen – wo das doch so gute Akquise-Orte für dich waren ...

Na, wenigstens ein kleines bisschen Strafe für deine miesen Betrügereien.

Seit du weißt, dass du aufgeflogen bist, versteckst du dich vor mir. Ich nehme an, selbstgerecht wie du bist, rechtfertigst du dein Stillschweigen damit, dass ich in deinen Sachen geschnüffelt habe. Aber ich hatte ja guten Grund dazu. Nicht nur wegen dieses anonymen Briefes vor vier Monaten. Es gab schon *vor* dem Brief eine Menge Hinweise.

1) Du hattest immer weniger Zeit für mich. Deine Begründung: Du hättest so viele Aufträge und würdest außerdem mit Andy eine neue Geschäftsidee vorbereiten. Aber gleichzeitig jammerst du über deine Geldknappheit und bist bei Andy selten anzutreffen.

Ich bin fassungslos, wie man einem Menschen so unverfroren ins Gesicht lügen und ihm gleichzeitig sagen kann, dass man ihn liebt. Ich hab dir geglaubt, Carl.

2) Du warst immer öfter nicht erreichbar – seltsam für jemanden, der geradezu handy-süchtig und geschäftlich aufs Telefon angewiesen ist. Vor allem am Wochenende hast du mir die eigenartigsten Geschichten erzählt. Die kamen mir schon manchmal komisch vor.

3) Du hast, wenn ich bei dir war, deinen Anrufbeantworter abgeschaltet.

4) Teilweise hast du vermieden, dass ich zu dir komme – sicher aus Angst, ich könnte Spuren der anderen entdecken.

5) Du warst zunehmend müde – oft sogar zu müde für eine kleine Nummer, etwas, was ich von dir gar nicht kannte! Du, der allzeit bereite Superlover! Darauf warst du doch immer so stolz gewesen! Und ich muss ja auch zugeben, der Sex mit dir ist wirklich klasse.

6) Du rochst frisch geduscht, wenn du abends zu mir kamst, obwohl du normalerweise morgens duschst, und hattest frische Klamotten an.

Ich redete mit Sandra und Daniela über diese Anzeichen. Beide sagten: »Klingt, als ob er 'ne andere haben könnte.«

Na und dann dieser Brief. »Ihr Freund betrügt sie mit einer gewissen Mandy.« Unterschrift: »Eine, die es gut mit Ihnen meint.« Haha! Ich möchte wetten, das war sie selber. Damit ich dich rauswerfen würde und sie freie Bahn hätte. Und ich war so saudämlich mich von dir bequatschen zu lassen und deinen Schwüren Glauben zu schenken: »Ich kenne keine Mandy – das kommt bestimmt von meiner bescheuerten Ex, die immer noch einen Hass auf mich hat und mir mein Glück nicht gönnen will.«

Danach warst du ja auch besonders nett zu mir, sodass ich gutgläubige Kuh glaubte: Sieh mal an, da hat der Brief auch sein Gutes gehabt.

Aber nach ein paar Wochen hatte ich wieder so ein ungutes Gefühl. Du warst oft gedanklich abwesend und wirktest etwas verhuscht. Dann kam ein weiterer Brief: »Carl geht immer noch zu Mandy.« Ich hab ihn dir nicht gezeigt, sondern in deinem Adressbuch die Telefonnummer deiner Ex Susanne ausfindig gemacht und sie angerufen. Hab sie frei heraus gefragt, ob *sie* mir diese Briefe schreibt. Sie versicherte mir glaubhaft, dass sie es nicht sei, und lachte.

»Carl behauptet, du hasst ihn, und deswegen traut er dir die Briefe zu«, sagte ich. Susanne lachte erneut. »Ach nein. Wie soll man jemanden hassen, für den man nur noch Verachtung und Mitleid übrig hat. Der ist ein armes Würstchen. Siehst du, er hat auch mich mehrfach betrogen. Der ist doch echt arm, wenn er es nötig hat, sein mickriges Selbstbewusstsein durch möglichst viele Affären aufzublasen und vor seinen Kumpels mit seinen vielen Stichen anzugeben. Wusstest du, dass er das tut?« Nein, wusste ich nicht. Aber jetzt wurde mir klar, warum du dein Bestes tatest mich von deinen Freunden fern zu halten. Und was ihre verschwörerischen Blicke zu bedeuten hatten, wenn ich sie doch mal traf.

Ferner verriet deine Ex Susanne mir, dass du meistens mindestens zwei Frauen nebeneinander zu laufen hast, manchmal sogar drei oder vier. Ich dachte, nein, das kann ich mir nicht vorstellen – das hätte ich doch gemerkt! Vielleicht hat er sich ja geändert. Vielleicht waren seine Gefühle für Susanne nicht so stark (wie für mich) oder vielleicht war sie prüde im Bett und schlief kaum mit ihm ...

Doch das Misstrauen schwelte weiter in mir.

Vor allem gab es zunächst dieses eine Rätsel zu lösen: *Wer ist Mandy??!!*

Eines Nachts, als du bei mir schliefst, stand ich heimlich auf und guckte in dein Handy. Ich weiß, das ist ein Kapitalverbrechen, aber du hattest mir nach und nach so viele Hinweise fürs Fremdgehen geliefert, dass ich einfach nur Mandy ausfindig machen wollte. Im Verzeichnis war sie nicht. Ich schrieb alle verdächtigen Frauennamen nebst Telefonnummer auf.

Am nächsten Tag rief ich alle 23 an. Immer mit demselben Sprüchlein: »Hallo, hier ist die Freundin von Carl Föß. Ich will für Carl zum Geburtstag eine Überraschungsparty organisieren. Möchtest du eventuell kommen?«

Die, die einfach »ja, klar« sagten, fragte ich noch: »Bist du eine enge Freundin von ihm?« Eine sagte, sie habe sich im Oktober (???) von dir getrennt. Ich war sprachlos: da waren wir schon zusammen gewesen!

Eine andere reagierte ein wenig seltsam. Sie fragte mich, seit wann ich deine Freundin sei, ich sagte, »seit einem guten halben Jahr, wieso?« Sie meinte, sie hätte dich in letzter Zeit ein paar Mal getroffen, doch sie ließ sich leider nicht näher darüber aus.

Ich bat die Damen am Schluss dir ja nichts zu verraten und sagte, ich würde mich wegen der Party-Location noch mal melden.

Blöderweise war Mandy nicht dabei. Ich möchte wetten, nach dem anonymen Brief hast du ihr in deinem Handy einen männlichen Decknamen gegeben und ihre SMS und Anrufe immer fein säuberlich gelöscht.

Dir ist ja sicher noch in reger Erinnerung, wie ich dich zur Rede stellte wegen der beiden Mädels und dir die Hölle heiß machte. Und wieder hast du's geschafft, dich herauszureden. Die eine habe sich in der Zeit getäuscht, sie sei schon länger passé, ihr hättet euch getrennt, bevor du mich trafst. Und die andere sei nur eine Kundin, mit der du dich einige Male treffen musstest um einen komplizierteren Auftrag zu besprechen.

Um deine eigenen Schandtaten zu verdecken hast du mir die meine immer wieder unter die Nase gerieben: dass ich in dein Handy geguckt habe. Ich redete mich heraus, dass ich dir ja wirklich diese Überraschungsparty organisieren wollte. Du hast wütend geschrien, du wollest keine Party, nicht von jemandem, der so einen Vertrauensbruch begeht, und überhaupt solle ich mich unterstehen deine weiblichen Bekannten mit Anrufen zu behelligen und hintenrum auszufragen, sonst seien wir geschiedene Leute.

Erst jetzt habe ich durchschaut, dass dieses aggressive »Den-Fehler-beim-andern-suchen« ein beliebtes Mittel von Fremdgängern ist, erstens den Verdacht von sich abzulenken, zweitens die Misstrauische einzuschüchtern und weich zu klopfen. Hat auch gut funktioniert.

Wieder vergingen acht Wochen, in denen alles in Ordnung schien. Du kannst ja schon verdammt süß sein. Du hast mir Herzchen gebacken mit J & C drauf, hast mich massiert und gestreichelt, warst mit mir spazieren und bei meinen Eltern. Und doch wurde ich diese unguten Gedanken nicht los. Dir fiel sicher auf, dass ich in dieser Zeit Probleme hatte, mit dir zu schlafen. Ich musste dabei immer daran denken, dass dein Kronjuwel vielleicht kurz vorher in einer anderen gewesen war, oder ich kam mir teilweise irgendwie benutzt oder beschmutzt vor, ein Gedanke, der mir sonst fremd ist ... Jedenfalls schnürte es mich regelrecht zu. Gleichzeitig dachte ich, dass ich, wenn ich nicht mit dir schliefe, dich vielleicht geradezu in die Betten anderer Frauen treiben würde. Kannst du dich erinnern, dass ich in dieser Zeit viel Gebrauch von Händen und Mund machte?

Manchmal gelang es mir unter deinen Liebkosungen und feurigen Küssen für ein paar selige Minuten alles zu vergessen. Und manchmal war mir hinterher regelrecht übel.

Es zerquält einen. Man hat immer diese Bilder vor Augen. Mein Süßer mit einer anderen. Ist sie blond, ist sie dunkel? Schlank oder üppig? Hat sie mir etwas voraus? Mehr Busen, mehr Techniken? Was macht er mit ihr? Gibt sie ihm etwas, was ich ihm nicht gebe? Ist sie vielleicht so ein total versautes tabuloses kleines Miststück? *And who the fuck is Mandy???*

Es ließ mich nicht los.

Ich fragte meine Freundinnen um Rat. Sie rieten mir beide einhellig, in deinen Sachen zu schnüffeln. Sandra meinte sogar, ich solle dich beschatten und dir hinterherfahren, sobald du deine Wohnung verlässt. Aber das hab ich nicht gemacht, du hättest sicher mein Auto erkannt. Daniela schlug vor, ich könnte einen Mietwagen nehmen. Das war's mir nicht wert, vor allem weil ich ja auch noch tage- oder nächtelang vor deinem Haus hätte herumstehen müssen. Und ein Detektiv ist mir zu teuer. Mir fiel etwas Einfacheres und Effektiveres ein.

Dass mein Klo kaputt sei, war eine glatte Lüge! Ich wollte einfach nur bei dir übernachten. Und kündigte gleich an mit dir morgens das Haus zu verlassen, da der Klempner zu mir käme; denn bei der Vorstellung, dass ich allein in deiner Wohnung wäre, hättest du sicher stärkere Vorsichtsmaßnahmen getroffen – oder wärst gar selbst länger daheim geblieben.

Am nächsten Morgen setzte ich mich also in meinen Wagen, sah dich davonfahren und kehrte in deine Wohnung zurück. Mit deinem Zweitschlüssel, den ich mir nachts aus deinem Schlüsselschränkchen geklaut hatte. Schön, dass du ein wenig spießig bist und solche Möbelstücke besitzt ...

Lies es schwarz auf weiß: Ja, ich habe deine Wohnung durchstöbert. Ich stieß dabei auf ein paar wirklich peinliche Sachen, zum Beispiel die Gummipuppe ganz hinten in deinem Hemdenfach. Sieht ganz schön ramponiert aus, das arme Dingelchen. Ja, und natürlich auch deine Pornohefte und -video-Sammlung. Dachte ich mir, dass ich da jede Menge »geile Lolitas« und »Rocco sticht sie alle« finden würde. Aber ich wusste gar nicht, dass du auf Gay-Sex stehst ... Du mit deinem Männlichkeitswahn und deiner Schwulenfeindlichkeit?

Peinlich waren auch diese 80er-Jahre-Bundfaltenhosen aus Polyester – ich möchte nicht dabei sein, wenn du die irgendwann wieder trägst – und der hellblaue Frotteeschlafanzug.

Das Peinlichste allerdings war diese Strichliste. In deinem Schreibtisch im Geheimfach, super Versteck! Der Schlüssel war in der Marmordose obendrauf! Ich dachte, ich traue meinen Augen nicht: Carl führt Buch über die Mädels, in die er sein Ding reingesteckt hat. Mit Datum und Bewertung. Stolze 239 Namen, und das mit deinen 34 Jahren, alle Achtung! Was mir einen wirklich verdrießlichen Stich versetzt hat, war, dass ich an 234. Stelle komme. Mindestens fünf andere hattest du also, seit wir zusammen sind (oder waren), dazu kommen vielleicht noch die, die du vor mir hattest und noch ein Weilchen parallel laufen ließest. Immerhin hab ich die Note »zwei plus«.

Selbst wenn man's schon vorher weiß: Der Moment, wo man das dann so direkt vor Augen hat, ist ein fetter Schlag ins Gesicht. Aber auch eine Art Triumph: Ich hatte Recht, kann meinem Gefühl trauen und lasse mich nicht von dir verarschen.

Du hast gesagt, ich sei die Einzige. Deine Traumfrau. Ich hab dich mir nicht ausgesucht. *Du* warst es, der mich angebalzt hat wie ein Verrückter. Du hast nicht locker gelassen, bis ich glaubte: Jemand, der so tiefe Gefühle für mich hat, muss es wert sein, dass ich es mit ihm versuche! Tiefe Gefühle, haha. Wie man sich täuschen kann. Ich hätte niemals gedacht, dass jemand, der so normal, ja geradezu bieder wirkt wie du, so durchtrieben sein könnte. Mit einem Doppelleben oder sogar Mehrfachleben. Alle Wetter, dazu gehört auch eine gewisse strategische Intelligenz – die ich dir gar nicht zugetraut hätte.

Dämlich ist wiederum, den PC nie abzuschalten. Denn auch dort wurde ich fündig: E-Mails diverser Frauen. Da wimmelte es nur so von »Wann sehen wir uns endlich?«, »Du meldest dich nie« und »Die letzte Nacht mit dir war so schön …« Genau an dem Tag kam auch eine Nachricht von einer gewissen Sonja. Sie schrieb, ihr hätte das erste Treffen mit dir sehr gefallen und sie hoffe auf ein baldiges zweites. Ich erwiderte in deinem Namen: »Ich will dich nicht wiedersehen, weil ich gebunden und nur auf einen schnellen Fick aus bin … Diese ganze Mailerei und Trefferei ist mir zu blöd, meinem Beuteschema entsprichst du auch nicht.«

Das schickte ich auch all den anderen Kandidatinnen in deinem Posteingang, die offenbar auf deiner aktuellen Liste der Beglückten und noch zu Beglückenden stehen. Anschließend löschte ich die von mir gesendeten Mails. Du solltest ja nicht gleich wissen, was los ist.

In den E-Mails waren auch Hinweise auf deine Mitgliedschaft in mehreren Internet-Dating-Lines. Ich hab inzwischen zu Hause gecheckt, ob du da noch aktiv bist. Kann man wohl sagen.

Ferner fand ich in dieser großen Schachtel auf dem Boden deines Kleiderschranks Briefe: Liebesbriefe, heiße Sexbotschaften, Zettelchen. »Wir sehen uns also am Donnerstag ... Ich bin schon ganz feucht«. Sag mal, sammelst du die wie Trophäen??? Beim Blick auf das Datum der Briefe stellte ich fest, dass du tatsächlich immer mindestens zwei Frauen gleichzeitig am Start hattest – wie deine Ex gesagt hatte. Und endlich lernte ich auch Mandy kennen, das Mädel aus Schulzendorf mit der Kleinmädchenschrift, die ich schon kannte. Das Foto, mit dem sie auf deine Kontaktanzeige antwortete, hab ich mir auch angesehen. Nette Kleine. Dümmlicher Gesichtsausdruck, aber knusprig. »Hallo, ich bin Mandy, 21 Jahre alt, und ich arbeite in einer Bäckerei.« Provinzschnecke. Weder Internetzugang noch Mobiltelefon. Wie ich aus ihrem zweiten Brief erfuhr, hast du ihr sogar ein Handy geschenkt. Damit du sie dir legen kannst, wie's dir gerade passt, was?

Ich weiß immer noch nicht, wie ich das alles einordnen soll. Ob ich dich hassen oder verachten soll – oder dich bemitleiden? Bist du besser als der Multi-Stecher, der die Frauen nur aufreißt, bumst und wegwirft? Immerhin gibst du uns auch Zuneigung. Oder bist du genauso schlimm, da du alle anlügst?

Denk mal nicht, dass ich bei der ganzen Durchsuchungsaktion völlig kaltblütig vorging. Mir klopfte das Herz bis zum Hals, meine Hände zitterten, zwischendurch wurde mir fast schwummerig. Ich musste echt aufpassen, dass ich nichts fallen ließ und auch alles wieder so hinlegte wie vorher. Wobei das eigentlich unnötig war. Ich war ja ohnehin fertig mit dir. Aber ich wollte noch ein wenig Zeit gewinnen. Um zu überlegen, wie ich weiter vorgehen sollte. Dich noch eine Weile im Ungewissen lassen oder dir gleich eine riesen Szene machen? Dich zur Rede stellen und hören, wie du dich wieder herauswindest? Das wäre dir nicht gelungen. Ich hab die Strichliste mitgenommen und kopiert. Ein Abzug davon hängt übrigens im Damenklo deines Stamm-Clubs, und einen hab ich Mandy geschickt.

Blöderweise hatte ich über dem vielen Kramen und Schnüffeln die Zeit völlig vergessen. Blöderweise kamst du früher nach Hause (gleich noch ein Date mit Sonja oder Mandy, was?). Ich erschrak fast zu Tode, als ich deinen Schlüssel im Schloss hörte. Ich hätte gern einen bühnenreifen Abgang hingelegt, eine schallende Ohrfeige vielleicht und einen saftigen Spruch, aber ich fühlte mich so ertappt, dass ich einfach nur rausgerannt bin. Ich. Was für ein Witz, nach dem, was ich alles entdeckt habe. Ich finde, du solltest dich wenigstens bei mir entschuldigen. Aber du ziehst es ja vor, dich feige zu verstecken.

Julia

DocBeatrice kommentiert:

Es ist immer schwierig, mit Untreue umzugehen. Wie viel Verständnis soll man dafür aufbringen? Ein einmaliger Ausrutscher wegen temporärer Unzurechnungsfähigkeit (Trunkenheit, dicke Eier) – kann passieren. Der Partner hat sich in eine andere verknallt, weil die eigene ihm zu wenig Liebe schenkt – da waren beide beteiligt. Aber rastlose oder soll ich sagen: zwanghafte Schürzenjägerei?

Ich habe schon Hunderte von Briefen zum Thema Untreue bekommen und meine Beobachtung ist: *Notorische* Fremdgänger, also solche, die eine Affäre nach der anderen haben oder auch mehrere gleichzeitig, die es wie ein Hobby oder einen Sport betreiben und die in Kauf nehmen andere zu verletzen, sind fast immer Männer. Sie sind ohnehin das untreuere Geschlecht. Zwar erwarten 90 Prozent der deutschen Männer, dass ihre Partnerin monogam ist – aber 70 Prozent halten sich selber nicht dran! Die häufigsten Gründe für männliche Seitensprünge:

1. Selbstbestätigung
2. Geilheit/ Trieb
3. Der Reiz des Neuen/ Erotische Abwechslung
4. Zu Hause gibt's zu wenig Sex
5. Spezielle Praktiken, die die Partnerin nicht oder ungern macht
6. Verliebt/ Verknallt in eine andere
7. Abstand gewinnen / Angst vor Nähe
8. Wieder Oberhand über die Beziehung erhalten
9. Suche nach der »Richtigen«

Fast die Hälfte dieser Motive sind sexueller Natur. Und Männer haben im Durchschnitt nun mal einen stärkeren Trieb. Manche haben einen *sehr* starken Trieb. Nun könnten sich diese ja durchaus mehrere Geliebte oder häufig wechselnde Geschlechtspartnerinnen zulegen. Aber was, wenn sie gleichzeitig das Bedürfnis nach der Geborgenheit einer Beziehung haben? Eine Lösung bestünde darin, sich eine Partnerin zu suchen, die einen ebenso starken Trieb hat. Aber darum geht es vielleicht gar nicht so sehr. Notorische Fremdgängerei ist nicht nur eine männliche Domäne wegen des stärkeren Triebes – es hat auch mit einem gewissen männlichen Selbstbild zu tun (wie bereits Punkt 1 der Motiv-Liste zeigt).

Schauen wir uns das Extrembeispiel Carl an. Er hat eine regelrechte Sammelwut. Mit 34 Jahren 239 Frauen! Es fragt sich auch, welcher mächtige innere Drang ihn so einen Aufwand betreiben lässt, mit Akquise, Treffen, Baggern, Geheimhalten, Organisieren … Wozu allen Frauen eine Beziehung vorgaukeln? Dabei geht es vorrangig um die Bestätigung seiner Verführungskraft und um das Gefühl, von möglichst vielen Frauen geliebt zu werden: Ich bin männlich und mächtig. Ich bin liebenswert, also viel wert.

Nur geht mit seiner eigenen Aufwertung auch eine Abwertung der Frauen einher: Sie werden austauschbar.

Zum Teil ist sein Verhalten auch eine Flucht vor einer richtigen

Beziehung. Wenn man seine Zuneigung auf mehrere verteilt – bedeutet das nicht auch, dass man Angst davor hat, sich ganz und gar auf einen einzigen Menschen einzulassen? Denn dies erzeugt ja eine Intensität, die viele gar nicht aushalten können. Und es erfordert sich zu zeigen – in allen Facetten, mit allen Schwächen und aller Verletzlichkeit. Zudem muss Carl sich mit keiner seiner Mädels wirklich auseinandersetzen, denn sobald eine zu schwierig wird, entsorgt er sie – er hat ja noch ein paar andere auf Vorrat.

12. GRENZENLOS VERLOREN – DER PSYCHO

Ich probiere Männer an wie Kleider. Was nicht passt, wird wieder weggelegt. Leider ist verdammt wenig Passendes dabei, weil ich mich in einem Reste-Markt befinde. Das meiste ist ausgemustert oder sehr angestaubt, Ware, die man nicht wirklich haben will. Manchmal schleppt man doch etwas nach Hause, was zuerst ganz gut aussah, und stellt dann fest, dass es mit gutem Grund im Billigladen war. Echte Superschnäppchen gibt's ohnehin kaum noch, die haben sich schon Frauen geholt, die früher dran waren als ich.

FR, 4.6.

Daniela und ich sind mal wieder im Reste-Shop – auf einer großen Single-Party. Der einzige, der heute heraussticht, ist ein Großer, der öfter herschaut. Irgendwann stellt er sich noch näher heran, dann postiert er sich genau neben mir. Nun würdigt er mich keines Blickes mehr, so oft ich auch an ihm hochsehe – er guckt zwar ab und zu in meine Richtung, aber irgendwie über mich drüber, als hätte er ein Stück hinter mir eine große Frau im Visier. Da ist keine Frau, nur lauter Kerle. Ist er schwul?!

Er steht da und trägt trotz seiner Länge die Nase so hoch, dass ich die Haare darin zählen kann. »Zieht der eine arrogante Visage«, sagt Daniela.

Als er plötzlich etwas äußert, scheint er mit meinem Scheitel zu sprechen, während er ins Leere sieht. Aber er meint tatsächlich mich. Da er nicht einmal seinen Kopf in meine Richtung neigt, verstehe ich ihn zunächst nicht und bitte ihn, es zu wiederholen. Er sagt: »Wir tauschen ja nun schon seit Monaten Blicke aus« (nicht dass ich wüsste!), »aber du bist ja immer so belagert, dass man gar nicht an dich rankommt.« Ich will etwas erwidern, aber irgendwie verhallt es auf dem weiten Weg nach oben; er macht sich auch keine Mühe meine Antwort anzuhören, sondern quatscht drüber: Er wisse auch nicht, warum er mich angesprochen habe, denn ich hätte ein Manko: viel zu klein. Ich entgegne gelassen: »Du hast auch ein Manko: zu groß.«

»Ich gehe gleich, aber wir könnten uns ja mal anderswo treffen.«

»Mal sehen.«

»Aber diesmal bist du dran.« Er nennt mir seine Nummer, damit ich sie mir merke, geht unvermittelt weg und kommt nach zehn Minuten wieder um mich nach den sieben Zahlen zu fragen. Ich weiß sie noch, er bemerkt: »Blöd scheinst du ja nicht zu sein, obwohl blond«.

»Stell dir vor, obwohl blond, hab ich studiert. Und du?«

Er erwidert schroff, darauf käme es nicht an, sondern auf eine ähnliche Wellenlänge. Seine Art zu reden, seine Mimik und Körperhaltung: betont cool. Au weia.

»Oh Mann, bist du klein«, wiederholt er, »ein kleiner Gnom.« Zuerst verstehe ich »kleiner Knopf«, das ginge ja noch, aber er sagt es noch ein-, zweimal: kleiner Gnom.

»Lass uns woanders hinstellen«, drängt Daniela.

Mich hat jedoch so eine Art perverse Neugier gepackt und ich frage ihn: »Wie heißt denn der charmante Herr?«

Er, unwirsch: »Spielt das eine Rolle?«, und etwas netter: »Ein paar Geheimnisse muss man sich schon bewahren« – als ob der Vornamen eine Mordssache wäre. Aber vielleicht heißt er ja Hubert oder Heinz.

»Bist du immer so herablassend?«

»Ich bin betrunken.«

Zeigt Alkohol den wahren Charakter oder verzerrt er ihn? Ich hoffe, Letzteres.

»Wie der sich schon beim Kennenlernen gibt!«, regt sich Daniela auf, »Beleidigungen, Abkanzeln, Arroganz: Gibt es etwa Frauen, die darauf stehen?«

»Mich trifft's nicht wirklich, dazu bin ich selbstbewusst genug.«

»Wenn du dich mit dem einlässt, macht er sich einen Spaß draus, all deine wunden Punkte zu treffen.«

Kann gut sein. Eigentlich müsste ich so einen sofort abblitzen lassen. Aber nach der ganzen Reihe von schrägen Typen bin ich selber so schräg drauf, jetzt will ich wissen, was es noch alles gibt an Unbrauchbaren und Aussichtslosen. Und was sich hinter seiner Arroganz verbirgt. Ich werde ihn frühestens Sonntagabend anrufen.

SO, 6.6.

»Sag mal, so'ne arrogante Art, wie du sie vorgestern an den Tag gelegt hast ... kommt das bei Frauen an?«

»Wer da blöd und zickig reagiert, ist sowieso nichts für mich.«

Bedeutet das: Wenn man mit ihm zusammen ist, muss man ein dickes Fell haben?

Am Telefon ist er ganz anders, er redet normal, sogar recht freundlich, sagt aber gleich, dass er auf dem Sprung sei: »Willst du nicht auch ins »Menta« kommen? Ein Kumpel holt mich gleich ab, wir feiern in meinen Geburtstag rein.«

Finde ich ja nett, mag aber heute nicht mehr rausgehen. Er fragt, ob ich morgen Abend mit ihm was essen will oder so. Ohlala, an seinem Geburtstag! Hat er da nichts Besseres zu tun? Ich bin aber schon verabredet und sage, ich hätte am Dienstag noch ein Terminchen frei, er ruft gleich: »Nehm ich!«

Später fällt mir ein, dass wir uns morgen auch früher treffen könnten; er hat sich nämlich extra den Tag frei genommen, aber keiner scheint Zeit für ihn zu haben. Oder hat er keine Freunde? Ins »Menta« kommen wohl auch nur einer oder zwei mit.

Ich spreche ihm auf Band: Ob wir auch tagsüber was machen könnten? Falls ja, solle er sich so früh wie möglich melden.

MO, 7.6.

Der Arroganzling hat nachts auf Band gesprochen: »Du hast ja gesagt, so früh wie möglich. Ich nehme dein Angebot gern an und rufe morgen früh noch mal durch.« Junge, Junge, jetzt gibt er aber Gas.

Und tatsächlich meldet er sich bereits um acht. Ob ich Lust hätte, heute mit ihm an die Ostsee zu fahren? Er gehe jetzt zu seinen Eltern frühstücken, dann besorge er einen Wagen und hole mich um halb elf ab. Es regnet, oh je. Ich hab trotzdem Lust, allein schon aus Neugier.

Wir fahren mit einem nagelneuen Mercedes; den hat er extra gemietet um an seinem Geburtstag »mit netter weiblicher Begleitung« einen schönen Ausflug zu machen.

Er trägt die ganze Zeit eine Baseball-Cap, was er wohl hip findet. Unsere Unterhaltung kommt nur stockend in Gang – da sind noch Reste von seinem Gehabe (»Wie alt wirst du denn heute?« – »Spielt das eine Rolle?«) und ein paar Bemerkungen über meine Größe, aber beides wird immer weniger.

Ich sehe ihn von der Seite an, mehrmals, ich beobachte ihn geradezu, was er mir erleichtert, indem er mich so gut wie nie ansieht, selbst wenn er mit mir spricht. Ein bisschen seltsam wirkt das schon, aber vielleicht ist er ja schüchtern. Oder will nicht die Augen vom Verkehr abwenden, da er sehr schnell fährt.

Da ist etwas in seinen Zügen, was ich noch nicht identifizieren kann. Etwas Müdes? Bei Tageslicht sehe ich, dass er auch nicht mehr der Jüngste ist. Auf der Party hätte ich ebenso 28 wie 37 sagen können, jetzt tippe ich eher auf Letzteres.

Wir reden über dies und das, ich erzähle von meinem Beruf und dass er mir Spaß macht. Er fragt, ob ich denn nicht an Heiraten und Familie denke. Ich sage: »Hab's nicht eilig damit.«

»Dann passt das mit uns ja nicht so richtig«, schmunzelt er. »Ich würde am liebsten schon morgen damit loslegen.«

Er heiße Pedro, sagt er. Seinen Beruf verrät er mir nicht.

Der Regen hat aufgehört, wir gehen vor Neuhaus an einen riesigen menschenleeren Sandstrand. Es hat mächtigen Wind. Wir stehen zeitweise einfach da und betrachten die tosende See. Ich hoffe, ich sehe nicht blöd aus, wie der Wind so an meinen Haaren und der Kleidung zerrt und ich, dagegen ankämpfend, durch den Sand stapfe. Ich weiß nicht, ob ich nah bei ihm gehen soll oder gar seinen Arm ergreifen. Ich bin ein wenig befangen, wie ich ihm gegenüber agieren soll, denn für ihn bin ich ja ein »kleiner Gnom«.

Wir fahren nach Wustrow; da gibt es einen großen Steg, der weit in die See hineinragt. Zum Glück ist er hoch und sehr massiv, denn darunter läuft eine gigantische Welle, so hoch, wie ich sie an der Ostsee noch nie gesehen habe, und der Wind fegt einen schier von der Brücke. Aber sie hat ja ein festes Geländer. Sie ist voller Menschen, die sich die Naturgewalten anschauen. Wir gehen ganz durch bis zur Plattform am Ende, stehen da ohne viel zu reden, und sein Herz klopft bestimmt so stark wie meins. Nicht nur wegen der bewegten Wassermassen unter uns und der heftigen Brise, die einem die Wortfetzen vom Mund wegreißt, wenn man nicht nah genug am Ohr des andern ist ...

Mich fröstelt, Pedro fragt, ob er mir seine Jacke geben soll; immer mehr kommt zum Vorschein, dass er auch eine fürsorgliche Gentleman-Seite hat (er fragt mich auch dauernd, ob ich Hunger oder Durst habe oder ob mir sonst etwas fehlt). Ich verneine. Da sind ein paar Bänke, Pedro setzt sich rittlings auf eine, wodurch ich mich ihm direkt gegenüber niederlassen kann. So habe ich ein bisschen Windschutz und gleichzeitig Gelegenheit, auf Tuchfühlung zu gehen. Unsere Beine berühren sich. Wir sind uns ganz nah. Zum ersten Mal sieht er mir länger ins Gesicht. Er hat runde, liebe, fragende, ein wenig melancholische Augen und einen schönen, weich aussehenden Mund. Ich möchte ihn küssen oder seine Haut berühren, doch ich tu's nicht. Will noch abwarten. Um unsere Befangenheit zu überspielen, reden wir. Irgendetwas, ich weiß nicht mehr was. Bis eine mächtige Welle unsere Schuhe benetzt und wir ohnehin genug durchgefroren sind.

Wir gehen zum Auto zurück, ziehen Schuhe und Socken aus, trocknen alles ab. Das hat so eine Art Vertrautheit, als wären wir bereits ein Paar. Mein Herz hüpft ein wenig. Ich muss lächeln.

Nächste Station ist Zingst, ein schönes kleines Seebad, wir gehen auch dort am Strand lang. Der Wind ist hier nicht so stark. Ein Stück weiter hinten finden wir Strandkörbe und stellen einen so hin, dass er windgeschützt ist.

Wir plappern etwas Belangloses, über Reisen oder so, da sagt er unvermittelt: »Du bist eine wirklich süße und gleichzeitig so starke Frau, ich fühle mich sehr zu dir hingezogen, aber dass du noch keine Familie gründen willst ... Könntest du dir das mit mir denn wenigstens vorstellen?«

»Wir kennen uns doch kaum!«, lache ich. Ich ergänze, dass ich ein Typ bin, der die Dinge auf sich zukommen lässt. Er hingegen meint: »Man muss klare Verhältnisse schaffen, damit keiner enttäuscht wird.«

Im Prinzip finde ich das richtig, aber beim ersten Treffen ist das alles merkwürdig.

Er fragt, was ich von ihm halte. Ich antworte: »Ich bilde mir nicht so schnell eine feste Meinung über Menschen, sondern schau sie mir erst mal eine Weile an.« »Okay, aber was denkst du jetzt, spontan?« Ich verweigere die Aussage mit dem Hinweis, dass alles, was ich jetzt sagen würde, so was Endgültiges hätte.

Wir sitzen da so kuschelig im Strandkorb, dicht aneinander, in bequemer Kussnähe, aber nach diesen Gesprächen steht die Stimmung nicht auf Kuss. Ich bin etwas verwirrt. Und schlage vor zurückzugehen.

Der Weg durch den Sand gegen den Wind ist ziemlich mühsam. Ich sage: »Mir ist ein bisschen kalt und meine Beine sind ganz schön müde«. »Willst du meine Jacke?«, fragt er abermals. »Nein, dann frierst ja du.« »Komm, ich trag dich«, sagt er, was ich für einen Scherz halte, aber er hievt mich tatsächlich auf seinen Rücken und trägt mich wackeren Schrittes über den langen Strand, ohne Stöhnen oder Murren, und bemerkt noch lächelnd, dass ich ja ein Fliegengewicht sei.

Ich habe meine Arme um seine Schultern geschlungen und atme seinen Geruch ein. Er riecht sehr gut. Nach Mann, nach Gesundheit, nach gutem Eau de Toilette, aber alles ganz dezent.

Direkt gegenüber vom Wagen ist eine wunderschöne Pension mit Blick auf die See. Er fragt, ob wir nicht spontan dort übernachten sollen. Nein, lieber nicht. Das ginge mir dann doch zu schnell und käme mir vor wie ein verabredeter Beischlaf. Und davor kommt ja wohl erst mal – wenn überhaupt – Küssen & Knutschen.

Wir haben Hunger. Pedro sammelt noch einige Punkte auf dem Plus-Konto: Ich bin bei der Lokal-Wahl und beim Bestellen wie so oft etwas kompliziert, er bleibt freundlich und geduldig, selbst dann noch, als wir sehr lange aufs Essen warten müssen und es obendrein nur mittelmäßig ist.

Er fragt, was ich in seinem Gesicht, in seinen Augen sehe. Seltsame Frage, denke ich, aber berechtigt ist sie durchaus. Ich sehe, wenn ich in Ruhe hineinschaue, etwas anderes als das, was ich anfangs und bei oberflächlicher Betrachtung sah. Auf den ersten Blick wirkt er selbstbewusst, arrogant, männlich. Jetzt sehe ich da etwas Trauriges, Naives, Klagendes. Es hat auch etwas von einem verzagten Kind. Und wirkt verloren, ja, verloren. Ein wenig leer. All das sage ich ihm aber nicht. Ich sage: »Seltsame Frage.«

Hinter seiner äußeren Fassade verbirgt sich wohl ganz schön viel Unsicherheit. Und Verletzlichkeit?

Auf jeden Fall zeigt er sich jetzt von der besten Seite, lädt mich ein, fragt, ob ich noch Dessert oder Kaffee wolle. Ich schlage vor den Heimweg anzutreten.

Nach einer Viertelstunde kommen wir an einem einsamen Strand vorbei, ich sage spontan, »lass uns die Reste vom Sonnenuntergang anschauen«, denn inzwischen ist die Wolkendecke etwas aufgerissen, und er steuert bereitwillig den kleinen Parkplatz an. Wir stehen ein kleines Weilchen, schauen und schweigen, stellen aber beide fest, dass es kühl ist, und wenden uns zum Gehen. Ich bin ihm voraus auf der kleinen Treppe über die Düne, oben drehe ich mich um und umarme ihn. Er hüllt mich mit seinen Armen sanft und fest ein. Es fühlt sich gut an. Ich sehe ihn an, er wirkt irgendwie hilflos, ich küsse ihn. Ganz zart auf die Lippen. Ebenso zarte Erwiderung. Ich spiele mit seinen Lippen, sie öffnen sich langsam und ganz sachte finden sich unsere Zungenspitzen und betasten sich vorsichtig. Der Kuss wird allmählich intensiver, aber ist immer noch voller Weiche und Behutsamkeit. Das ist so schön, dass ich gar nicht mehr aufhören mag. Aber er fängt an zu zittern. Er sagt: »Ich fange an zu zittern«, schiebt mich sanft von sich und meint, wir sollten besser gehen. Er sagt nicht, warum er gezittert hat. Kälte? Aufregung? Nervosität?

Auf der Fahrt versuchen wir beide so zu tun, als wäre gar nichts gewesen, aber ich glühe innerlich ein wenig, und ich habe das Gefühl, er auch. Später frage ich ihn, warum er vorhin gezittert hat, er sagt, es sei mehr gewesen als er in dem Moment vertragen konnte, zu intensiv ... Ich frage: »Kriege ich noch mehr davon?«, und er kündigt an, den Kuss bei der nächsten Pinkelpause fortzusetzen.

Aber er fährt und fährt und wir nähern uns schon bedenklich Berlin. Ich sage schließlich, »Musst du nicht pinkeln?« Er sagt, »gleich«, und eine Viertelstunde später fährt er endlich auf einen Parkplatz, geht pinkeln, kommt wieder rein und wir fangen an zu schmusen. Er küsst genial. Er schmeckt gut, er riecht gut, er macht mich an. Ich sage: »Jetzt wird mir klar, warum ich dich angerufen hab, obwohl du mich zuerst ziemlich abgeschreckt hast. Ich muss unterbewusst da schon mitgekriegt haben, dass ich dich wirklich gut riechen kann.« Kurzum, mein Hirn ist in einem Hormon-Cocktail davongeschwommen.

Es ist bereits Mitternacht, der Vollmond bescheint uns, Pedro sollte eigentlich nach Hause, muss ja morgen früh raus, aber wir können nicht genug voneinander bekommen. Er tastet sich unter mein Shirt, streichelt meinen Rücken, meinen Bauch (Gott sei Dank mal einer, der nicht gleich an den Busen grapscht!), sagt: »Das fühlt sich aber gut an«, und ich denke genau das Gleiche. Seine Art mich zu berühren ist unglaublich zärtlich und elektrisierend. Einfach göttlich. Dazwischen immer wieder diese wunderbaren, forschenden, spielerischen, leidenschaftlichen Küsse. Wir werden beide ziemlich erregt. Es ist okay, als er meine Brust berührt, zuerst nur um den BH herum, dann vorsichtig immer mehr hineintastend, und ich sehne mich nach seiner Berührung. Er macht alles richtig, er hat ein gutes Feeling für mich. Ich möchte ihn spüren, seine Haut an der meinen fühlen, den Geruch seines nackten Körpers einatmen. Aber nicht auf diesem Parkplatz, beschienen vom Scheinwerferlicht der Wagen auf der Autobahn. Außerdem möchte ich nicht jetzt schon mit ihm schlafen. Ich will mir die Vorfreude noch ein wenig aufbewahren, und ich will nicht, dass das mit ihm so schnell vorbei ist.

»Lass uns heimwärts fahren«, sage ich. Sehe ihn sowieso schon morgen Abend wieder. Hab ihn eingeladen mit mir essen zu gehen, als kleines Dankeschön für den tollen Tag.

DI, 8.6.

Pedro meldet sich schon um halb vier: ob wir uns früher treffen könnten? »Gib mir Zeit bis fünf«, sage ich.

Vorm Essen gehen wir noch kurz spazieren im Park, da die Sonne wieder scheint. Ich habe auf eine Fortsetzung der gestrigen Schmuserei gehofft; stattdessen hält er Abstand und macht einen Seelenstrip.

Er hatte nur drei Beziehungen in seinem Leben, die längste ging zwei Jahre. Zwei davon scheiterten, weil er zu sehr geklammert habe – »auch verbunden mit extremer Eifersucht«. Au weia.

Vor allem über die letzte ist er noch nicht weg, auch wenn er das nicht zugibt. Da sind noch ganz viel Gefühle, vor allem negative. Er sagt, er habe sie mit seiner Liebe erdrückt, sie sei immer mehr von ihm abgerückt und schließlich geflohen. Das habe ihm sehr wehgetan, da er sie so geliebt habe. Ich sage, »Bist du sicher, dass du da nicht Liebe mit Verlustangst verwechselst?« Er versteht nicht so recht. Ich frage: »Was verstehst du unter wahrer Liebe?« Er überlegt einen Moment und sagt: »Genau so, wie ich bin, angenommen, akzeptiert und geliebt zu werden.« Ich sage, »Ja siehst du, und das hast du bei ihr wohl zu wenig getan. Als sie etwas Abstand wollte, hast du geklammert und genölt und an ihr herumgezerrt, statt einfach zu akzeptieren, dass sie in der Beziehung einen gewissen Freiraum braucht. Jemanden zu erdrücken ist alles andere als Liebe, denn dabei geht es nur um deine eigenen Ängste und Bedürfnisse.«

Er wird nachdenklich und sagt, das sei eine ganz neue und erstaunliche Sichtweise für ihn. Ich ergänze: »Sehr viele Leute versprechen sich von einem bestimmten Partner genau das, was sie sich aus eigener Kraft nicht verschaffen können, aber das hieße, eine Beziehung zu missbrauchen.«

»Oh ... das sagt mein Seelenklempner auch und das hab ich in meinen Beziehungen wohl falsch gemacht.«

Es stellt sich heraus, dass er eine Therapie macht. Den Grund will er mir nicht verraten. Ich kriege allmählich gemischte Gefühle.

Anstatt einen schönen Spaziergang zu machen, sitzen wir auf einer Bank und ich therapiere schon wieder. Wir gehen essen.

Im Lokal ergreift er meine Hand und nennt mich »süße kleine Frau«. Er schaut mich unablässig an, sagt, er sehe mich jetzt mit ganz anderen Augen, äußerlich und innerlich. Ich frage: »Inwiefern?«

»Ich hab dich ja ein paar Mal auf der Single-Party gesehen und hielt dich für so ein typisches Mäuschen, niedlich, aber nicht viel im Kopf, aber das muss ich jetzt um 180 Grad revidieren. Ich dachte auch, du wärst viel jünger, Anfang oder Mitte 20, und jetzt wirkst du älter auf mich, natürlich auch, weil ich bei Tageslicht deine Fältchen sehen kann, aber das darfst du jetzt nicht als Kritik auffassen, denn das macht dich für mich keineswegs unattraktiver.« Ich grinse nur.

Er fragt mich wieder, was ich von ihm hielte. Ich sage wieder, dass ich Leute nicht so schnell einordne. Beuge mich zwischendurch zu ihm rüber, um ihn zu küssen, er erwidert es zärtlich und innig. Na endlich.

»Ich habe noch viel Resturlaub. Wann verreist du das nächste Mal?«, fragt er. »So Ende Juli.« »Nimmst du mich mit?« Mal sehen.

Nach dem Essen kommt er noch mit hoch auf einen Kaffee, wir plaudern, dann setze ich mich einfach auf seinen Schoß. Wir schmusen. Das artet zur Knutscherei aus, und als die ersten Kleider fallen, folgt der Wechsel ins Schlafzimmer. Es ist schön, aber irgendwie nicht so berauschend wie gestern. Mir scheint, er ist befangen. Erregt werden wir trotzdem, aber beim Gummi-Überziehen schwindet seine Erektion; ich vermute Kondomphobie und will ihn per Hand wieder aufrichten, aber er sagt, das gehe jetzt nicht; ich will an ihm runtergehen, er hält mich auf. Hm.

Okay, dann schmusen wir halt nur. Ich kose ihn und mache vorerst einen Bogen um seine Intimzone. Gehe zwischendurch ins Wohnzimmer um die CD zu wechseln und das Licht noch stärker zu dämpfen. »Kannst du es ganz ausmachen?«, fragt er. Okay.

Er streichelt mich überall und bringt mich dann mit einer absolut winzigen zarten Fingerbewegung im Nu zum Orgasmus. Ich denke einen Moment an Bens und Antons harte Handhabung ... Bei Pedro muss ich nicht mal körpersprachliche Hinweise geben.

Unser zweiter Anlauf in Sachen Verkehr klappt, auch mit Kondom, aber er stößt ziemlich schnell und vehement, ich werde trocken und es fühlt sich nicht gut an. Macht nix, meinen Spaß hatte ich ja.

Er übernachtet bei mir, hat wohl damit gerechnet, denn er hat vorsorglich Zahnbürste, Duschgel, Rasierer und all das mitgebracht, was er morgen früh braucht um gebügelt und geschniegelt ins Büro zu gehen.

Freue mich über ihn. Schlafe sehr gut neben ihm.

MI, 9.6.

Puh, der Wecker schrillt viel zu früh. Frühstücken ein wenig, er ist zurückhaltend-nett und schnell aus der Tür. Ruft mich aber vormittags schon an, ob ich abends mit ihm Rad fahren will. Muss aber heute länger arbeiten.

Pedro fragt, ob er danach zu mir kommen kann? Ich sage: Ich melde mich.

Bin gegen neun zu Hause und noch fit, also rufe ich ihn an. Er freut sich und sagt, er wäre gleich da.

Ich wundere mich. War nicht *er* derjenige, der schon im Vorfeld seine Zweifel angemeldet hat, dass das mit uns sowieso nichts werden kann? Und jetzt benimmt er sich doch wie in einer Beziehung.

Halb zehn ist er da, wir plaudern ein wenig und machen uns bald bettfertig. Im Bad weigert er sich wie gestern schon mit mir zusammen die Zähne zu putzen und schließt sich dazu ein. Merkwürdig.

Egal. Im Bett ist es prima mit ihm. Er massiert mir lange und liebevoll den Rücken, streichelt mich. Licht aus. Diesmal haben wir genialen Sex. Das wird ja immer besser!

Danach ins Bad und wieder ins Bett, wo aus dem Gute-Nacht-Bussi eine Küsserei wird, die uns beide schon wieder so erregt, dass wir noch mal eine kleine Nummer nachlegen.

DO, 10.6.

Tags ruft Pedro zweimal an, das erste Mal, um zu fragen, was ich abends mache (gehe zu Sandra zum Essen), das zweite Mal, um zu klagen, ihm sei so langweilig. »Mir nicht, ich hab grade viel zu tun.« »Aber quatsch doch wenigstens ein Weilchen mit mir, mir ist so tierisch langweilig!« »Warum bist du nicht im Büro?« »Ich hab Urlaub.«

Wie immer läuft bei ihm im Hintergrund die Glotze. Man könnte meinen, er kann sich nicht mit sich selbst beschäftigen oder habe Angst vor seinen eigenen Gedanken.

»Pedro, ich muss jetzt wirklich weitermachen hier. Lass uns morgen sprechen.«

Er knallt den Hörer auf.

Auf dem Weg zu Daniela habe ich einen kleinen Fahrradunfall. Werde von einem Auto von der Straße abgedrängt, rumse mit dem Kopf gegen eine Laterne. Es tut ganz schön weh, ich habe einen kleinen Schock und wohl auch eine leichte Gehirnerschütterung (hab tagelang Kopfweh und kann nicht auf der angeschlagenen Seite liegen). Sandra ist superlieb und beruhigt mich.

FR, 11.6.

Pedro und ich sind von seinem Freund zum Geburtstagsumtrunk in eine Bar eingeladen. Er kommt halb zehn vorbei, mies gelaunt, weil seine Haare schlecht sitzen (!). Lässt sich nicht mal richtig küssen. In der Bar reißt er sich Gott sei Dank zusammen und wir haben's nett.

Während Pedro auf Toilette ist, fragt mich sein Kumpel: »Seid ihr zusammen?« Ich sage: »Weiß nicht«, er grinst vielsagend.

»Was ist?«, frage ich.

»Nichts.«

»Sag mal, wo kommt denn Pedros Name her? Er sieht gar nicht spanisch aus.«

»Den hat er sich selber gegeben. Klingt interessanter. Eigentlich heißt er Peter. Aber ich habe nichts gesagt.«

Pedro sagt, er sei betrunken, aber hört nicht auf sich Gin-Tonics in den Hals zu gießen. Immerhin wird er schmusig und gibt mir vor der ganzen Gesellschaft süße Küsse und warme Umarmungen. Wir bekommen Lust aufeinander. Meine verschwindet allerdings wieder, weil er den Absprung nicht findet und ich sehr müde werde.

Endlich gehen wir. Kaum sind wir bei mir, packt er mich, zieht mich zum Bett um mir dort die Kleider vom Leib zu zerren und hastig an Busen und Intimzone zu fummeln. Ich wehre seine

Hände ab, denn wenn ich keine rechte Lust habe und man stürzt sich gleich auf meine Geschlechtsmerkmale, macht mich das in etwa so an, als ob man mir in die Wade zwickt.

Pedro kriegt es dann doch noch einigermaßen hin, mich startbereit zu machen, aber das Gelbe vom Ei ist es nicht grade. Er hämmert drauflos, fast so, als müsse er Aggressionen an mir ablassen, und ist rasch fertig. Mir macht's in dem Moment nichts aus, bin ja angetrunken und müde.

(Anmerkung aus jetziger Sicht: Bei unserem ersten Verkehr stieß er mich auch zu heftig und ich dachte, er tat es, um seine Erektion nicht wieder zu verlieren; heute denke ich, dass beim Sex etwas von der Wut herauskommt, die er in seinem tiefsten Innern Frauen gegenüber hat. Nach dieser Freitagnacht kamen übrigens kaum noch Zärtlichkeiten von ihm.)

Als ich ihm noch kurz von meinem Fahrradunfall erzähle, kommt als einzige Reaktion ein meckernder Lacher: »Das hat bestimmt zum Schreien ausgesehen!« Wie soll ich das jetzt finden? Ach, ich bin zu erschöpft um drüber nachzudenken.

SA, 12.6.

Zum Frühstück für beide eine Portion des leckeren Reisauflaufs, den er gestern für uns gemacht und mitgebracht hat. Nette Stimmung zwischen uns. Er sagt: »Wenn ich dich frage, ob wir morgen für zwei Wochen verreisen – würdest du mitkommen?« Ich sage, ich würde es vorziehen, ihn vorher ein wenig besser kennen zu lernen.

»Wie siehst du mich denn *jetzt*?«

»Wie siehst *du* dich?«

»Weiß nicht ... kann mich selbst schwer einschätzen.«

Nach dem Frühstück ist er schon wieder müde, legt sich hin, ich telefoniere mit Daniela. Nach einer Stunde kommt er kurz rein, ich erzähle, dass Daniela gut drauf ist, weil sie nach langer Abstinenz seit kurzem einen neuen Kerl hat. »Die musste nur mal wieder richtig durchgefickt werden«, sagt er. Oh Gott, er vergreift sich ganz schön oft im Ton. Vor allem meint er's noch nicht mal als Witz.

Gestern hat er noch geplant, dass wir heute eine Radtour machen (herrliches Wetter!), und nun fällt ihm ein, dass er doch lieber nach Hause fährt und in der Zeitung nach einer Wohnung sucht.

»Können wir wenigstens am frühen Abend irgendwohin radeln um ein Picknick zu machen?«, will ich wissen. Er: »Klar. Lass uns später telefonieren.«

Ich rufe ihn nachmittags an. Schlecht gelaunt berichtet er, er habe grade seine Traumwohnung besichtigt, aber der Vermieter würde sich sicher eher für das Pärchen entscheiden, das da war, denn die hätten »geschleimt« – und er, Pedro, eben gerade darum nicht. Außerdem sei er mit Basecap hingegangen und hätte diese die ganze Zeit nicht abgenommen, das hätte vielleicht denn doch keinen so guten Eindruck hinterlassen. Ich denke: Typischer Fall von Selbstsabotage, ein unterbewusstes »Eigentlich verdiene ich diese Wohnung gar nicht«. Aber das verkneife ich mir und diskutiere mit ihm darüber, tröste ihn, rede ihm zu, obwohl's mich eigentlich nicht interessiert (eine winzige, teure Neubauwohnung, so was würde ich nun nicht hinterherheulen), aber hoffe, dass seine Laune sich durch meine Anteilnahme bessert, und lenke schließlich ab. »Wie steht's jetzt mit Radfahren und Picknicken?«

»Äh ... ich kann frühestens halb sieben.«

Na toll. »Okay, dann halt nur ein Picknick bei mir im Park. Ich bereite alles vor. Machen wir den Fahrradausflug dann morgen?«

»Na ja ... wenn, dann nur ein, zwei Stunden, ich will nachmittags richtig Rad fahren, meine große Runde, da kannst du sowieso nicht mithalten.«

Ich bin pikiert. Was hat er denn mit mir vor, frage ich mich, einen 10 km-Sonntags-Schneckenritt? Glaubt der, ich radle wie eine Oma? Allein schon die zeitliche Beschränkung nervt mich. Ich dachte, wir würden morgen mal einen schönen Tag zusammen verbringen. Ich schlucke meine Enttäuschung runter und denke, zumindest einen schönen Abend werden wir heute noch erleben. Auf den freue ich mich dann doch wieder, während ich anderthalb Stunden lang das Picknick vorbereite.

Er kommt Viertel vor sieben und ich sehe gleich (wie gestern schon), dass er schlecht drauf ist. Ziehe ihm aus der Nase, dass ihm das mit der Wohnung immer noch stinkt. Während ich alles einpacke, rede ich tröstend auf ihn ein, aber es scheint nicht viel zu helfen. Ich will eine Flasche Sekt mitnehmen, damit er vielleicht ein wenig lockerer wird, aber er sagt, er wolle heute keinen Alkohol, null, keinen Tropfen, da er gestern zu viel erwischt habe.

Immer von einem Extrem ins andere.

Missmutig radelt er mir hinterher in den Park, kann sich nicht entscheiden für ein genehmes Plätzchen, schließlich einigen wir uns auf eines. Ich breite die Decke aus, er setzt sich mit einigem Abstand zu mir hin. Breite das Picknick aus, aber er isst kaum etwas, denn jetzt bildet er sich plötzlich ein, er müsse abnehmen (dabei ist er wirklich schlank). Himmel, ist das ein Spielverderber. Fühle mich nicht grade toll, allein vor mich hin zu mampfen, und das noch mit so einem Griesgram daneben, den wahrscheinlich schon nervt, dass ich eine ordentliche Portion esse ohne mir Gedanken über meine Figur zu machen.

Danach liegen wir noch ein wenig in der Abendsonne. Ich im Bikini, er in voller Montur (langes Shirt, Hose, Schuhe). Will mich ihm zärtlich nähern, aber er ist wie versteinert; auch sein Gesicht, sein Blick sind vollkommen leer und emotionslos, als läge da nur seine Hülle und die Seele sei woanders. Hilfe! Ein Außerirdischer? Aber mir ist kaum spaßig zumute, er ist mir nicht ganz geheuer, zumal mir einfällt, dass er dieses Roboter-Face auch heute Nacht beim Sex hatte, der ja so hastig ablief, dass nicht mal Zeit zum Lichtlöschen war.

Ich rüttle ihn: »Pedro! Wo bist du gerade?«

Er kommt zu sich, sagt aber nichts. Ich denke, dass ich eigentlich den Abend, ja die ganze Geschichte abbrechen sollte, aber hab die Hoffnung auf einen zärtlichen Abend noch nicht ganz aufgegeben – vielleicht wenigstens zu Hause? Rede noch mal mit ihm über die verpasste Wohnung. Es sollte doch zu schaffen sein, dass er's ad acta legt und wieder bessere Laune bekommt. Klappt aber nicht.

Ich schneide andere Themen an. Er ist wortkarg. Immerhin eins äußert er: Er wolle morgen vor seiner Rad-Runde mit Kumpels Formel eins gucken. »Dann können wir unsere Tour ja knicken«, sage ich. Er bejaht.

Morgens hat er mich noch gefragt, ob ich mit ihm verreisen würde, abends will er nicht mal mehr den kleinen Ausflug mit mir machen, den er mir schon für heute versprochen hatte. Allmählich vergeht auch mir die gute Laune. Deswegen kommt es mir gerade recht, dass die Sonne weg ist und wir zusammenpacken können. Daniela und Sandra fragen per Handy an, ob ich heute Abend mitkomme in den Biergarten. Wäre vielleicht das Beste.

Wieder bei mir: Ich räume in der Küche die Reste des Picknicks auf, währenddessen sitzt er mitten in meinem Flur auf dem Boden und weiß nicht, wohin mit sich – wie ein bockiges kleines Kind, das eigentlich will, dass man ein bisschen mit ihm schimpft und ihm sagt, was es tun soll. Ich frage, ob eine Chance besteht, dass er sich wieder einkriegt und wir noch einen netten Abend haben. Er nickt. Bei einem Nein hätte ich ihn heimgeschickt. Ich hocke vor ihm und streichle sein Gesicht, doch er ist vollkommen teilnahmslos.

Schlage ihm vor mit mir in der Küche einen Tee zu trinken, statt im Flur zu sitzen – er erhebt sich zögerlich und kommt. Frage, ob er zum Nachtisch den Rest vom Reisauflauf will (ist noch ein Drittel übrig). Nein, will er nicht, er muss ja abnehmen.

Beim Tee redet er schon wieder von dieser Wohnung. Ich sage: »Wenn dir so viel daran liegt, warum kämpfst du nicht drum? Ruf den Vermieter morgen an, sei superfreundlich, betone, wie sehr du an der Wohnung interessiert bist, und lass nebenbei einfließen, dass du ihm gern eine Lohnbescheinigung zukommen lässt.«

»Nein, Schleimen ist nicht mein Ding.«

Für Pedro scheint's kaum Zwischentöne zu geben, sondern fast immer nur »sehr gut« oder »sehr schlecht« – vor allem in Dingen, die ihn persönlich betreffen.

»Das ist nicht Schleimen ... Das ist Sich um das bemühen, was man wirklich haben will.«

»Ach was, Blödsinn.«

»Okay, wenn du keine Lust hast darum zu kämpfen, dann gib die Wohnung endlich verloren. Find dich damit ab. Der Hauptgewinn war's sowieso nicht.« Meine Worte helfen nicht. Er ist immer noch mies drauf. Stattdessen ruft er seinen Kumpel an um ihn nach dessen Meinung zu fragen. Der sagt ihm wohl dasselbe. Erst danach entspannt er sich etwas.

Ich mache ihm noch einen Tee, unser Gespräch wird psychologisch. Und ich habe auch noch damit angefangen. Dumm. Ich will wissen, warum er die Therapie begonnen hat; er will's mir partout nicht sagen. Ich weiß nur, dass er bei einem Verhaltenstherapeuten ist, und frage mich: Hat er eine Angststörung? Zwänge? Ein bisschen neigt er ja dazu. Zum Beispiel sein ständiges Lutschen von Fisherman's, weil er fast neurotische Angst davor hat, er könnte Mundgeruch haben und jemanden damit belästigen, auch Fremde. Er lutscht sie den ganzen Tag über, und zwar, damit er ja nicht dick wird, die ohne Zucker. Aber das Sorbit darin wirkt abführend, drum hat er drei- bis viermal am Tag Stuhlgang. Was wiederum zu Situationen führt, die gerade einem Typen wie ihm überaus peinlich sind, jemandem, der nur im Dunkeln Sex hat und selbst beim Zähneputzen keinen Zuschauer duldet. Nämlich: Schon an unserem ersten Tag an der Ostsee druckste er zweimal herum, ähm, es sei ihm ja schrecklich unangenehm, er müsse ein Weilchen die Toilette aufsuchen ... Und bei mir hat er mit tiefer Schamesröte sein großes Geschäft auch schon mehrmals verrichtet, obwohl man bei einer neuen Flamme so etwas ja lieber verschiebt, bis man wieder zu Hause ist.

Das alles sagt er mir natürlich nicht, aber ich kriege es ja mit. Er macht aus allem ein Geheimnis: seinem Nachnamen, Alter, Beruf, seiner Festnetznummer, Adresse, Wohnung. Die würde ich gern mal sehen, aber er will nicht. Nun ja.

Während wir uns unterhalten, schnipple ich Früchte für meinen Rumtopf, nasche von den Rumrosinen, die schon drin sind, frage, ob er davon will. Nein, er hasst Rosinen.

Ich will ihn küssen, er drückt mich rabiat weg: »Iiih, du stinkst nach Rosinen und Rum!« Mein Ärger macht sich spontan Luft: »Mensch, jetzt reicht's aber! Nimm deine schlechte Laune und geh damit nach Hause!«

Er verdrückt sich und ich fahre zu meinen Freundinnen in den Biergarten um mich über meinen neuen Galan auszulassen.

Nachts erwache ich aus dem Tiefschlaf: Mein Telefon klingelt, und zwar so lange, bis ich aus dem Bett krieche. Pedro. Sturzbetrunken. Er lallt: »He Kleine, ich komm jetzt zu dir, okee?« »Pedro, was fällt dir ein mich um halb vier aus dem Bett zu holen? Lass mich in Ruhe.« Als ich wieder eingeschlafen bin, läutet's an der Türe Sturm. Ich bleibe liegen und verstöpsle meine Ohren.

SO, 13.6.

Wie nicht anders erwartet, meldet er sich den ganzen Sonntag nicht. Würde mich weder wundern, wenn er sich nie mehr meldet, noch im geringsten stören. Was soll ich auch mit so einem? Wieder mal einer, der selbstbezogen ist bis zum Geht-nicht-mehr.

Ich rufe Daniela an, erzähle von Pedros nächtlicher Störung. Und seinen anderen »Störungen«. Sie sagt: »Der hat Probleme mit Grenzen: seine eigenen Grenzen zu erkennen und anzuerkennen, und mit den Grenzen anderer geht's ihm genauso; er schwankt ständig zwischen Grenzüberschreitung und radikaler Abgrenzung. Bestimmt kommt das teils daher, dass ihm das alles in seiner Kindheit zu wenig vermittelt wurde – wahrscheinlich schwankten seine Eltern genauso –, und teils daher, dass er sich mit Abgrenzung vor den Übergriffen anderer zu schützen versucht. Und vor Verletzungen. Je näher ihr euch kommt, desto extremer wird sein Verhalten – in beiden Richtungen.«

»Na super. Und was kann ich da machen?«

»Du musst es ihm immer sofort sagen oder nachhaken, je nachdem.«

»Ich finde das schwierig, weil Männer sich dann so schnell gemaßregelt oder angegriffen fühlen.«

»Wenn du's auf ruhige und freundliche Art sagst, ist die Gefahr nicht so groß. Was du oft machst, ist: Du denkst dir erst mal nur deinen Teil, sammelst negative Eindrücke und wirst dann selbstgerecht oder sogar verächtlich. Oder deine Wut platzt irgendwann raus. Du tust dir selber und auch deinem Kerl einen großen Gefallen, wenn du ihn *gleich* mit deinen Gedanken, Gefühlen oder auch Wünschen konfrontierst. Klar riskierst du dann manchmal eine doofe Reaktion von ihm, aber du ersparst dir längerfristig eine Menge Ärger und Frust.«

Sie hat ja vollkommen Recht.

MO, 14.6.

Pedro ruft vormittags an: »Hat denn der Reisauflauf noch gemundet? Bekanntermaßen hab ich ja nichts mehr abbekommen ...«

»Bekanntermaßen hab ich dir nach dem Picknick was angeboten, aber du wolltest ja nix. Und dass es keinen zum Frühstück gab, daran bist du ja wirklich selber schuld. Sei froh, dass ich dich nicht schon *vorm* Picknick rausgeworfen hab. Aber danke, der Reisauflauf war lecker, eine kleine Entschädigung für den verdorbenen Samstag und die nächtliche Störung.«

»Es tut mir Leid. Ich stand total neben mir. Bist du sauer auf mich?«

»Hab mich schon abgeregt. Und du, bist du sauer?«

»Nein, im Gegenteil! Du bist ein verdammt süßer Fratz!«

»Ist das jetzt ironisch?«

»Nein.« Pause. »Ich ... wann können wir uns wiedersehen?«

»Weiß noch nicht. Ich melde mich.«

DO, 17.6.

Gestern hab ich eine niedliche »Sorry«-Karte von ihm bekommen, heute begegne ich ihm in meiner Lieblingsbar (Zufall?). Er bettelt mich an, ich solle ihn mitnehmen. Ich lehne ab: »Ich bin müde und will nicht mehr lange reden oder rummachen.« »Nein, ich möchte einfach bei dir übernachten. Ich streichle dich in den Schlaf, okay?« Okay.

Wieder sein Zähneputzen hinter verschlossener Tür. Ich frage, warum, er sagt's mir nicht.

Wir liegen im Bett, die Nachttischlampe ist noch an. Wir sind einander zugewandt, doch er liegt nur da, einen halben Meter von mir entfernt. Ich warte ab, hab keine Lust, mir schon wieder einen Korb einzufangen. Statt sich ranzurobben, quatscht er ohne Ende. »He«, sage ich, »ich dachte, du wolltest mich in den Schlaf streicheln?«

Nun schweigt er zwar, aber bewegt sich auch sonst nicht, sondern sieht mich an wie ein Debiler. Ich schiebe eine Hand genau in die Mitte zwischen uns. Und er, was macht er? Er klatscht drauf, als wolle er eine lästige Fliege totschlagen. Ich ziehe sie aufgebracht weg, drehe mich abrupt auf den Rücken und starre verärgert an die Decke. »Ich mach bestimmt keine Bewegung mehr in deine Richtung, ich hab mir schon genug Abfuhren von dir eingesammelt.« So liege ich und warte, aber nichts passiert. Er glotzt nur blöde vor sich hin. Ich lösche das Licht und knurre mit leicht ungehaltenem Unterton: »Das wird heut wohl nichts mehr, vielleicht nächstes Jahr mal?« (Haut noch nicht ganz hin mit »auf ruhige und freundliche Art sagen«, aber wenigstens hab ich's nicht runtergeschluckt.) Liege im Dunkeln, hellwach, und warte, dass er jetzt endlich ankommt. Stattdessen tätschelt er mich kurz wie einen Hund und fängt doch tatsächlich an mir ins Ohr zu singen: »Schlafe, mein Kindchen, schlaf ein ...« »Hey!« protestiere ich, »streicheln, nicht singen!«

Da klopft er mich auf den Hintern wie ein Prolet die Bedienung und grölt lauthals »Männer sind Schweine ...«. Ich springe mit einem Satz aus dem Bett: »Du nervst! Ich bin so genervt von dir, dass ich mir jetzt Baldrian einpfeifen muss um überhaupt irgendwann einschlafen zu können!« und stürme ins Bad.

Mittlerweile ist auch er aufgestanden. »Blöde Kuh«, mault er, »ich gehe!« »Lass dich nicht aufhalten«, schnaube ich, »aber lass dir noch eins mit auf den Weg geben: Bei dir geht's immer nur um dich, dich, dich! Wie's *mir* geht und was meine Bedürfnisse sind, interessiert dich gar nicht! Erst versprichst du mir Zärtlichkeit, und ich muss dich auch noch dran erinnern – aber nicht mal das bringst du fertig, stattdessen bist du nur am Labern und jetzt auch noch am Singen! Ey, ich will nur noch allein sein!«

Er zieht sich an, aber macht und klappert noch eine ganze Weile im Bad herum. Kommt wieder rein, kniet vor meinem Bett nieder, sein Gesicht jetzt traurig und bestürzt, und murmelt: »Es tut mir Leid.« Ich sage: »Du kannst nicht deine Launen an mir auslassen. Das muss ich mir echt nicht antun, oder?« Er gibt sich einsichtig. Reumütig. Jammert, er wolle jetzt nicht nach Hause gehen. Ob er nicht doch bleiben könne?

Ich sage: »Aber nur, wenn du jetzt endlich lieb zu mir bist.« Er ist einverstanden. Zieht sich wieder aus, legt sich hin. Ich beruhige mich wieder beim Gedanken daran, dass er mich jetzt endlich in den Schlaf streicheln wird.

Von wegen. Er hat heute die Quatscheritis. Er brabbelt belangloses Zeug und erwähnt schließlich, ich hätte neulich geschnarcht. »Und wenn du heut Nacht wieder schnarchst, kriegst du ein Kissen aufs Gesicht!« *Ich hör wohl nicht richtig.* »Sag mal, bist du aggressiv? Hast du 'ne Wut auf mich?« Er hingegen findet da nichts dran. Doch mir reicht's. Ich setze mich auf, mache das Licht an: »Hau bloß ab. Ich will, dass du sofort gehst!«

Er steht schweigend auf und verzieht sich. Ich bin immer noch aufgebracht, aber auch erleichtert. Das war's mit diesem Psycho. Gut, dass ich ihn los bin.

SA / SO / MO / DI:

Pedro macht Alarm. Er baggert mich per SMS an, spricht mir auf den Anrufbeantworter, wie sehr er mich vermisse, ruft mitten in der Nacht an. Zum Teil schmeichelt es mir, und da sind auch noch Gefühle für ihn (warum auch immer), zum Teil macht es mir Angst. Mir fällt immer wieder Danielas Ausdruck »Grenzüberschreitung« ein. Fast am meisten ärgert mich, als er Dienstagabend um Viertel nach neun anruft, obwohl er ganz genau weiß, dass das eine Zeit ist, in der ich ungestört sein will, weil da meine Lieblingsserie läuft. Ich hebe nicht ab und er quatscht auf Band: »Ich wollte nur wissen, ob du Sex & the City guckst ... Nun geh schon ran ...« Und zehn Minuten später: »Ich weiß, dass du zu Hause bist ... Ich steh vor deiner Tür und bei dir ist Licht ...«

Ich mache nicht auf. Mir ist unheimlich zumute.

SA – MI

Pedro spricht mir fast jede Nacht gestörtes Zeug auf Band. Zum Teil droht er sich etwas anzutun, zum Teil mir: »Du entkommst mir nicht ... Ich krieg dich noch und dann wirst du sehen, was ich mit dir mache ...!« Mein mulmiges Gefühl entwickelt sich zu handfester Angst.

Ich rufe ihn an um ihm zu sagen, dass er das lassen soll, aber er behauptet beharrlich, das sei er nicht gewesen. Ich fass es nicht. Ich rufe seinen Kumpel an, um zu fragen, was mit Pedro los ist. Der sagt nicht viel, verrät aber immerhin, dass Pedro arbeitslos ist, gefeuert, und zwar nicht zum ersten Mal: Er erschien manchmal gar nicht zur Arbeit oder auch betrunken, hatte cholerische Wutanfälle und andere Aussetzer

Daniela rät mir Pedro und seine Anrufe zu ignorieren und das Telefon nachts einfach abzuschalten. Ich sage: »Ich bin viel zu wütend um jemanden zu ignorieren, der mich terrorisiert!«

»Du bist selbst schuld dran. Du hast von Anfang an mitgekriegt, dass der Kerl neben der Kappe ist. Warum fängst du was mit dem an?«

»Na, an dem Tag an der Ostsee war er ja ganz anders!«

»Den einen Tag gibt er das arrogante Ekel, den anderen Tag macht er einen auf nett – gibt dir das nicht zu denken? Wir wissen mittlerweile beide, dass wir die Signale, die jemand schon anfangs zeigt, ernst nehmen müssen. Und dass wir uns nicht so schnell auf jemanden einlassen dürfen, vor allem wenn er gleich Anlass zum Zweifel gibt. Du machst immer wieder denselben Fehler!«

»Aber was geben die Männer auch immer so Gas! Verdammt noch mal, warum müssen eigentlich immer wir Frauen auf die Bremse treten?«

»Weil wir unsere Triebe besser unter Kontrolle haben? Oder besser gesagt, *haben sollten.* Wir müssen besser auf uns aufpassen als die Männer, und das nicht nur, weil wir nach dem ersten Sex eher mit unseren Gefühlen drinhängen. Also müssen wir uns die Kerle schon *vorher* gut anschauen.«

»Ich muss mir das irgendwo eintätowieren«, murmle ich kleinlaut.

»Außerdem, wenn du mit dem Falschen zusammen bist, empfängt er hier und da deine kleinen Signale, dass er der Falsche ist, und das beeinflusst seine Gefühle und sein Verhalten dir gegenüber. Einer wie Pedro reagiert sowieso extremer als andere. Der sieht alles extrem. Er kennt keine Zwischentöne. Auch du wirst im einen Moment idealisiert – und im anderen verteufelt. Und da wird's gefährlich, denn da ist auch ganz viel Wut in ihm. Die kommt am deutlichsten zum Vorschein, wenn seine Selbstkontrolle wegfällt, zum Beispiel im Suff oder beim Sex. Ich wüsste ja gern, was dem in der Kindheit angetan wurde. Schätze, es gab zu wenig Wärme und stattdessen Prügel.«

»Jetzt tut er mir fast schon wieder so Leid, dass ich ihm helfen möchte.«

»Das kannst du nicht und das ist auch nicht deine Aufgabe. Außerdem ist er ja schon in Therapie. Mach du lieber einen Bogen um ihn.«

FR, 2.7.

Mit Daniela auf der Singleparty. Shit, Pedro ist auch da. Er baut sich vor mir auf, labert irgendwas. Plötzlich wird mir klar, er führt Selbstgespräche. Also ähnlich wie Egon und Kurt, nur noch extremer. Pedro gibt sich noch nicht einmal den Anschein, als ob er mit mir kommunizieren würde. Er redet wie so oft über meinen Scheitel hinweg, weder die Augen auf mich gerichtet noch den Kopf in meine Richtung geneigt, den Körper sowieso nicht. Es interessiert ihn auch gar nicht, ob's mich interessiert. Er labert so vor sich hin. »Hab zu Hause schon was getrunken ... Mann, lauter hässliche Typen hier ... da hab ich wohl gute Karten«, und so weiter.

Ich bin nur die Projektionswand für sein Zwergen-Ego, das er von mir gespiegelt haben will, damit es ihm ein wenig größer erscheint.

Und dieses Cool-Getue! Überhaupt, er lächelt sehr selten; richtig lachen hab ich ihn noch nie sehen. Er versucht stets, seine Mimik unter Kontrolle zu halten; nach außen wirkt das arrogant, ist aber eigentlich nur verkrampft. Tief drinnen scheint er Angst zu haben, dass sein Gesicht Dinge tut, die ihm peinlich sind, sobald er es machen lässt, was es will.

Zwischendurch sagt er, »Da drüben die Blonde, die könnte ich vom Fleck weg heiraten ... oder poppen«, und erzählt dann, dass das Treffen mit der Bäckersgehilfin ein totaler Flop war. Offenbar war sie von Anfang an abgetörnt. Ich sage: »Die wird schon ihre Gründe haben. Hast mal wieder den obercoolen Macker gespielt, was?«

»Das kommt besser an, als wenn man so rumschleimt.«

»Da gibt's auch noch was dazwischen.«

»Kannst du mir mal 'ne Liste schreiben? Was ich alles tun und sagen muss, um die Weiber rumzukriegen?«

Mir fällt ein Spruch von Daniela ein: »Fast jeder Mensch geht so weit, wie du ihn lässt. Respektiert wirst du nur, wenn du Grenzen setzt.«

Ich fauche: »Lass mich einfach in Ruhe. Für immer!«

Ich glaube, ich sollte mich eher im Second-Hand-Bereich umsehen – und zwar nach diesen erstklassigen Schätzen, die trotz ihrer hohen Qualität wieder zu haben sind, weil ihre Inhaberinnen sie nach langen Jahren nicht mehr zu schätzen wussten. Die sind meist nicht lange auf dem Markt, deswegen werde ich schnell und herzhaft zugreifen, wenn sich mir so ein Schatz anbietet, und will ihn hegen und pflegen, bis dass ...

DocBeatrice kommentiert:

Wer im Volksmund als »Psycho« gilt, hat meist eine ausgeprägte Persönlichkeitsstörung. Es gibt verschiedene solche Störungen; im Fall von Pedro ist es emotionale Instabilität, was bedeutet, dass nicht nur seine Stimmungen ständig wechseln, sondern auch seine Ich-Wahrnehmung. Er hat kein stabiles Ich, also auch wenig Selbstwertgefühl, und das erklärt viele seiner Verhaltensweisen:

- Er fragt sehr oft, wie andere ihn sehen.
- Er fühlt sich extrem schnell unsicher und reagiert dann entweder aggressiv oder zieht sich innerlich zurück, was nach außen kalt und teilnahmslos wirkt.
- Er kann andere Menschen und deren Grenzen schlecht einschätzen.
- Er befürchtet in vielen Situationen verurteilt zu werden und versucht dem durch alle möglichen Maßnahmen vorzubeugen, etwa indem er etliches an sich verschleiert.
- Er fühlt sich oft wertlos oder auch völlig leer; in solchen Momenten kann er völlig unbedacht handeln, ohne Rücksicht auf die Konsequenzen, oder es kommen sogar Selbstmordgedanken auf; allgemein neigt er zu selbstschädigendem Verhalten.

Wie so viele Menschen mit dieser Störung zeigt auch Pedro schizoide Züge, was unter anderem bedeutet, dass er große Probleme hat, sich näher auf andere einzulassen. Das äußert sich zum Beispiel in Arroganz, Misstrauen, Kontaktstörungen ... Schizoide wirken oft gemütsarm, unbeteiligt, kühl, reserviert, als ob sie zu wenig Gefühle hätten, oder auch launisch und exzentrisch – und stoßen andere vor den Kopf. »Außerdem können die Betroffenen ihre Kontaktwünsche nicht richtig dosieren: teils distanz- und kritiklose Annäherungsversuche, teils abrupter Rückzug mit entsprechender Frustration der anderen«, erklärt Prof. Volker Faust, Leiter der Arbeitsgemeinschaft Psychosoziale Gesundheit, Ulm. »Ein besonderer Schwachpunkt ist eine unzureichende Realitätswahrnehmung. Vor allem sind sich solche Patienten der Gefühle anderer nicht sicher. Das erklärt auch so manche unkalkulierbaren Reaktionen.«

Zum Beispiel, dass er nach Julias Kontaktabbruch anfängt sie zu verfolgen und zu bedrohen. »Stalker« nennt man solche Leute in Fachkreisen. »Das sind Menschen mit Persönlichkeitsstörungen oder Psychosen«, erklärt Therapeut Wolfram Schulze, Mitarbeiter im Fachbereich Psychologie beim Weißen Ring, einem bundesweiten Opferhilfe-Verein. »Sie sind in der Regel ängstlich, gehemmt und obsessiv, haben ein geringes Selbstwertgefühl und soziale Probleme. Beim Stalking geht es um die Befriedigung eigener Bedürfnisse (etwa nach Macht, Anerkennung, menschlichem Kontakt oder Rache), die aus der psychischen Störung entstehen oder/und durch diese ›geformt‹ werden. Was ein Stalker will bzw. warum er gerade diese Person gewählt hat, ist nur im Einzelfall zu analysieren, da die Motivationen sehr unterschiedlich sind. Beweggründe können sein, andere zu erniedrigen, um den eigenen niedrigen Selbstwert weniger zu spüren, oder unbedingte Kontrolle zu erlangen, weil die eigene Welt sonst droht, gänzlich zusammenzustürzen.«

Schulte rät zu klarer, knapper, konsequenter Abgrenzung. »Lassen Sie sich nicht in Gespräche verwickeln. Kappen Sie alle Verbindungsmöglichkeiten. Angst sollte nicht zur Lähmung führen. Aktiver Schutz und aktive Vorbeugung geben Sicherheit (z.B. jemand bei sich übernachten lassen, Türschlösser auswechseln). Lassen Sie sich nicht einschüchtern! Denn Drohen ist das eine,

Handeln das andere. Treten Sie am besten kühl und bestimmt auf.«

Wo, wann und wie man sich am besten abgrenzt, muss jede/r für sich herausfinden und entscheiden. Fachleute, BeraterInnen und TherapeutInnen sind dabei sehr hilfreich, etwa der Weiße Ring (Zentrale: Tel. 0 61 31 / 8 30 30), Frauenzentren, Rechtsberatung oder auch die Polizei.

Was Julia betrifft, geht sie wieder einmal zu schnell mit dem Neuen ins Bett. Wie sagte Stanford aus »Sex & the City« so treffend? »Da schläfst du mit ihm, und schon fängst du an alle Warnsignale wegzuinterpretieren.« Dabei könnte sie sich durchaus mehr Zeit lassen, denn brauchbare Kandidaten sind durchaus bereit zu warten. Zwei Drittel der Männer gaben in einer Umfrage an: Wenn es mir ernst mit der Frau ist, darf es beim ersten Date auf keinen Fall im Bett enden. Nur die, die lediglich auf Sex aus sind, tauchen ab, falls sie nach ein bis drei Treffen noch nicht ans »Ziel« gekommen sind.

Doch die dringendere Frage ist: Hat sie nach all den Flops immer noch nicht gelernt, dass sie schon bei den ersten Warnsignalen die Finger von dem Kerl lassen muss? Resignation, körperliche Anziehung, ja sogar eine gewisse Portion Verächtlichkeit lassen sie erneut zum falschen Mann greifen. Das sind allesamt keine guten Motive für die Partnerwahl!

Sicherlich spricht auch Pedros Verlorenheit etwas in ihr an: ihre eigene Verlorenheit und ihre Helfer-Seite. Jedoch hat Daniela völlig Recht damit, dass Julia Pedro nicht helfen kann und dies auch nicht ihre Aufgabe ist. Stattdessen täte sie besser daran, sich wieder einmal darauf zu besinnen, was sie wirklich will, und sich von vornherein dementsprechend zu verhalten. Doch wie's scheint, begreift sie's allmählich ...

13. LAST BUT NOT LEAST – DER NÄCHSTE SOLL DER LETZTE SEIN, ABER NICHT DAS LETZTE

Nun bin ich also 35, seit einem Jahr solo und fühle mich gut dabei. Ich habe Rückschau auf die vergangenen zehn Jahre gehalten und festgestellt, dass ich in meinen Singlephasen insgesamt glücklicher war als in den Zeiten mit all diesen unbrauchbaren Männern. Was folgt daraus?

Es ist besser, allein zu sein, als sich auf den Falschen einzulassen. Es ist ungünstig, sich zu sehr darauf zu fixieren, eine Beziehung zu haben, weil man dann oft die falsche Wahl trifft, beziehungsweise an jemandem kleben bleibt, der nicht gut für einen ist.

Wenn man sich mit sich selber wohl fühlt, kann man sich viel Zeit beim Wählen eines Partners lassen, ihn gründlich kennen lernen und ihn nötigenfalls in die Wüste schicken. Dann ist man nicht darauf angewiesen, einen Mann mit Macken zu nehmen nur um nicht allein zu sein.

Und wie schafft man das, sich als Single wohl zu fühlen? Erstens, indem man sich ein stabiles Netz aus guten Freunden, Bekannten und Verwandten zulegt und dieses sorgfältig pflegt. Zweitens, indem man nicht länger drauf wartet, dass irgendein Partner einem zur Erfüllung aller Träume verhilft, sondern sie selber realisiert. Beide Punkte beherzige ich schon eine Weile, sodass ich heute sagen kann: Mein Leben gefällt mir. Es ist ziemlich genau so, wie ich es immer haben wollte. Und ich denke, dass der »Richtige« es sicher gern mit mir teilt.

Momentan gibt es sogar mehrere Kandidaten, die es anscheinend mit mir teilen möchten. Aber na ja ... ich bin wählerisch geworden. Ich bin es mir selbst schuldig, mir Männergeschichten zu ersparen, die mich nicht glücklich machen. Deshalb habe ich für mich folgende Regeln aufgestellt:

1) Vertraue deinem Bauchgefühl und handle danach.

Wie viele Frauen habe ich eigentlich eine recht gute Intuition. Sehr oft habe ich schon beim allerersten Kennenlernen einen bestimmten Eindruck, verwerfe diesen aber, wenn derjenige es schafft, mir etwas anderes weiszumachen, oder wenn ich denke, ich dürfe nicht so vorschnell (ab)urteilen. Wenn ich mein Bauchgefühl voll zulasse und weder alkoholisiert noch sonst wie geistig beeinträchtigt bin, sagt es mir fast immer das Richtige. Ich muss es einsetzen und vor allem ernst nehmen.

2) Fühle jedem neuen Kandidaten auf den Zahn.

Seit wann ist er Single? Wie lange dauern seine Beziehungen in der Regel? Woran scheiterten sie? Wie viele längere hatte er schon? Welche war die längste? Was haben seine Exfreundinnen an ihm bemängelt? Ist er noch gebunden oder gar verheiratet? Wie stellt er sich seine Zukunft vor? Wie steht er zu seiner Mutter, wie geht er mit ihr um? Welche schlechten Eigenschaften hat er? Und so weiter.

3) Lass dich nicht so schnell ein.

Sex beschleunigt meine Verliebtheitsgefühle (somit auch die Blindheit) und macht mich verletzlich. Deshalb dient es meinem eigenen Schutz, Neugier und Gier zu zügeln und mir möglichst genau anzuschauen, wen oder was ich da in mich hineinlassen will. Das schützt zwar nicht hundertprozentig vor Enttäuschungen und Verletzungen, aber senkt die Wahrscheinlichkeit enorm.

4) Sei aufmerksam für die Warnzeichen und nimm sie ernst, statt sie zu beschönigen oder zu verdrängen.

Das gilt vor allem für Respektlosigkeiten, Grenzüberschreitungen, ungalantes oder seltsames Benehmen. Ein Mann, der schon zum ersten Date zu spät kommt, wird dich noch viel warten lassen; einer, der zu schnell zu weit vorprescht, wird dich bald überrollen wie eine Dampfwalze; wer sich schon anfangs rätsel- oder rüpelhaft verhält, wird später viele Anlässe zum Kopfschütteln und Ärgern liefern.

5) Hinterfrage seine Worte und Aktionen.

Lass ihm nicht alles durchgehen mit pauschalen Entschuldigungen wie »Er ist halt noch unsicher« oder mit unangemessenen Hoffnungen wie »Das wird sich schon noch geben«. Gut und respektvoll mit jemandem umzugehen kann auch bedeuten, ihm deine ehrliche Meinung zuzumuten, ihm zu sagen, was dir nicht gefällt, oder nachzufragen, warum er so redet oder handelt. Und dann achte sehr genau auf seine Reaktion.

6) Bilde dir nicht ein, du könntest ihn ändern.

Manchmal ändern sich Männer der Partnerin zuliebe, aber leider tun sie's in den allermeisten Fällen nicht oder nur für kurze Zeit. Wenn es schon anfangs deutliche Anzeichen gibt, dass er eine Eigenschaft hat, die für dich *unvereinbar* ist mit deinen Vorstellungen von einer guten Beziehung, dann lass um Gottes Willen die Finger von ihm.

7) Lass dich nicht von einer hübschen Fassade verführen, sondern schau dahinter.

Was nützt ein schönes Gesicht oder ein schickes Outfit, wenn sich dahinter ein Mr. Aussichtslos verbirgt? Das soll nicht heißen, dass schöne und gestylte Männer alle unbrauchbar sind. Sondern nur, dass man sich nicht blenden lassen darf und sich auf das besinnen soll, was zählt: Dass er ein warmherziger, beziehungsbereiter, kommunikationsfähiger Mann ist, dem wirklich daran liegt, mit dir zusammen zu sein. Der dich nicht gängelt und nötigt, sondern liebevoll und achtsam mit dir umgeht. Den du menschlich so sehr schätzt, dass auch du so mit ihm umgehst.

8) Keine Fernbeziehungen mehr und keine Geschichten mit »noch« gebundenen Männern.

Die mögen für andere Frauen funktionieren (ich glaube, allzu viele sind es nicht), aber für mich sind sie nichts.

Ich denke, ich werde diese Liste ausdrucken und immer bei mir haben. Für alle Fälle. Ich werde so lange bei jedem neuen Mann kurz verschwinden um meine Regeln zu lesen, bis sie mir in Fleisch und Blut übergegangen sind.

Außerdem habe ich angefangen mich intensiv mit mir selbst auseinander zu setzen. Liegt es auch an mir, dass ich so oft an den Falschen geraten bin? Denn es gibt ja auch brauchbare, liebevolle, bindungsfähige Single-Männer. Nicht viele, aber es gibt sie.

Ich hab ein gutes Gefühl. Der nächste wird der Richtige.